Über dieses Buch Der sogenannte Historikerstreit über die Frage nach der »Einmaligkeit« und »Vergleichbarkeit« der Massenverbrechen, die in der Zeit des Nationalsozialismus verübt worden sind, ist nach einer turbulenten Phase im Sande verlaufen. Die Experten haben sich zurückgezogen, die Öffentlichkeit ist zur Tagesordnung übergegangen. Der Historikerstreit war nicht nur inhaltlich mit seinen komplexen Argumentationsketten über die Köpfe des breiten Publikums hinweggegangen, sondern hatte sich im innenpolitischen Machtkampf um politische Positionen zum Teil auch vom eigentlichen Thema entfernt.

Mit den vorliegenden Texten versuchen acht renommierte Historiker aus dem In- und Ausland, die unterbrochene Debatte wieder ingangzusetzen und gleichzeitig zu versachlichen. Sie informieren mit ihren Beiträgen, die ursprünglich öffentlich vorgetragen worden sind, ein breites interessiertes Publikum über neue Forschungen, die in den verschiedensten Arbeitszusammenhängen diskutiert werden. Hierbei werden auch neue theoretische Überlegungen angestellt.

Es erweist sich, daß die Suche nach den Zusammenhängen, nach dem historischen Ort des Nationalsozialismus mit seinem Kernereignis Auschwitz keineswegs abgeschlossen ist. Vielmehr bedarf es weiterhin einer Fortsetzung der Auseinandersetzungen *nach* dem Historikerstreit.

Der Herausgeber Walter H. Pehle, geboren 1941 in Düsseldorf, studierte Geschichte, Germanistik und Philosophie in Köln, Bonn und Düsseldorf; Promotion zum Dr. phil. mit einer Arbeit über Nationalsozialismus in einer Provinzregion; seit 1976 Lektor für Geschichte/Zeitgeschichte im Fischer Taschenbuch Verlag.

Mitarbeiter des Bandes: Im Kreuzfeuer: Der Fernsehfilm »Holocaust«. Eine Nation ist betroffen (1979, Hg. Peter Märthesheimer/Ivo Frenzel, Fischer-Tb. 4213, vergr.); Der Judenpogrom 1938. Von der »Reichskristallnacht« zum Völkermord (1988, als Hg., Fischer-Tb. 4386).

Der historische Ort des Nationalsozialismus

Annäherungen

Mit Beiträgen von
Dirk Blasius, Dan Diner, Saul Friedländer, Raul Hilberg, Hans Mommsen, Lutz Niethammer, Wolfgang Schieder und Heinrich August Winkler

Herausgegeben von
Walter H. Pehle

Fischer
Taschenbuch
Verlag

Frankfurter Historik-Vorlesungen

Originalausgabe
Veröffentlicht im Fischer Taschenbuch Verlag GmbH,
Frankfurt am Main, Februar 1990

Umschlaggestaltung: Buchholz/Hinsch/Hensinger
Gesamtherstellung: Clausen & Bosse, Leck
Printed in Germany
ISBN 3-596-24445-5

Inhalt

Vorbemerkungen des Herausgebers

Die Auseinandersetzungen der Historiker über den geschichtlichen Ort des Nationalsozialismus und über die »Einzigartigkeit« bzw. »Vergleichbarkeit« der Massenverbrechen der Nationalsozialisten und ihrer Mitläufer ist nach zögerlichem Beginn im Frühjahr 1986 bereits gegen Ende des folgenden Jahres wieder im Sande verlaufen. Aus der Diskussion einer zunächst wissenschaftlich begründeten Fragestellung war in der Abfolge der Beiträge [1], die im Zuge der zunehmenden Polarisierung immer weniger inhaltlich aufeinander eingingen, und erst recht dann, als sich die Massenmedien einschalteten, ein öffentlich geführter Schlagabtausch geworden. Es ging dabei immer weniger um die Bearbeitung der eigentlichen Thematik, sondern um Aufbau und Verteidigung von Positionen, die für den politischen Alltag der Bundesrepublik ausschlachtbar waren.

Diese auf allen Seiten mit großem Einsatz vorgetragenen Kontroversen – der Ausdruck »Historikerstreit« ist seitdem etabliert und wird nun gern für alle möglichen kleineren oder größeren Debatten benutzt – haben mit ihren detaillierten Quellenbezügen und komplexen Argumentationsketten weit oberhalb der Köpfe des breiten Publikums stattgefunden. Ganz unabhängig davon, welchen Erkenntnisgewinn Wissenschaftler, sonstige Fachleute und interessierte Laien aus diesen Debatten auch gewonnen haben, es scheint heute – im Abstand – festzustehen, daß in der breiten Öffentlichkeit eher das Gegenteil von dem erreicht worden ist, was von der Mehrzahl der Autoren eigentlich angestrebt worden war: Beiträge zur Aufklärung des dunkelsten Kapitels der deutschen Geschichte zu leisten.

Statt dessen sind von den Debatten unter dem Strich eher simple, daher eingängige Thesen »hängengeblieben«: Der »Klassenmord« im Stalinschen GULag sei das »Original« gewesen, hingegen der »Rassenmord« [2] in Auschwitz und anderswo die »Kopie«; weder das eine noch das andere sei demnach singulär, einzigartig; beides stellten Grausamkeiten in der Geschichte der Sowjetunion bzw. der des Deutschen Reiches dar, die man heute als solche akzeptieren und durchaus miteinander vergleichen könne und müsse. – Bei Lage der Dinge könnte man fragen, ob nicht die gelehrten Debatten bei einem Teil der Bevölkerung, der die Beschäftigung mit diesem Thema gern abgeschlossen sehen würde, dem Wunsch nach Relativierung des in Auschwitz Geschehenen entgegengekommen ist – als nachträgliche Rechtfertigung etwa für diejenigen, die es immer schon gewußt und hinter vorgehaltener Hand gesagt hatten: Stalin habe vorgegeben, was Hitler – in Reaktion darauf – nur noch nachzumachen brauchte. Oder anders ausgedrückt: Die Deutschen seien damals auch nicht schlimmer gewesen als die Russen und die anderen Völker. Mit dieser Entschuldigung konnte man wieder beruhigt zur Tagesordnung zurückkehren. Das eigentliche Thema – die Geschichte und Bewertung des Holocaust – war auf diese Weise wieder dorthin verdrängt worden, wo es nicht mehr weh tun konnte: in den Schonraum der Historischen Seminare.

Dies war der Ausgangspunkt für Überlegungen, die im Januar 1989 zur ersten Folge der Frankfurter Historik-Vorlesungen führen sollten. Ziel war, mit den Vorträgen die Debatten wieder ingangzusetzen. Den Beteiligten war klar, daß die Problemstellung, den historischen Ort des Nationalsozialismus mit seinem Kernereignis »Auschwitz« festzumachen oder wenigstens Annäherungen immer wieder zu versuchen, nach wie vor als offen angesehen werden muß. Wesentlich neue Fakten waren nicht zu erwarten; der bislang erarbeitete Faktenrahmen reicht aus.

Für die neue Phase der Diskussion sollten daher, über den eigentlichen historiographischen Bereich hinausgehend, wieder mehr theoretische Überlegungen miteinbezogen werden. Es war ausdrücklich an die Kontroverse[3] zwischen Martin Broszat und Saul Friedländer[4] anzuknüpfen. Und auszugehen war in dieser theoretischen Hinsicht auch von der Erkenntnis eines Grundzuges des Nationalsozialismus, den Dan Diner mit dem Begriff »Zivilisationsbruch« gekennzeichnet hat.[5] Die bürokratisch organisierte und industriell durchgeführte Massenvernichtung von Menschen, so schreibt Diner, »bedeutet so etwas wie die Widerlegung einer Zivilisation, deren Denken und Handeln einer Rationalität folgt, die ein Mindestmaß antizipatorischen Vertrauens voraussetzt. ... (Dieses) sozial gewachsene Vertrauen in (die)... gesellschaftliche Regelhaftigkeit wurde ins Gegenteil verkehrt: Regelhaft war die Massenvernichtung – Überleben hingegen dem bloßen Zufall geschuldet.«[6] In der notwendigen neuen Phase der Auseinandersetzung um den historischen Ort des Nationalsozialismus wird man bislang tragfähige Fundamente der technisch-wissenschaftlichen Zivilisa-

tion radikal infragestellen müssen und – damit verbunden – die Frage nach dem Sinn von Geschichte überhaupt.
Die Frankfurter Historik-Vorlesungen fanden bewußt außerhalb der Universität statt – im Philanthropin, einem ehemaligen Zentrum jüdischen Reformdenkens, das heute der Stadt Frankfurt gehört und für öffentliche Veranstaltungen zur Verfügung steht. Historiker aus dem In- und Ausland sollten bürgernah darüber berichten, was in den verschiedensten Einrichtungen und Projekten geforscht und diskutiert wird. Mit dieser öffentlichen Vorlesungsreihe wurde versucht, die Öffentlichkeit über wissenschaftliche Vorhaben, Arbeitsmethoden und Ergebnisse zu unterrichten. Dieser Versuch kann als geglückt angesehen werden, wenn man acht überfüllte Säle als Erfolg interpretieren will. Erschienen war ein gemischtes Publikum von interessierten Laien und Fachleuten, darunter viele junge Menschen und Alte, viele Zeitzeugen der Verfolgungen oder aus dem Exil. Im Anschluß an die Vorlesungen wurde ausführlich diskutiert.
Die hier vorgelegten Texte beruhen auf den zwischen Januar und März 1989 gehaltenen Vorlesungen. Für die Buchfassung wurden sie überarbeitet und ergänzt, in zwei Fällen völlig neu gefaßt. Für die damit verbundenen nochmaligen Mühen danke ich den Autoren in der Hoffnung, daß die Beiträge in der vorliegenden Form die ihnen gebührende Aufmerksamkeit finden werden. Im übrigen möchte ich mich an dieser Stelle dafür bedanken, daß die Autoren durch ihre Mitwirkung die Frankfurter Historik-Vorlesungen zu einem weit über die Stadtgrenzen hinaus beachteten Ereignis gemacht haben. Herzlich danke ich auch dem Kulturforum der Sozialdemokratie in Bonn mit seiner Geschäftsführerin Linda Reisch, die die Last der organisatorischen Arbeiten auf sich genommen hat, sowie der Verlegerin Monika Schoeller für die Förderung des Vorlesungsprojektes. Und last not least danke ich einem Frankfurter Bürger, der ungenannt bleiben möchte. Ohne seine finanzielle Hilfe hätte die erste Folge der Frankfurter Historik-Vorlesungen nicht stattfinden können.

Frankfurt, im August 1989 Walter H. Pehle

Heinrich August Winkler
Deutschland vor Hitler
Der historische Ort der Weimarer Republik

I.

Zu den vornehmsten Aufgaben des Historikers gehört die kritische Überprüfung gängiger Meinungen über Geschichte. Rankes berühmte Frage, »wie es eigentlich gewesen«, ist nichts anderes als eine Umschreibung dieser Aufgabe. Aber nicht jeder Versuch, ein vergangenes Geschehen wissenschaftlich zu rekonstruieren, ist für die Gegenwart von Belang. Es gibt auch das bloß antiquarische Interesse an der Vergangenheit, das sich die Frage nach dem Bezug zur Gegenwart gar nicht erst stellt. Wenden wir uns dagegen bewußt solchen Gegenständen zu, von denen wir zu wissen meinen, daß sie in unserer Gegenwart fortwirken, ja diese entscheidend prägen, so können wir Rankes Frage zuspitzen. Wir fragen dann nicht mehr nur, wie es eigentlich gewesen ist, sondern, warum es eigentlich so und nicht anders gekommen ist.
Die deutsche Katastrophe der Jahre 1933 bis 1945, in deren Schatten wir noch immer stehen, zwingt uns wie kaum ein anderes Ereignis der Weltgeschichte diese Frage auf. Mit der Auslieferung der Macht an Hitler am 30. Januar 1933 endete nicht nur die Republik von Weimar, sondern das Deutsche Reich als Rechts- und Verfassungsstaat. Es begann die nationalsozialistische Tyrannei, die Europa und die Welt in den schrecklichsten aller Kriege und das Reich in den Abgrund stürzte. Mit dem »Dritten Reich« verbindet sich die Erinnerung an das menschenfeindlichste Regime der Geschichte, an staatlich befohlenen Völker- und Rassenmord, an den Rückfall eines Kulturvolkes in die Barbarei.
War die Entwicklung zum 30. Januar 1933 zwangsläufig oder hätte sie aufgehalten werden können? Ich versuche, diese Frage zu beantworten, indem ich mich mit drei Thesen auseinandersetze, die alle die Vermeidbarkeit der Katastrophe postulieren. Die *erste* These besagt, eine gründlichere Revolution im Jahre 1918/19 hätte Weimar ein solideres gesellschaftliches Fundament und damit eine gute Chance gegeben, die Weltwirtschaftskrise nach 1929 unter Beibehaltung seiner demokratischen Errungenschaften zu überstehen. Der *zweiten* These zufolge ist

die erste Republik nicht so sehr an der Stärke ihrer Gegner als an der Schwäche ihrer Anhänger, an einer »Selbstpreisgabe«, gescheitert. Die Verfechter der *dritten* These sehen in der Spaltung der »marxistischen« Arbeiterbewegung den Hauptgrund für Hitlers Triumph und behaupten, eine einige Arbeiterbewegung hätte dem Nationalsozialismus den Weg an die Macht verlegen können.

Indem ich diese Thesen überprüfe, versuche ich zugleich, mein Verständnis von der Aufgabe der Historiker darzulegen. Die Historiker gehen in der Regel aus von dem, was sie über die Beweggründe der von ihnen untersuchten Akteure ermitteln können. Sie setzen sodann die Ziele in Verbindung mit den Bedingungen, die die Handelnden vorfanden und zu berücksichtigen hatten. Dieser Schritt ist notwendig, um die Handlungsspielräume der Akteure abzustecken und Aussagen über den Realitätsgehalt ihrer Zielvorstellungen zu machen. Schließlich müssen die Historiker nach den Bedürfnissen der Zeit oder, anders gewendet, nach den historischen Herausforderungen fragen, die einer Antwort harrten. Historische Werturteile schließen immer auch eine Stellungnahme zu den Bedürfnissen der jeweiligen Zeit ein. Der Wertmaßstab der Historiker muß selbst historisch, er darf dem Werthorizont der untersuchten Zeit und Gesellschaft nicht fremd sein. Ohne Rückgriff auf historisch ausgewiesene Normen wären die Wertungen der Historiker nicht mehr als nachträgliches subjektives Räsonnement.

Für die Weimarer Zeit gehe ich von einem politischen Wertmaßstab aus, der sich an den Erfordernissen einer parlamentarischen Demokratie orientiert. Meine These lautet: Nur die parlamentarische Demokratie konnte der deutschen Gesellschaft ein ihrem kulturellen und materiellen Entwicklungsstand entsprechendes Maß an politischer Freiheit geben. Diese Regierungsform trug dem historischen Bedürfnis der Zeit eher Rechnung als konkurrierende Regime – etwa ein traditionell autoritäres oder ein Rätesystem, eine faschistische oder eine kommunistische Diktatur. Diese Aussage ist normativ und zugleich historisch. Es gab in der Weimarer Republik Kräfte, die sich an eben dieser Maxime ausrichteten: Es waren die Parteien, die im August 1919 der Weimarer Reichsverfassung zur Annahme verhalfen.

Das Scheitern der ersten deutschen Republik hat andere Erklärungen gefunden als die, mit denen ich mich im folgenden befasse. Zu den Deutungen, auf die ich nicht näher eingehe, gehört die außenpolitische, die Otto Braun, Preußens langjähriger sozialdemokratischer Ministerpräsident, auf die knappe Formel gebracht hat: »Versailles und Moskau«.[1] Das sollte heißen, die Siegermächte des Ersten Weltkriegs und die Vormacht der Kommunistischen Internationale hätten der ersten deutschen Republik das Rückgrat gebrochen. Eher am Rande diskutiere ich die Meinung, die Zerstörung Weimars und die Machtübertragung an Hitler sei wesentlich ein Werk des großen Kapitals gewesen. Ich erörtere schließlich auch nicht die These von der unheilbaren Krankheit der Weimarer Wirtschaft, ihrer Überforderung durch »überhöhte« Löhne und Gehälter. Ich stelle diesen Interpretationen die noch zu erläuternde Behauptung entgegen, daß die tiefere Ursache für das Scheitern der Weimarer Republik in Widersprüchen begründet liegt, die in den deutschen Nationalstaat von 1871 von Anfang an eingebaut waren. Meine Ausführungen sind mithin auch als Beitrag zum Problem der Kontinuität in der neueren deutschen Geschichte gedacht.

II.

Damit zur ersten der Thesen, die ich hier diskutieren möchte. Ich fasse sie nochmals in Form eines Zitats zusammen. Es stammt aus einem Brief, den der führende sozialdemokratische Theoretiker Rudolf Hilferding, um 1918/19 ein maßgeblicher Mann der Unabhängigen Sozialdemokratischen Partei, am 23. September 1933 an einen anderen ehemaligen Unabhängigen Sozialdemokraten, seinen Freund Karl Kautsky, schrieb. Es heißt dort: »Unsere Politik in Deutschland war seit 1923 im Ganzen und Großen durch die Situation erzwungen und konnte nicht viel anders sein. Zu diesem Zeitpunkt hätte auch eine andere Politik kaum ein anderes Resultat gehabt. Aber in der Zeit von 1914 und erst recht von 1918 bis zum Kapp-Putsch war die Politik plastisch, und in dieser Zeit sind die schlimmsten Fehler gemacht worden. Das haben wir damals gesagt und davon brauchen wir jetzt nichts zurückzunehmen.«[2]

Für diese Deutung spricht in der Tat viel, und mittlerweile wird sie von den meisten Historikern geteilt, die sich als Forscher mit der deutschen Revolution von 1918/19 befaßt haben. Wenn es je eine Chance gegeben hat, die Erblast des Obrigkeitsstaates zu verringern, dann in der Zeit zwischen dem Sturz der Monarchie am 9. November 1918 und der Wahl der Verfassunggebenden Nationalversammlung am 19. Januar 1919. In diesen zehn Wochen hätte manches geschehen können, was geeignet gewesen wäre, der erstrebten parlamentarischen Demokratie eine festere gesellschaftliche Grundlage zu geben. Ich nenne in thesenhafter Verkürzung: erste Ansätze zu einer Republikanisierung von Militär und ziviler Verwaltung und eine Sozialisierung des Steinkohlenbergbaus, einer Hochburg der industriellen Demokratiegegner.

Die Meinung Karl-Dietrich Erdmanns aus dem Jahre 1955, es sei 1918/19 um eine klare Alternative gegangen, nämlich entweder »die soziale Revolution im Bund mit den auf eine proletarische Diktatur hindrängenden Kräften oder die parlamentarische Republik im Bund mit den konservativen Kräften wie dem alten Offizierskorps«[3] – diese Meinung ist seit langem nicht mehr die herrschende Lehre in der Geschichtswissenschaft. Die heute vorwiegende Auffassung läßt sich knapp wie folgt zusammenfassen: Die Sozialdemokraten, denen im November 1918 unverhofft die Macht zugefallen war, kamen zwar, wenn sie kein Chaos heraufbeschwören wollten, an einer beschränkten Zusammenarbeit mit den Trägern des alten Regimes nicht vorbei. Aber das Ausmaß dieser Zusammenarbeit und damit der politischen und sozialen Kontinuität zwischen Monarchie und Republik war erheblich größer, als es die Situation erforderte. Mit anderen Worten: Die Sozialdemokraten hätten bei stärkerem Gestaltungswillen mehr verändern können und weniger bewahren müssen.

Die Alternative zu dem, was tatsächlich geschah, war mithin nicht eine Bolschewisierung der Revolution; dafür fehlte es, von allem anderen abgesehen, den deutschen Kommunisten um 1918/19 am Wichtigsten, nämlich an einer Massenbasis. Die Alternative war auch nicht ein »dritter Weg« zwischen parlamentarischer Demokratie und Rätesystem; dazu waren die frühen Arbeiter- und Soldatenräte selbst viel zu sozialdemokratisch, also an der baldigen Wahl einer Nationalversammlung interessiert. Die Alternative zur einseitigen Betonung der Kontinuität waren Schritte zur vorbeugenden Sicherung der demokratischen Republik. Eben diese Schritte unterließen Friedrich Ebert und seine Freunde in der Revolutionsregierung, dem Rat der Volksbeauftragten. Sie fühlten sich nicht als Gründungsväter einer Demokratie, sondern, wie Ebert es am 6. Februar 1919 vor der Nationalversammlung ausdrückte, als »die Konkursverwalter des alten Regimes«.[4]

Einige Gründe für den Reformverzicht der regierenden Mehrheitssozialdemokraten liegen offen zutage. Sie verfügten nicht über das sachkundige Personal, um alle »Kommandohöhen« in Staat und Wirtschaft zu besetzen, und so verließen sie sich lieber auf den Sachverstand und die erhoffte Loyalität der alten Führungsschichten. Überdies waren die meisten Sozialdemokraten seit jeher ausgeprägte Deterministen: Sie glaubten an die historische Unausweichlichkeit des Sozialismus, an eine neue Gesellschaft, die dann kommen würde, wenn die Zeit dafür reif war. Die Übergangszeit zwischen Krieg und Frieden aber erschien ihnen als denkbar ungeeignet für sozialistische Experimente. So unterblieb die Umwandlung von Privat- in Gemeineigentum auch dort, wo es, wie im Falle des Steinkohlenbergbaus, triftige Gründe für einen solchen Eingriff gab.

Die Unabhängigen Sozialdemokraten, die sich wegen ihrer Gegnerschaft zu den Kriegskrediten von der Mehrheit der SPD getrennt hatten, aber bis Ende Dezember 1918 mit der MSPD zusammen den Rat der Volksbeauftragten bildeten, bezogen eine andere Position. Sie wollten schon vor der Wahl der Nationalversammlung gesellschaftliche Veränderungen, darunter die Sozialisierung des Steinkohlenbergbaus, durchführen und erhofften sich davon eine Festigung des neuen Staates. Die sozialen Grundlagen der Republik zu sichern, ehe sich ihre Gegner sammeln konnten: Dafür sprachen in der Tat historische Erfahrung und politische Vernunft. Es bedurfte, den entsprechenden Willen vorausgesetzt, nicht einmal des von den Unabhängigen gewünschten späteren Termins für die Wahl der Nationalversammlung, um die notwendigen Strukturreformen zu verwirklichen.

Nur um *Reformen* und nicht etwa um eine totale *Umwälzung* konnte es 1918/19 gehen. Deutschland war gesellschaftlich und politisch zu entwickelt, um 1918/19 jenen radikalen Bruch mit der Vergangenheit vollziehen zu können, der zu den Wesensmerkmalen einer klassischen Revolution gehört. Die klassischen Revolutionen des Westens – an ihrer Spitze die französische von 1789 – hatten alle *vor* der Industriellen Revolution, also in überwiegend agrarischen Gesellschaften, stattgefunden. Auch Rußland war noch weithin ein Agrarland, als die Bolschewiki im November 1917 ihre Revolution begannen. In Agrargesellschaften kann sich die Mehrheit der Bevölkerung mit den lebenswichtigsten Gütern eine Zeitlang selbst versorgen. Eine radikale Auswechslung des Staatsapparates ist in solchen Gesellschaften möglich, ohne daß ein wirtschaftliches und soziales Chaos ausbricht. Anders in komplexen, arbeitsteiligen Industriegesellschaften. Die Mehrheit der Bevölkerung ist hier von den Dienstleistungen des Staates und der Kommunen so existentiell abhängig, daß ein Zusammenbruch des öffentlichen Dienstes das Leben der Gesellschaft insgesamt lähmen muß. Die Folge ist das, was Richard Löwenthal treffend den revolutionsfeindlichen »Anti-Chaos-Reflex« industrieller Gesellschaften genannt hat.[5]

Die deutsche Revolution von 1918/19 konnte keine »große« Revolution sein, weil sie die erste Revolution in einem hochentwickelten Industrieland war. Aber der Grad der Industrialisierung war nicht das einzige

Hindernis, das einer radikalen gesellschaftlichen Umwälzung im Wege stand. Eine andere Schranke bildete der Grad der Demokratisierung. Deutschland hatte zwar – bis zur Verfassungsreform vom Oktober 1918 – kein parlamentarisches System, aber es kannte doch, als der Erste Weltkrieg zu Ende ging, seit rund einem halben Jahrhundert das allgemeine gleiche Männerwahlrecht und damit einen verbrieften Anspruch der Massen auf politische Teilhabe.

Eine »Diktatur des Proletariats« nach russischem Vorbild mußte daher der Mehrheit der Deutschen, auch der Arbeiter, ebenso als historischer Rückschritt erscheinen wie eine Phase des revolutionären Terrors nach Art der Jakobiner. Auf der Tagesordnung stand die Erweiterung, nicht eine, wenn auch nur vorübergehende, Einschränkung bestehender Freiheiten. Der Ruf nach baldigen Wahlen zu einer Verfassunggebenden Nationalversammlung lag nach dem 9. November 1918 gewissermaßen in der Luft. Die Sozialdemokraten, die entschiedensten Vorkämpfer einer Demokratisierung vor 1918, mußten um ihre Glaubwürdigkeit fürchten, wenn sie sich dieser Parole verschlossen.

Der Grad der Industrialisierung und der Grad der Demokratisierung setzten also einer Revolution in Deutschland von vornherein Grenzen. Eine völlige Auswechslung des bisherigen Leitungspersonals in Verwaltung, Justiz und Industrie war unmöglich. Wie aber stand es um den ostelbischen Rittergutsbesitz, der aus den Zeiten des Kaiserreichs als entschlossener Gegner jedweder Art von Demokratisierung bekannt war? Eine Aufteilung der großen Güter zugunsten selbständiger Bauernwirtschaften erschien wohl einigen sozialdemokratischen Revisionisten wie Eduard David als zukunftsträchtige Lösung. Das Gros der Partei jedoch hielt die Aufsplitterung des Großgrundbesitzes für einen Schritt in die falsche Richtung. Aber selbst wenn die Sozialdemokraten dieses Konzept für richtig gehalten hätten, wäre es 1918/19 nicht zu verwirklichen gewesen. Angesichts der fortdauernden alliierten Blokkade war es unverantwortlich, durch eine Zerschlagung des Großgrundbesitzes den Ertrag der nächsten Ernte aufs Spiel zu setzen.

Denkbar war allenfalls eine »etatistische« Lösung: Das Land Preußen hätte die ostelbischen Rittergüter in eigenen Besitz nehmen und qualifizierten Pächtern zur Bewirtschaftung übergeben können. Aber eine solche Maßnahme ist 1918/19 weder von den Volksbeauftragten noch von den sozialdemokratischen Ministern Preußens erwogen worden. Da es eine Massenbewegung von Landarbeitern und Kleinbauern Ende 1918 nicht gab, fühlten sich die regierenden Sozialdemokraten nicht gedrängt, auf dem ihnen nach wie vor fremden landwirtschaftlichen Gebiet von sich aus tätig zu werden. Hätte es aber eine agrarrevolutionäre Bewegung gegeben, so wäre ihr Kampfruf gewiß nicht die Verpachtung, sondern die Aufteilung des Großgrundbesitzes gewesen – also eben jene Lösung, welche die Sozialdemokratie 1918/19 nicht auf ihre Fahnen schreiben konnte.

Von einem gesellschaftlichen Bruch mit dem Kaiserreich kann man nach alledem nicht sprechen. Aber auch ein moralischer Bruch wurde nicht vollzogen. Deutschland trug die Hauptschuld am Ausbruch des Ersten Weltkriegs: Das war auf Grund der deutschen diplomatischen Akten auch schon der Regierung Scheidemann Anfang 1919 bekannt. Doch die Mehrheitssozialdemokratie scheute, nachdem sie vier Jahre lang Kriegskredite bewilligt hatte, vor dem öffentlichen Eingeständnis zurück, daß der Krieg, entgegen ihren Beteuerungen, kein deutscher Verteidigungskampf gewesen war. Den Nutzen aus der Verdrängung der Kriegsschuldfrage zog die nationalistische Rechte: Die Kriegs*un*schuldlegende, die Zwillingsschwester der Dolchstoßlegende, wurde zum Nährboden gegen das »Diktat von Versailles«.

Die Unterlassungen und Fehlentwicklungen der Revolutionszeit erwiesen sich bald als schwere Hypothek der Republik. Die Politik des Volksbeauftragten und späteren Reichswehrministers Gustav Noske, für den die Anwendung von Gewalt nicht die ultima ratio, sondern das Mittel schlechthin war, um die radikale Linke zu bekämpfen, vertiefte die politische Spaltung der Arbeiterschaft und gab den militantesten Gegnern der Demokratie, allen voran unzufriedenen Offizieren und Freikorpsführern, Auftrieb. Zwar scheiterte ihr Umsturzversuch, der Kapp-Lüttwitz-Putsch, vom März 1920. Aber die Gewinner waren nicht die republikanischen Kräfte, sondern die Reichswehr, die damit zum »Staat im Staat« aufstieg.

Drei Monate nach dem Putsch, bei der ersten Reichstagswahl vom Juni 1920, gerieten die drei Parteien, die im August 1919 mit großer Mehrheit die Weimarer Reichsverfassung verabschiedet hatten – SPD, Zentrum und Deutsche Demokratische Partei –, in die Minderheit. Fortan waren nur noch zwei Formen von parlamentarischer Mehrheitsregierung möglich: die Große Koalition, die von den Sozialdemokraten bis zu der ursprünglich monarchistischen Deutschen Volkspartei Gustav Stresemanns reichte, und der »Bürgerblock« mit Einschluß der weit rechts stehenden Deutschnationalen Volkspartei. Die Dauerkrise der parlamentarischen Demokratie war vorgezeichnet.

Hätte eine gründlichere Revolution, wie sie Hilferding und Kautsky und anderen gemäßigten Unabhängigen Sozialdemokraten vorschwebte, eine andere, eine stabile Republik zur Folge gehabt? Vieles spricht dafür, daß das Lager der rechten Republikgegner *und* die Kommunisten weniger erstarkt wären, wenn die Volksbeauftragten in den ersten Wochen nach dem Novemberumsturz ihren Handlungsspielraum entschlossen im Sinne einer präventiven Demokratisierung genutzt hätten. Aber längst nicht alles, was der rückblickende Betrachter für wünschenswerte oder notwendige Eingriffe halten mag, war 1918/19 möglich, und vieles wurde nicht einmal als vordringliches Problem erkannt. Von der Enteignung der preußischen Rittergutsbesitzer etwa war in den ersten Monaten der Republik so gut wie nirgendwo die Rede. Die Rolle, die die Junker bei der Zerstörung der Weimarer Republik und bei der Machtübertragung an Hitler spielten, spricht *gegen* die Annahme, daß die Demokratie schon gesichert gewesen wäre, wenn sich 1918/19 die gemäßigten Unabhängigen gegenüber den Mehrheitssozialdemokraten durchgesetzt hätten. Und gegen den Aufstieg einer nationalistischen Massenbewegung, wie er dann nach 1929 einsetzte, war ohnehin kein demokratisches Kraut gewachsen.

Die erste These, mit der ich mich auseinandergesetzt habe, hat also für sich, daß die Chancen, eine stabilere Republik zu errichten, in den ersten Wochen nach dem 9. November 1918 größer waren als in der Folgezeit. Aber auch wenn alles an Reformen verwirklicht worden wäre, was dem Historiker im Rückblick »möglich« erscheint, hätte das noch keine Überlebensgarantie für Weimar bedeutet. Um die Erblast des Obrigkeitsstaates zu beseitigen, hätte es eines radikaleren Bruches bedurft, als er nach der Lage der Dinge 1918/19 stattfinden konnte.

III.

Wie die erste so ist auch die zweite der hier zu erörternden Thesen zeitgenössischen Ursprungs. Im September 1930 – die Zeit der Notverordnungen hatte bereits begonnen und die Neuwahl, die den Nationalsozialisten den großen Durchbruch brachte, stand unmittelbar bevor – schrieb der ehemalige sozialdemokratische Reichsjustizminister Gustav Radbruch in den »Neuen Blättern für den Sozialismus«, der gegenwärtige Machtverlust des Parlaments bedeute eine automatische Machterweiterung des Reichspräsidenten. Der damit verbundenen Diktatur des Apparates und der Bürokratie werde ein Parlament, das sich auf seinen Willen und seine Kraft zu besinnen vermöge, ein Ende setzen können. »Dazu ist freilich unentbehrlich, daß parlamentarische Demokratie für die Parteien, die sie bejahen, nicht nur ein Feierklang am Verfassungstag ist, sondern in ihrer gesamten Politik empfundene Verpflichtung, daß insbesondere die Sozialdemokratie die Demokratie nicht nur als eine Leiter zum Sozialismus empfindet und dann beiseitestoßen wird, sobald man den Sozialismus erstiegen hat, sondern als die eine große, bereits verwirklichte und in jedem Augenblick neu zu verwirklichende Hälfte ihres Programms. In der Tat: Die Demokratie ist in Gefahr, in einer Gefahr solchen Ausmaßes, wie sie seit Bestehen der Republik noch nicht war, aber nicht in erster Linie durch die Kraft ihrer Gegner, sondern durch die Schwäche ihrer Anhänger.«[6]

Tatsächlich war, wie wir heute wissen, die parlamentarische Demokratie von Weimar bereits im März 1930 gescheitert. Der Bruch der Großen Koalition unter dem sozialdemokratischen Kanzler Hermann Müller war eine tiefe politische Zäsur, weil es im Reichstag keine andere regierungsfähige Mehrheit gab; der Übergang zum Präsidialsystem, zur Regierung mit Hilfe des Notverordnungsartikels 48 der Weimarer Verfassung, war nach Müllers Ablösung durch den Zentrumspolitiker Heinrich Brüning nur noch eine Frage der Zeit.

Was die Verantwortung für das Scheitern des parlamentarischen Systems anbelangt, so streiten sich darüber die Gelehrten bis heute. Der Titel eines von Karl-Dietrich Erdmann und Hagen Schulze 1980 herausgegebenen Bandes – »Weimar. Selbstpreisgabe einer Demokratie« – spiegelt wenn nicht die herrschende, so doch eine einflußreiche Meinung wider.[7] Auf den ersten Blick zumindest sind die Anhänger dieser Position von Radbruchs Verdikt vom September 1930 gar nicht weit entfernt, wenn sie behaupten, die geschworenen Gegner Weimars hätten die Republik nur liquidieren können, weil dieser Staat zuvor von den Demokraten fallengelassen worden sei.

Diese zweite These verlangt nicht minder als die erste eine kritische Überprüfung. Richtig ist, daß die Sozialdemokraten im März 1930 einen Fehler begingen, als sie im Streit um die Zukunft der Arbeitslosenversicherung, der schließlich im Bruch der Großen Koalition gipfelte, die letzte Chance für einen Kompromiß nicht nutzten. Dieser Kompromiß hätte zwar die Regierung Müller vermutlich nur für die Dauer eines halben Jahres gerettet, aber selbst diese Aussicht wäre eine große Anstrengung wert gewesen. Die Hauptverantwortung für den Zerfall der Großen Koalition trugen jedoch nicht die Sozialdemokraten, die nur an einer vom Kabinett bereits erzielten Übereinkunft festhalten wollten, sondern jene Kräfte, die innerhalb und außerhalb der Großen Koalition zielstrebig auf die Beseitigung des parlamentarischen Systems hinarbeiteten. Das waren, seit Stresemanns Tod im Oktober 1929, die rechte Flügelpartei des Regierungsbündnisses, die unternehmernahe Deutsche Volkspartei, die noch sehr viel weiter rechtsstehenden Deutschnationalen, die Schwerindustrie, die Großlandwirtschaft, die Reichswehrführung und, nicht zuletzt, die Kamarilla um den Reichspräsidenten von Hindenburg. Die Rechte *wollte* die Abkehr von der parlamentarischen Demokratie; Sozialdemokraten und Freie Gewerkschaften nahmen die Entwicklung, die dahin führte, mißbilligend in Kauf.

Die Krise des parlamentarischen Systems hatte freilich schon lange vor dem Frühjahr 1930 begonnen, und die Sozialdemokraten konnten sich von einer Mitverantwortung hierfür nicht freisprechen. Weil die Revolution von 1918/19 so wenig an der Gesellschaft des Kaiserreichs geändert hatte, hatten so viele Anhänger der Sozialdemokratie Schwierigkeiten, in der Republik ihren Staat wiederzuerkennen. Das galt erst recht für die Zeit seit dem Herbst 1923, nachdem es den Unternehmern gelungen war, eine der wichtigsten Errungenschaften des November 1918, den Achtstundentag, auf breiter Front zu Fall zu bringen. Die Erfahrungen der ersten und zweiten Großen Koalition, der beiden Kabinette Stresemann vom August bis November 1923, waren für die SPD so ernüchternd, daß die Partei es vorzog, sich in den folgenden viereinhalb Jahren an keiner Reichsregierung mehr zu beteiligen. Der ehemalige KPD-Vorsitzende Paul Levi, der sich 1922 wieder der SPD angeschlossen hatte, sprach vielen, vor allem linken Sozialdemokraten aus dem Herzen, als er Ende November 1923 erklärte: »Wir gehen davon aus, daß unsere Partei die geborene Oppositionspartei ist. Dieser Volksstaat ist desselben ökonomischen Inhalts wie der alte Obrigkeitsstaat, und damit ist die grundsätzliche Stelle der sozialdemokratischen Bewegung gegeben. Sie ist oppositionell.«[8]

Die Machtscheu der Sozialdemokraten hatte zur Folge, daß ihr wichtigster bürgerlicher Partner, das Zentrum, sich in den mittleren Jahren der Republik an den Gedanken gewöhnte, daß man notfalls auch mit der Rechten in Gestalt der Deutschnationalen Volkspartei regieren könne, und zweimal an einer solchen »Bürgerblockkoalition« teilnahm. Die Erfahrung des zweiten dieser Regierungsbündnisse, des vierten Kabinetts Marx, trug dann zwar dazu bei, daß sich in der SPD ein neuer Wille zur Macht regte. Aber in der 1928 gebildeten Regierung der Großen Koalition unter Hermann Müller sahen viele Sozialdemokraten von Anfang an nicht mehr als ein notwendiges Übel. Die meisten Reichstagsabgeordneten der SPD verhielten sich gegenüber dem Kabinett, ungeachtet seiner vier sozialdemokratischen Mitglieder, mehr als einmal so, als sei die SPD nach wie vor eine Oppositionspartei. Die Verhaltensmuster, die die Sozialdemokraten im Kaiserreich eingeübt hatten, wirkten nach: Die maßgebliche Trennungslinie verlief für sie nicht, wie es der Logik der parlamentarischen Demokratie entsprochen hätte, zwischen Regierungsmehrheit und Opposition, sondern, gemäß den Regeln der konstitutionellen Monarchie, zwischen Parlament und Regierung.

Gab es somit eine eher unbewußte Erbschaft des Obrigkeitsstaates in den Köpfen der demokratischen Linken, so orientierte sich die traditionelle Rechte, bis weit in das Unternehmerlager und die rechtsliberale Deutsche Volkspartei hinein, ganz bewußt an autoritären Leitbildern aus der Zeit vor 1918: Der starke, vermeintlich überparteiliche Staat des Kaiserreichs galt gegenüber der schwachen, krisengeschüttelten parlamentarischen Demokratie als das bei weitem bessere weil leistungsfähigere System. Infolgedessen förderte die Rechte die Verlagerung der politischen Macht vom Reichstag auf den Reichspräsidenten. In Gestalt des Notverordnungsartikels 48, der »Reserveverfassung« der Weimarer Republik, gab es hierfür einen überaus wirksamen juristischen Hebel.

Das Schlagwort von der »Selbstpreisgabe einer Demokratie« suggeriert die Vorstellung, als hätten die Weimarer Demokraten ihren Staat demontiert. Aber bei allen Fehlern, die auf das Konto der drei Verfassungsparteien der ersten Republik – Sozialdemokraten, Zentrum und Deutsche Demokratische Partei – gehen, sollte man nicht vergessen, daß die Ablösung des parlamentarischen Systems von Kräften betrieben wurde, die sich selbst gar nicht als Demokraten verstanden. Der Begriff »Selbstpreisgabe einer Demokratie« verwischt mithin historische Verantwortlichkeiten; er leistet einer nachträglichen Gleichschaltung von Gegnern und Anhängern der parlamentarischen Demokratie Vorschub. Aus eben diesem Grund sollten wir auf die ebenso bequeme wie irreführende Formel verzichten.

IV.

Daß eine einige Arbeiterbewegung die deutsche Demokratie vor Hitler hätte retten können, ist eine Auffassung, die man öfter hört als liest. Sie gehört seit langem zur »linken« historischen Folklore, hat aber aus guten Gründen kaum Eingang in die Wissenschaft gefunden. Natürlich bestreitet kein ernsthafter Historiker, daß die Nationalsozialisten aus der Spaltung der »marxistischen« Arbeiterbewegung Nutzen gezogen haben. Aber das ist noch kein Beweis für die Umkehrthese, ein einiges Proletariat hätte Hitler verhindern können.

Die Spaltung der Arbeiterbewegung war, so paradox das klingen mag, nicht nur eine schwere Vorbelastung der ersten deutschen Republik, sondern zugleich eine ihrer Vorbedingungen. Weimar kam nur zustande, weil der gemäßigte Teil der »marxistischen« Arbeiterschaft, die Sozialdemokratie, bereit war, mit den gemäßigten Kräften des Bürgertums zusammenzuarbeiten. Die Vorkriegssozialdemokratie hatte, da es in Deutschland kein parlamentarisches System gab, nicht konkret vor der Frage einer regulären Koalition mit den Parteien der bürgerlichen Mitte gestanden, aber das Nein zu einer solchen Zusammenarbeit war vor 1914 die offizielle Parteilinie. Wäre die Einheit der SPD nicht an der Bewilligung der Kriegskredite zerbrochen, so an einem Eintritt von Sozialdemokraten in ein Koalitionskabinett. Anders gewendet: Nur weil mit den Gegnern der Kriegskreditbewilligung auch die grundsätzlichen Gegner einer Zusammenarbeit zwischen den Klassen aus der Partei ausgeschieden waren, konnte die SPD jene Koalitionspolitik betreiben, die die Entstehung der Weimarer Republik ermöglichte.

Die Gegensätze zwischen Sozialdemokraten und Kommunisten waren von Anfang an unüberbrückbar. Die SPD war eine, nein *die* staatserhaltende Partei der Weimarer Republik. Die KPD sah sich als eine, nein als *die* Partei des gewaltsamen Umsturzes schlechthin, und sie wurde weithin als das gesehen, was sie vorgab zu sein. Seit der ultralinken Wende, die die Kommunistische Internationale auf ihrem Sechsten Weltkongreß im Sommer 1928 vollzog, verschärften die Kommunisten ihren Kampf gegen die Sozialdemokraten – die »Sozialfaschisten«, wie sie bald darauf von allen Sektionen der Komintern in eindeutiger Absicht genannt wurden. Gewiß hatte auch die SPD dazu beigetragen, daß radikal antisozialdemokratische Parolen bei vielen Anhängern der KPD auf fruchtbaren Boden fielen: Ich erinnere an die Politik, die mit dem Namen Gustav Noske verknüpft ist, und an die Brutalität, mit der Berlins sozialdemokratischer Polizeipräsident Zörgiebel im Mai 1929 gegen kommunistische Demonstranten vorging: 33 Tote und etwa 200 Verletzte waren die Opfer dieses, auch von der linksliberalen Presse scharf kritisierten Einsatzes staatlicher Gewalt.

Aber weder »Noske-Politik« noch »Blutmai« können erklären, warum die Kommunisten in der Endphase von Weimar die Sozialdemokratie, die angebliche »soziale Hauptstütze der Bourgeoisie«, als Hauptfeind bekämpften. Maßgeblich war für die KPD wie für alle anderen Sektionen der Komintern der Wille Stalins. Stalin legte die Kommunistische Internationale seit 1928 vor allem aus zwei Gründen auf eine ultralinke Generallinie fest. Zum einen ging es ihm darum, für seinen Kampf gegen eine »rechte« Fraktion in der KPdSU um Bucharin, die das Tempo der Industrialisierung und der Kollektivierung der Landwirtschaft drosseln wollte, die flankierende Unterstützung der übrigen kommunistischen Parteien zu gewinnen. Zum anderen wollte Stalin die deutschen Sozialdemokraten treffen, die seit dem Juni 1928 wieder an der Macht im Reich beteiligt waren. Die SPD war die prowestlichste, vor allem die am meisten profranzösische Partei Deutschlands, und da Stalin in Frankreich die Vormacht des Antibolschewismus sah, war die SPD für ihn ein gefährlicher außenpolitischer Gegner.

Solange die ultralinke Generallinie galt, und sie galt über den 30. Januar 1933 hinaus, konnte es nicht einmal einen »Burgfrieden«, einen Nichtangriffspakt, zwischen den beiden Arbeiterparteien geben. Aber damit ist nicht gesagt, daß ein solcher Nichtangriffspakt Weimar gerettet hätte. Zusammen repräsentierten SPD und KPD in den Reichstagswahlen seit 1930 nie mehr als ein starkes Drittel der Wählerschaft; bei den Wahlen vom 31. Juli 1932 war die NSDAP stärker als beide Arbeiterparteien zusammen.

Da die Kommunisten für die SPD kein Partner sein konnten, blieb den Sozialdemokraten auch in der Endphase der Republik nur die Zusammenarbeit mit der bürgerlichen Mitte. Seit dem Oktober 1930 tolerierte die Sozialdemokratie das Notverordnungsregime des Zentrumskanzlers Heinrich Brüning. Sie tat es einmal, um eine noch weiter rechtsstehende Regierung im Reich, insbesondere ein Kabinett mit deutschnationaler oder nationalsozialistischer Beteiligung, zu verhindern, zum anderen, um die wichtigste sozialdemokratische Machtbastion, Preußen, zu behaupten. In Preußen regierte unter dem sozialdemokratischen Ministerpräsidenten Otto Braun eine Weimarer Koalition aus SPD, Zentrum und Deutscher Staatspartei (der ehemaligen Deutschen Demokratischen Partei). Hätten die Sozialdemokraten Brüning im Reich zu Fall gebracht, so wäre das zugleich das Ende der Regierung Braun in Preußen gewesen. Mit der Regierungsmacht in Preußen war aber auch die Kontrolle über die Polizei des größten deutschen Einzelstaates, das wichtigste staatliche Machtmittel im Kampf gegen die Nationalsozialisten, verbunden. Solange die Sozialdemokraten diesen Machtverlust nicht hinnehmen wollten, war die Tolerierungspolitik gegenüber Brüning eine Politik ohne Alternative.

Die SPD mutete ihren Anhängern damit ein ungewöhnliches Maß an

Selbstverleugnung zu. Die Sozialdemokraten mußten nicht nur die sozialen Härten der Notverordnungen mitverantworten, sondern auch ein kostspieliges militärisches Prestigeobjekt wie den »Panzerkreuzer B«. Sie mußten schließlich im Frühjahr 1932 einen überzeugten Monarchisten, den kaiserlichen Feldmarschall von Hindenburg, im Amt des Reichspräsidenten bestätigen. Allerdings wäre jeder andere Kandidat damals von Hitler geschlagen worden, und insofern war Hindenburgs Wiederwahl geradezu ein Triumph der sozialdemokratischen Tolerierungspolitik. Wäre die SPD damals nicht ihrer Devise »Schlagt Hitler! Darum wählt Hindenburg!« gefolgt[9], das »Dritte Reich« hätte bereits im April 1932 begonnen.

Die Sozialdemokraten betrieben die Politik des kleineren Übels, um die nationalsozialistische Diktatur zu verhindern. Hitlers Niederlage bei den Reichspräsidentenwahlen erschien ihnen mit Recht als ihr Verdienst und als die eindrücklichste Rechtfertigung der seit dem Herbst 1930 betriebenen Tolerierungspolitik. Aber es gab eine Kehrseite dieser Politik. Sie wurde wenige Wochen nach Brünings Sturz am 30. Mai 1932 schlagartig sichtbar. Als der Nachfolger des Zentrumskanzlers, Franz von Papen, das seit den Landtagswahlen vom 24. April 1932 nur noch geschäftsführend amtierende Minderheitskabinett Otto Brauns am 20. Juli 1932 auf dem Weg des kalten Staatsstreichs absetzen ließ, unterblieb jeder Akt des Widerstands.

Vieles kam zusammen, was die Passivität der Sozialdemokratie und der Freien, d. h. sozialdemokratisch orientierten Gewerkschaften an jenem Tag erklären kann: das tiefe Mißtrauen zwischen SPD und KPD; die Demoralisierung und Entsolidarisierung großer Teile der Arbeiterschaft im Zuge der Weltwirtschaftskrise; die Angst, daß Arbeitslose den Streikenden die Arbeitsplätze wegnehmen könnten; Einbrüche der Nationalsozialisten in die Reihen der preußischen Polizei; die Tatsache, daß, anders als beim Kapp-Lüttwitz-Putsch von 1920, Reichspräsident und Reichswehr eindeutig hinter dem Staatsstreich standen. Bei einer militärischen Konfrontation mit der Reichswehr und den Kampfverbänden der Rechten wäre die Niederlage der Republikaner sicher gewesen.

Doch es gibt keinen Zweifel: Die fehlende militante Massenabwehr war *auch* eine Folge der zwanzig Monate währenden Tolerierungspolitik und der führenden Beteiligung der SPD an der preußischen Regierung. Regierungspartei zu sein, formell in Preußen und informell im Reich, und gleichzeitig Bürgerkriegspartei im Wartestand: das war objektiv unmöglich. Die SPD büßte am 20. Juli 1932 die Reste der Macht ein, die sie nur so lange hatte behaupten können, *weil* sie seit dem Herbst 1930 alles auf eine Karte gesetzt hatte: die Abwehr des Nationalsozialismus auf dem Boden der Verfassung und im Bunde mit den gemäßigten Teilen des Bürgertums.

Was für den 20. Juli 1932 gilt, trifft auch für den 30. Januar 1933, den Tag der Machtübertragung an Hitler, zu. Unter den Bedingungen der Massenarbeitslosigkeit konnte ein Generalstreik nicht zum Erfolg führen; die Gewerkschaften waren bereits in den Monaten zuvor auf Distanz zur SPD gegangen und im Zweifelsfall bereit, sich auch mit dem neuen Regime zu arrangieren; ein Brückenschlag zu den Kommunisten, die die Sozialdemokraten nach wie vor als »Sozialfaschisten« diffamierten und als Hauptfeind behandelten, war unmöglich. Bürgerliche Partner, die entschlossen waren, Hitler von der Macht fernzuhalten, gab es für die Sozialdemokraten ohnehin nicht mehr: Die liberale Staatspartei war bis zur Bedeutungslosigkeit geschrumpft, und die katholischen Parteien, Zentrum und Bayerische Volkspartei, setzten ihre Hoffnung seit dem Sommer 1932 darauf, die Nationalsozialisten in einer schwarzbraunen Koalition bändigen zu können. Die letzte Alternative zur Regierung Hitler wäre eine mehr oder minder verhüllte Militärdiktatur gewesen. Die Rückkehr zur parlamentarischen Demokratie aber war 1932/33 keine Option mehr: Die Mehrheit der Wähler hatte gegen Weimar entschieden.

Die These, eine einige Linke hätte den Weg in die Katastrophe verhindern können, hat angesichts des offenkundigen Scheiterns der sozialdemokratischen Strategie geradezu die Kraft eines Mythos erlangt. Aber was wären die Folgen eines Linksrucks der Sozialdemokratie, der notwendigen Vorbedingung und zugleich Konsequenz einer Zusammenarbeit mit den Kommunisten, gewesen? Die SPD hätte nicht nur ihre Koalitionen mit bürgerlichen Parteien und damit ihre staatlichen Machtpositionen aufgeben müssen, sie hätte einen erheblichen Teil ihrer Anhänger verloren, die sozialen Ängste im Bürgertum gewaltig gesteigert und auf diese Weise den Zustrom zum Nationalsozialismus verstärkt. Die Sozialdemokraten hätten jene Polarisierung bewirkt, die sie verhindern wollten, weil sie den Umschlag des latenten in den offenen Bürgerkrieg bedeuten konnte.

Die Vermeidung des Bürgerkriegs war der unausgesprochene Imperativ, unter dem die sozialdemokratische Politik schon vor dem Ersten Weltkrieg gestanden hatte. In der Revolution von 1918/19 wie in der Auflösungsphase von Weimar war diese Maxime die oberste Richtschnur der Partei. Der kommunistischen These, daß die Sozialdemokratie mit ihrer bewußt unrevolutionären Politik nicht nur opportunistisch gehandelt, sondern Verrat an der Arbeiterklasse geübt habe, möchte ich eine andere These entgegenstellen: Der sozialdemokratische »Reformismus« war Ausdruck der Interessen jener Mehrheit der deutschen Arbeiterschaft, die soweit in die bestehende Gesellschaft integriert war, daß sie sehr viel mehr zu verlieren hatte als nur ihre Ketten.

Während sich die KPD immer mehr zur klassischen Partei der Arbeitslosen entwickelte, blieb die SPD vorwiegend eine Partei der beschäftigten und relativ besser situierten Arbeiter. Gleichviel ob die Sozialdemokratie sich in der Opposition befand, ob sie eine Regierung tolerierte oder offiziell an ihr beteiligt war, sie mußte, um den Bedürfnissen ihrer Anhänger Rechnung zu tragen, »politikfähig« bleiben; der soziale Radikalismus einer Protestpartei wie der KPD war ihr strukturell verwehrt. Was immer die Sozialdemokraten anders hätten machen können, sie konnten nicht aus ihrer demokratischen Haut heraus. Zu keinem Zeitpunkt hat die SPD die Aufgaben der klassischen Staatspartei der Weimarer Republik so konsequent auf sich genommen wie in den Jahren nach 1930, als dieser Staat weniger denn je der ihre war. Das Dilemma der Sozialdemokraten nahm in dieser Zeit tragische Züge an. Sie konnten, wie man weiß, mit ihrer seit dem Herbst 1930 verfolgten Politik den Weg in die Katastrophe nicht aufhalten. Daß sie es mit einer anderen Politik hätten tun können, hat noch niemand zu zeigen vermocht.

V.

Ich habe in den vorausgegangenen Abschnitten versucht, einige kontrafaktische Thesen zur Geschichte der Weimarer Republik zu überprüfen. Die Thesen haben miteinander die Annahme gemein, daß das Ende der ersten deutschen Demokratie nicht zwangsläufig, sondern abwendbar war. Das Ergebnis meiner Überlegungen fasse ich nochmals kurz zusammen. *Erstens:* Die Chance, eine stabilere Republik zu schaffen, war in den ersten Wochen nach dem Sturz der Monarchie am größten. Aber auch eine gründlichere Revolution hätte das Überleben Weimars als Demokratie nicht sichergestellt. *Zweitens:* Die demokratischen Parteien der Weimarer Republik hatten, weil sie von der Verfassungswirklichkeit der konstitutionellen Monarchie geprägt waren, Schwierigkeiten, sich den Erfordernissen einer parlamentarischen Demokratie gemäß zu verhalten, also koalitionsbereit zu sein und die von ihnen getragene Regierung gegenüber der Opposition zu verteidigen. Auf die Ablösung der parlamentarischen Demokratie zugunsten eines Präsidialsystems drängten aber nicht die Demokraten, sondern die Gegner der parlamentarischen Regierungsform. Daher ist das Wort von der »Selbstpreisgabe einer Demokratie« eher irreführend als erhellend. *Drittens:* Auch eine einige Arbeiterbewegung hätte die Auflösung der Weimarer Republik nicht verhindern können. Die Gegensätze zwischen Sozialdemokraten und Kommunisten waren unüberbrückbar. Zur Politik der Sozialdemokratie, den Nationalsozialismus auf dem Boden der Verfassung und im Bunde mit den gemäßigten Kräften des Bürgertums zu bekämpfen, gab es keine Alternative.

Dieser Befund bedeutet noch nicht, daß es am 30. Januar 1933 zur Machtübertragung an Hitler kommen *mußte.* Der Reichspräsident war nicht gezwungen, Brüning zu entlassen und Papen zu seinem Nachfolger zu ernennen; es bestand für ihn keine Notwendigkeit, das gemäßigte, parlamentarisch tolerierte Präsidialsystem durch ein autoritäres, von ihm und der Reichswehr gestütztes Präsidialsystem zu ersetzen. Hindenburg hätte auch im Januar 1933 noch einen Weg gehen können, zu dem er sich im Sommer und Herbst 1932 zweimal bereiterklärt hatte: unter Hinweis auf einen Staatsnotstand den Reichstag aufzulösen und die Neuwahlen, die nach der Verfassung innerhalb von 60 Tagen stattfinden mußten, vorerst auszusetzen. Das wäre freilich eine Durchbrechung der Weimarer Verfassung gewesen, und deshalb wurde diese Krisenlösung von Sozialdemokratie und Zentrum strikt abgelehnt. Aber seit sich das Kabinett von Schleicher am 16. Januar 1933 für diesen Weg ausgesprochen hatte, war die Proklamation des Staatsnotstands die wohl letzte Chance, an einer Kanzlerschaft Hitlers vorbeizukommen.

Daß Hindenburg sich zuletzt, wenn auch widerstrebend, für Hitler entschied, ging auf den Druck seiner Umgebung zurück, in der das ostelbische Preußen dominierte. Die Vertreter des hochverschuldeten Rittergutsbesitzes verfügten dank ihres Zugangs zum eigentlichen Machthaber, dem Reichspräsidenten, über einen politischen Einfluß, der, entgegen einer nicht nur unter Marxisten vertretenen Meinung, der wirtschaftlich sehr viel potenteren Großindustrie abging. Im Mai 1932 hatten die Agrarier diesen Einfluß genutzt, um Brüning als »Agrarbolschewisten« zu denunzieren und seinen, auch von der Reichswehr betriebenen Sturz zu beschleunigen. Im Januar 1933 richteten sie ähnliche Vorwürfe gegen Schleicher und begründeten dies unter anderem damit, daß der Kanzler nichts unternehme, um parlamentarische Enthüllungen über den »Osthilfeskandal«, den Mißbrauch staatlicher Subventionen für die ostdeutschen Rittergüter, zu verhindern. Wie im Jahr zuvor fand die Kampagne der Junker Anfang 1933 bei Hindenburg ein offenes Ohr. Die Kontinuität zwischen Kaiserreich und Republik wurde damit in der Schlußphase von Weimar nochmals augenfällig: Eine Machtelite, die wie keine andere das vorindustrielle Deutschland verkörperte, spielte bei der Zerstörung der ersten deutschen Demokratie und der Machtübertragung an Hitler eine bis heute von vielen verkannte Schlüsselrolle.

Die Weimarer Republik erscheint uns rückblickend als ein Versuch, den Grundwiderspruch des Kaiserreichs, den Gegensatz zwischen wirtschaftlicher und kultureller Modernität auf der einen und politischer Rückständigkeit auf der anderen Seite, aufzuheben. Die Restauration eines bürokratischen Obrigkeitsstaates unter Brüning markierte das Scheitern dieses Versuchs. Aber nun zeigte sich, daß sich das Rad der Geschichte nicht einfach zurückdrehen ließ. Seit 1871 kannten die Deutschen das allgemeine gleiche Männerwahlrecht, und seit 1918 galt der Grundsatz, daß Regierungen des Vertrauens der Volksvertretung, also auch eines Rückhalts bei der Mehrheit der Bevölkerung, bedurften. Die fortschreitende Ausschaltung des Massenwillens durch die Präsidialkabinette mußte daher massenhaften Protest hervorrufen, und niemand artikulierte diesen Protest geschickter als die Nationalsozialisten. Die Partei Hitlers appellierte aber nicht nur an den verbrieften Anspruch der Massen auf politische Teilhabe, sondern auch an das verbreitete Ressentiment gegenüber dem neuen, angeblich undeutschen parlamentarischen System, das den Willen des Volkes verfälsche. Was die Nationalsozialisten der parlamentarischen Demokratie und dem Präsidialregime entgegensetzten, war ein System, das sie als Ausdruck des wahren Volkswillens ausgaben: den plebiszitär legitimierten Führerstaat.

Im pseudodemokratischen Charakter des Nationalsozialismus spiegelten sich mithin die Widersprüche, die Deutschlands Weg in die Moderne kennzeichneten. In der Revolution von 1848 war der bürgerliche Liberalismus mit seinem Versuch gescheitert, gleichzeitig die Einheit *und* Freiheit herzustellen. Die Einheit kam in Gestalt von Bismarcks Reichsgründung, einer »Revolution von oben«. Das allgemeine gleiche Männerwahlrecht brachte den Deutschen zwar ein Stück Demokratie, aber da der Kanzler und seine Staatssekretäre dem Reichstag nicht verantwortlich waren, konnte von einer freiheitlichen Verfassung des Kaiserreichs nicht die Rede sein. Die ungelöste Frage der Freiheit mußte daher in der Revolution von 1918/19 erneut auf der Tagesordnung stehen.

Die Sozialdemokraten, denen nach dem Sturz der Monarchie die Macht zugefallen war, wollten nicht nur die politische, sondern auch eine soziale Demokratie verwirklichen. Sie scheiterten an dieser selbstgestellten doppelten Aufgabe ebenso wie im Jahrhundert zuvor die Liberalen an der ihren. Dem rückblickenden Betrachter drängt sich die Frage auf, ob es in beiden Fällen nicht neben subjektivem Versagen auch eine objektive Überforderung der freiheitlichen Kräfte Deutschlands gab. Soviel ist sicher: Die deutsche Katastrophe der Jahre 1933 bis 1945 war kein »Betriebsunfall«. Sie war eine Konsequenz der widerspruchsvollen Teilmodernisierung Deutschlands vor 1918, die sich auch als historische Verschleppung der Freiheitsfrage umschreiben läßt.

Ich habe versucht, das Scheitern der Weimarer Republik aus dem Verlauf der jüngeren deutschen Geschichte zu erklären. Man mag das den Versuch einer Historisierung Weimars nennen. Historisieren bedeutet immer zweierlei: Einerseits bemühen wir uns, Vorgänge der Vergangenheit in die ihnen eigene historische Perspektive zu rücken. Wir zielen also darauf ab, den Zeithorizont der Vergangenheit zu rekonstruieren und vom nachträglichen Wissen der Gegenwart abzuheben, und indem wir das tun, legen wir bewußt Distanz ein zwischen uns als Betrachtern und dem Gegenstand unserer Untersuchung. Andererseits heißt Historisierung aber auch Annäherung. Erst durch die Rekonstruktion ihres eigenen Zeithorizonts werden vergangene Vorgänge nachvollziehbar, erkennen wir in ihrem Anderssein das, was uns mit ihnen verbindet: ihre verfremdete Gegenwärtigkeit.

Weimar läßt sich historisieren, weil es uns auch nach der Arbeit der historischen Distanzierung, ja gerade *durch* sie nahe und nachvollziehbar bleibt. Die Historisierung des »Dritten Reiches« ist ein viel problematischeres Unterfangen. Wir können auch hier vieles rekonstruieren und zumindest teilweise nachvollziehen: etwa die Wirkung des »Führermythos« auf unterschiedliche Gruppen der deutschen Gesellschaft, Wandel und Kontinuität von sozialen Strukturen und Bewußtseinshaltungen, das breite Spektrum von Zustimmung zum Regime über Anpassung und teilweise Verweigerung bis zum Widerstand. Historisieren kann in diesen Fällen meinen: den Nebel gängiger Meinungen und nachwirkender Legenden, zum Beispiel des Mythos der »Volksgemeinschaft« und der antifaschistischen Arbeiterklasse, auflösen und zur Wirklichkeit, wie sie war, durchzudringen suchen. Doch die Historisierung stößt an ihre Grenzen, wo es um den Kern der nationalsozialistischen Weltanschauung und ihren Vollzug geht. Der Holocaust läßt sich nicht historisieren, weil nichts an ihm nachvollziehbar ist. Wer aber von den Grenzen der Historisierbarkeit des »Dritten Reiches« nicht reden will, sollte von seiner Historisierung schweigen.

Der Zusammenbruch von 1945 bedeutet das Ende des deutschen Nationalstaats von 1871. Er zerbrach in letzter Instanz an den inneren Widersprüchen der »Revolution von oben«, der er seine Entstehung verdankte – Widersprüchen, die Weimar nicht dauerhaft hatte auflösen können. Je deutlicher wir uns bewußt machen, daß dieser Nationalstaat an sich selbst gescheitert ist und daß es darum ein Zurück zu ihm nicht geben kann, desto freier wird unser Verhältnis zur deutschen Geschichte sein. Der Versuch, den historischen Ort Weimars und des »Dritten Reiches« zu bestimmen, ist, so gesehen, mittelbar immer auch ein Stück Ortsbestimmung der Gegenwart.

Hans Mommsen

Nationalsozialismus als vorgetäuschte Modernisierung

Noch immer dominiert Betroffenheit, wenn man sich den Ereignissen des Dritten Reiches anzunähern versucht, und doch besteht Klarheit darüber, daß sie nicht den Schlüssel für dessen adäquate Einordnung in die Geschichte Deutschlands von der Reichsgründung bis zur Gegenwart bereithält. Ernst Nolte sprach von der »Vergangenheit, die nicht vergehen will«, um die Sonderstellung, die dieser Epoche zumindestens im westdeutschen Geschichtsbewußtsein zukommt, zu kennzeichnen.[1] Martin Broszats Plädoyer für eine Historisierung des Nationalsozialismus, das dem Historikerstreit vorausging, mündete in einen ausgedehnten Briefwechsel zwischen ihm und Saul Friedländer, der davor warnte, die nationalsozialistische Zeit ihres genuinen Charakters zu entkleiden und damit die Erfahrung des Holocaust zu relativieren.[2] Letzteres lag gewiß nicht im Sinne Broszats, während Ernst Nolte schon seit Jahren darauf drängte, diese Relativierung zu vollziehen. Mit Historisierung ist jedoch vornehmlich gemeint, das Dritte Reich als Teil der eigenen Geschichte zu begreifen, die Belastungen, die daraus fließen, in Beziehung zu den sozialen, ökonomischen und technologischen Entwicklungsschüben zu setzen, die es auslöste oder verstärkte und die unsere Gegenwart mit geprägt haben.

Mit größerem zeitlichem Abstand und geringerer affektiver Beladung treten diejenigen Elemente jener zwölf Jahre deutscher Geschichte zurück, die ihnen den Anschein innerer Geschlossenheit verleihen. Die Theorie der totalitären Diktatur büßte an Überzeugungskraft ein, da sie wohl die Allokation von unbeschränkter Macht bei der führenden Clique des Regimes zu erklären vermag, nicht aber die Eskalation der Gewaltpolitik und der Überdehnung der eigenen Ressourcen, die einer mit machttechnischem Kalkül schwer zu vereinbarenden Hybris der nationalsozialistischen Machthaber entsprang. Der Rückgriff auf das angeblich geschlossene Gebilde der nationalsozialistischen Weltanschauung ist für die Erklärung der mangelnden Systemstabilität, die mit einer grenzenlosen Gewaltentfesselung einherging, ebensowenig hilfreich.[3] Zumindest bedarf es der Inspektion tieferer Schichten des gesellschaftlichen Bewußtseins, um zu begreifen, warum Gegenkräfte gegen die tendenzielle Selbstzerstörung sich nicht oder nur ansatzweise artikulierten. Darauf verwies Martin Broszat, wenn er hervorhob, daß die »vage populistische Attraktivität des Nationalsozialismus« viel höher einzuschätzen sei, als »die ideologische Indoktrination seiner Massenbasis«.[4] Noch weniger ergiebig ist das verbreitete Verfahren, die innere Einheit der Epoche in Person und Weltanschauung Adolf Hitlers aufzusuchen. So unbestreitbar die Rolle Hitlers als Motor der Radikalisierung und der Eskalation von Gewalt nach innen und nach außen ist, so sehr drängt sich die Frage auf, warum er von den konservativen Eliten als Partner akzeptiert werden und zugleich beträchtliche populistische Unterstützung finden konnte. Auch in dieser Beziehung hat Broszat die Notwendigkeit hervorgehoben, die Ursachen der Disposition beträchtlicher Bevölkerungsgruppen, Hitlers Versprechungen zu folgen und ihn als Führer der Nation hinzunehmen, näher zu untersuchen.[5] Ein analoges Problem kehrt bei der Analyse der Haltung der führenden Generäle wieder, die trotz wachsender Bedenken gegen die militärischen Führungsentscheidungen des Diktators sich doch immer wieder seinem Willen beugten. Die Tagebücher von Generalmajor Hellmuth Stieff, des langjährigen Chefs der Organisationsabteilung im OKW, sind ein beredtes Zeugnis dafür.[6] Es fällt schwer, die erzwungene Loyalität allein auf militärische Gehorsamspflicht, Karrieremotive und Befangenheit im militärischen Professionalismus einerseits und auf die persönliche Ausstrahlungskraft und rhetorische Suada des Diktators andererseits zurückzuführen. Der Führer-Mythos, dessen Wurzeln in der Zeit vor dem Ersten Weltkrieg liegen, beruhte auf einer in bürgerlichen Kreisen verbreiteten Erwartungshaltung, die Hitlers Aufstieg erst eigentlich erklärt.[7]

Viele Betrachter der ungeheuren Wirkungen, die vom Regime ausgegangen sind, neigen dazu, ihm eine innere Effizienz und, eng verbunden damit, stringente Intentionalität zuzuschreiben. Paradoxerweise war der Wirkungsgrad des Systems ganz im Unterschied zu seiner propagandistischen Selbststilisierung in der Regel eher niedrig, zumal wenn Kraftaufwand und Resultat ins Verhältnis zueinander gesetzt werden. Dies galt insbesondere unter den Bedingungen des Krieges, die den ungeheuren und chronisch gewordenen Kräfteverschleiß offenkundig machten, ihn aber auch mit dem Anschein des Unvermeidlichen versahen, so daß sich nur wenige Beobachter über dessen systemische Ursachen im klaren waren. Die ständige Improvisation, die Vernachlässigung der begrenzten Ressourcen, die sozialdarwinistische Begünstigung konkurrierender Initiativen, die rückläufige bürokratische Steuerung, die fehlende Korrektur eines mit hinreichender Autorität ausgestatteten staatlichen Finanzsystems, die Mißachtung institutionalisierter Verfahrensformen und die Vorliebe für als »Menschenführung« deklarierte politische Alleingänge auf allen Ebenen prägten dem politischen System des Nationalsozialismus von früh an improvisatorische Züge auf. Indem das Regime eindeutige Prioritätensetzungen im allgemeinen vermied und als vorrangig betrachtete Interessen im Wege von Sondervollmachten durchsetzte, ohne die bislang bestehenden Verwaltungsstäbe aufzulösen, kam es nicht zur Konzentration, sondern zu einer zunehmenden Zersplitterung der Kräfte.

In den Anfangsstadien wirkte sich das Verfahren, vielfältige Impulse gleichzeitig zu geben, vor allem für die Überwindung der Wirtschaftskrise vorteilhaft aus. Schon 1936 zeigte sich mit einer Verknappung des Arbeitskräfteangebots und einem empfindlichen Rohstoff- und Devisenmangel die Kehrseite dieser Strategie. Im wesentlichen versuchte man, durch außenwirtschaftliche Experimente Abhilfe zu schaffen, während die gleichzeitige Ausweitung der industriellen Kapazitäten die Abkoppelung vom Weltmarkt implizierte und langfristig nur durch die Ausbeutung von künftig zu erobernden Gebieten finanziert werden konnte. Trotz der Forcierung der Aufrüstung hielten sich deren praktische Erfolge, wie sich zuerst nach dem Polenfeldzug eindringlich zeigte, in engen Grenzen. Es kam zwar frühzeitig zur Abschöpfung überschüssiger Kaufkraft auf dem Wege der Besteuerung und indirekter Sozialleistungen, darunter den Abgaben für die NSV und das WHW, aber eine durchgreifende Einschränkung der Produktion für den privaten Konsum erfolgte erst, als sich Ende 1941/Anfang 1942 die Wende des Ostkrieges abzeichnete. Bezeichnenderweise waren es vor allem die Gauleiter, die sich im Interesse der mittelständischen Wirtschaft gegen die notwendigen Rationalisierungs- und Stillegungsmaßnahmen sträubten.

Der fortschreitende Effizienzverlust des Regimes entsprang in erster Linie den Reibungen zwischen konkurrierenden Behörden und Instanzen im Spannungsfeld von Partei und Staat. Hitler pflegte Rivalitäten zwischen den Unterführern zu fördern und stellte sich in der Regel auf die Seite der Partei, der er größere Energie beimaß als der notwendigerweise schwerfälligen staatlichen Bürokratie. Auf kurze Sicht trat der erwünschte Effekt durchaus ein: Schon um ihr Existenzrecht nicht zu verlieren, taten sich die rivalisierenden Amtsträger mit immer neuen Initiativen hervor. Mit ihnen sollten in der Regel ideologische Präferenzen befriedigt werden. Sie hatten nicht zuletzt im Bereich der Judenverfolgung und der sogenannten »Gegnerbekämpfung« einen kumulativen Radikalisierungsprozeß zur Folge, der selbstläufige Züge annahm. Dies bedeutete zugleich die Auflösung eines geordneten Verwaltungs- und Regierungssystems, das ein hoher Beamter der Reichskanzlei schon 1938 als »vorläufig wohlgeordnetes Chaos« beschrieb.[8] Das Sprichwort, daß der Krug solange zum Brunnen geht, bis er bricht, betraf auch die institutionellen Grundlagen des NS-Regimes. Sie wurden durch das System ständiger Nebenregierungen auf allen Ebenen ausgehöhlt und waren schließlich nur noch im Bereich der Finanzverwaltung einigermaßen intakt.

Eine Grundmaxime, die Hitler der NS-Bewegung aufprägte, bestand darin, politische Prioritätensetzungen zu vermeiden, soweit sie Kontroversen auslösten, und insoweit programmatische Festlegungen zu umgehen. Dies beruhte zunächst auf dem propagandistischen Kalkül, ein möglichst breites Anhängerspektrum anzusprechen, sowie der taktischen Überlegung, die Partei nicht in die Niederungen politisch sekundär erscheinender Interessenkonflikte zu ziehen. Das entsprach zugleich dem eigentümlichen Politik-Verständnis Hitlers und seiner engeren Gefolgschaft, das fast völlig auf propagandistische Mobilisierung bei wechselnden Inhalten ausgerichtet war.[9] Während gemeinhin unter Politik die mittelfristige Integration divergierender Interessen zu verstehen ist, wurde die Massenmobilisierung zunehmend zum Selbstzweck, hinter dem konkrete Ziele zurücktraten. Folgerichtig neigte die nationalsozialistische Führung dazu, das Vorhandensein interessenpolitischer Gegensätze innerhalb der Bewegung und später innerhalb des Regimes zu leugnen und sie hinter nationalistisch gefärbten Gemeinwohlformeln zu verdecken. So weigerte sich Hitler als Reichskanzler, die Existenz relevanter innenpolitischer Interessengegensätze zuzugeben; äußerstenfalls untersagte der Diktator, wie 1935 bezüglich der zwischen Wilhelm Frick und den Gauleitern heftig umstrittenen Reichsreform, jede weitere Befassung mit dieser Frage durch die Partei und er verbot deren Aufgreifen in der nationalsozialistisch kontrollierten Presse.[10] Die Methode der Konfliktlösung durch Verschweigen funktionierte jedoch nur bis zu einem gewissen Grade; sie verstärkte die durchgehende Tendenz zur Personalisierung politischer Gegensätze, und es ist bezeichnend genug, daß sie unter den Satrapen des Regimes häufig zu der Form nach privaten Abkommen führte, die die ausbleibenden gesetzlichen Regelungen notdürftig zu ersetzen suchten.

Was für Hitler als Parteiführer in erster Linie eine Frage der Bequemlichkeit dargestellt hatte, nämlich sein Grundsatz, den Unterführern bei Versicherung unbegrenzter persönlicher Loyalität weitgehend freie Hand zu lassen und nur ausnahmsweise Entscheidungen an sich zu ziehen, prägte nach 1933 dem schrittweise entstehenden NS-Regime eine eigentümliche Doppelgesichtigkeit auf. Einerseits wurden bestimmten Grundlagen – die formale Fortgeltung der Weimarer Reichsverfassung, das Prinzip der Rechtsstaatlichkeit, die Unabhängigkeit der Justiz, die Überparteilichkeit der bewaffneten Macht und vieles andere mehr – nicht formell außer Kraft gesetzt; andererseits wurden sie ständig durchbrochen und ausgehöhlt, wobei Ernst Fraenkels typologische Unterscheidung zwischen Normen- und Maßnahmenstaat die rasch fortschreitende Entstaatlichung des Systems nur unzureichend beschrieb. Die Eigenmächtigkeit der Gauleiter, die schließlich als Reichsverteidigungskommissare vorübergehend auch an die Spitze der inneren und allgemeinen Verwaltung traten und mitunter als Despoten in ihrem Gau regierten, ist ein beredtes Beispiel dafür.[11]

Die Kompetenz und damit die Verantwortlichkeit der einzelnen Funktionsträger verflüssigten sich zunehmend. Gleichzeitig ging die Kommunikation zwischen den einzelnen Funktionsbereichen immer stärker verloren, so daß es in den letzten Kriegsjahren kaum jemanden mehr gab, der die politischen und militärischen Vorgänge in dem inzwischen wieder zusammenschrumpfenden, aber nach wie vor weite Teile des europäischen Kontinents umfassenden deutschen Herrschaftsbereichs überschaute. Angesichts der Überlastung mit den drängenden operativen Fragen vor allem der Ostfront, die der Übernahme der militärischen Führung durch Hitler und dessen Unfähigkeit entsprang, jene Delegation von Entscheidungen, die das Geheimnis seines politischen Führungserfolgs dargestellt hatte, auf den militärischen Bereich zu übertragen, war auch an der Spitze des Regimes keinerlei Integration der auseinanderstrebenden Subsysteme erreichbar. Selbst der sonst so allmächtige Sekretär des Führers und Leiter der Parteikanzlei, Martin Bormann, überforderte sich mit dieser Aufgabe. Der Realitätsverlust, der für Hitlers Führungsstil kennzeichnend war, war somit nicht nur psychologisch bedingt; er entsprang einer systemisch bedingten Kommunikationsverhinderung zwischen den rivalisierenden Machtapparaten des Regimes.

Die Stilisierung der Bildung des Kabinetts Hitler als »nationale Erhebung« band eine Fülle von gutwilligen Kräften ein, die sich der Illusion hingaben, daß es Hitler gelingen könne, die Defizite pluralistischer Interessenantagonismen zugunsten der versprochenen »Volksgemeinschaft« zu überwinden und Deutschland wieder zu nationaler Größe und Macht zu verhelfen. Tatsächlich beruhte die Stabilität des Regimes keineswegs nur auf Terror oder der Androhung von Terror, sondern auf der Vorspiegelung, die Interessen der einzelnen Volksteile dauernd zufriedenstellen zu können. Die entschiedenen Maßnahmen zur Überwindung der Wirtschaftskrise, von denen die Aufrüstungsschritte zunächst nur untergeordnete Bedeutung hatten, schienen diese Hoffnungen zu bestätigen. Die »nationale Revolution«, die einen weitreichenden Wechsel der Führungsfunktionen und die Verjüngung der Führungskader mit sich brachte, beendigte die ökonomische Stagnation der späten Republik und öffnete sozialen Aufstiegswünschen und technologischen Initiativen ein weites Feld.

Die NSDAP hatte sich bereits bei der Durchführung der entscheidenden Wahlkämpfe modernen Werbemethoden verschrieben. Sie sprach sich auch nach 1933 für technische Modernisierung aus. Ein klassisches Beispiel dafür war der Tatbestand, daß die Reichsregierung die bisher bestehenden steuerlichen Hemmnisse für den Automobilmarkt aufhob und schließlich an die Spitze des seit langem erörterten Programms der Volksmotorisierung trat. Mit der Gründung des Volkswagenwerks und der Propaganda für den KdF-Wagen wurde es für das Prestige des Regimes nutzbar gemacht, wobei dieser Ansatz zum Massenkonsum mit den tatsächlichen ökonomischen Bedingungen nicht übereinstimmte. Die positive Einstellung des Regimes zu technologischen Innovationen zeigte sich auch am Beispiel des Autobahnbaus, der Unterstützung des Rennsports und der Forcierung des Schiff- und Flugzeugbaus.

Das Dritte Reich schien den seit langem überfälligen Modernisierungsschub zu bringen, der angeblich von der Interessentenpolitik der Republik unterbunden worden war. Ähnliche Erwartungen lösten die Ankündigungen einer bauernfreundlichen Landwirtschaftsförderung aus, so wenig sie später eingelöst wurden. Mittels Ehestandsdarlehen und anderen Begünstigungen hoffte man, die Geburtenrate erhöhen und der Gefahr der Überalterung der Bevölkerung begegnen zu können. Auch sonst fehlte es nicht an modernisierenden Effekten. Dies trug entscheidend dazu bei, daß das Regime in den ersten Jahren, trotz sich deutlich abzeichnender Ernüchterung, ohne wesentliche innere Widerstände und mit Zustimmung der Funktionseliten stabilisiert und oppositionelle Bestrebungen der Arbeiterschaft weitgehend ausgeschaltet werden konnten. Die Mammutorganisation der DAF vermochte jedoch nicht die Zurückhaltung der Industriearbeiterschaft gegenüber dem

Regime zu beseitigen, wenngleich die von ihr betriebene sozialpolitische Propaganda vielfach positiv aufgenommen wurde.[12] Zwar nahm die nationalsozialistische Propaganda vieles von dem vorweg, was heute als Errungenschaft des Daseinsvorsorgestaates erscheint; aber realisiert wurden davon nur deren destruktive Züge: die Eliminierung »unnützer Esser«, die Tötung »lebensunwerten Lebens«, die Liquidierung angeblich Asozialer und die Tendenz, die nicht mehr arbeitsfähige alte Bevölkerung beiseitezuschaffen.

Die negativen Erscheinungen des neuen Regimes – das terroristische Durchgreifen gegen seine Gegner, der Übergriff auf die jüdische Bevölkerung und die frühzeitig sichtbar werdende Korruption der Funktionäre – traten zunächst gegenüber dem Bild neugewonnener nationaler Einigkeit, die durch erste außenpolitische Erfolge unterstützt wurde, in den Hintergrund. Die Röhm-Affäre und die Ermordung der Obersten SA-Führung wurden in der Regel als Bestätigung dafür aufgefaßt, daß nun mit der Herrschaft der »Radikalinskis« aufgeräumt worden sei und Ruhe und Ordnung einkehre.[13] Vor allem aber führte die innere Fragmentierung des Systems dazu, daß kritisch betrachtete Erscheinungen auf den schädlichen Einfluß einzelner Satrapen zurückgeführt und Hitler gerade nicht zugeschrieben wurden. Als Repräsentant der Einheit der Nation konnte er sich vielfach auch auf die Loyalität derjenigen stützen, die dem Auftreten von NSDAP und SS kritisch gegenüberstanden. Die von der Wehrmachtführung selbst vorgeschlagene Vereidigung der Truppe auf die Person des Führers am 20. August 1934 war für diese Variante des Führer-Mythos kennzeichnend.

Die Vorstellung, daß das Regime bestimmte »Kinderkrankheiten« wie den hybriden Antisemitismus nach und nach abstreifen würde, erfüllte insbesondere breite Kreise der Oberschicht, die zwar der nationalsozialistischen Führungsgruppe wegen ihrer sozialen Herkunft reserviert gegenüberstanden, jedoch bereit waren, deren Erfolge, vor allem die Niederschlagung der kommunistischen Gefahr und die Ausschaltung der Gewerkschaften, zu honorieren und frühere ideologische Vorbehalte zurückzustellen. Die kriminellen Elemente der NS-Bewegung wurden mit dem Argument »Wo gehobelt wird, fallen Späne« bagatellisiert; in den Ministerien gab man sich der Illusion hin, die Exponenten der NSDAP nach und nach domestizieren zu können. Das war eine Rechnung, die ohne den Wirt Hitler gemacht worden war, der sich mit gewisser Stetigkeit immer wieder auf die Seite der die Legalität durchbrechenden fanatischen NSDAP-Leute stellte und damit jegliche effektive strafrechtliche Kontrolle unterband.

Die Hoffnung, Hitler, der häufig höchst irrtümlicherweise als Gemäßigter eingestuft wurde, weil er in den Anfangsjahren des Regimes vor allem in außenpolitischer Beziehung zurückhaltend auftrat, in einen geregelten Regierungsbetrieb einbinden und ihn juristisch festlegen zu können, scheiterte auf der ganzen Linie. Entsprechende Konzessionen, so die Rechtfertigung der Ermordung der Obersten SA-Führung als Abwendung des Staatsnotstands, die Vereidigung der Armee auf den Führer und die Vereinigung des Amtes des Reichspräsidenten mit dem des Reichskanzlers erzielten keineswegs die beabsichtigte Wirkung, Hitler künftig zur Einhaltung des Prinzips der Gesetzmäßigkeit zu veranlassen und ihn der Reichswehr und deren Waffenmonopol zu verpflichten. Zwar gelang es, den Anspruch der NSDAP auf die unmittelbare Kontrolle der Verwaltung abzuwehren und die Zuständigkeit der inneren und allgemeinen Verwaltung zu behaupten, allerdings um den Preis eines Vetorechts für den Stellvertreter des Führers im Bereich der Gesetzgebung. Martin Bormann nutzte dies als Stabsleiter zum Ausbau der Dienststelle des Stellvertreters des Führers und der späteren Parteikanzlei zu einem allzuständigen Kontrollministerium, das der Reichskanzlei, der die verfassungsmäßige Koordinierungsfunktion oblag, zunehmend das Wasser abgraben sollte. Aber das ständige Anwachsen von führerimmediaten Apparaten und Behörden im Zwielicht zwischen Partei und Staat konnte auf die Dauer nicht unterbunden werden. Ein charakteristisches Beispiel für diese Tendenz war die DAF, die formell eine Gliederung der NSDAP darstellte und deren Führer Robert Ley gleichzeitig als Reichsorganisationsleiter der NSDAP fungierte. Als finanziell mächtigste Organisation – sie usurpierte das Gewerkschaftsvermögen und erhob von der übergroßen Mehrheit der Erwerbstätigen Mitgliedsbeiträge – drängte sich die DAF vor allem in die sozialpolitischen Entscheidungsfelder, das Gesundheitswesen und die Berufsbildung, ohne freilich maßgebende Zuständigkeiten vom Reichsarbeitsministerium abziehen zu können.

Vorübergehend bestand der Eindruck, als fände das System nach der Machteroberungsphase zu einer Normallage zurück; die Ressorts, die sich zunächst gegenüber der NSDAP behauptet und deren Repräsentanten in den eigenen Apparaten weitgehend absorbiert hatten, sahen sich aus dem Entscheidungsprozeß insofern ausgeklammert, als das Kabinett immer seltener und schließlich überhaupt nicht mehr zusammentrat und immer weniger Einfluß auf die in informeller Weise von Hitler geäußerten politischen Willensbekundungen auszuüben vermochte.[14] Nach außen hin war die zunehmende Entprofessionalisierung des Regierungssystems nur begrenzt erkennbar. Die Blomberg-Fritsch-Krise im Februar 1938 verstärkte diesen Prozeß sprunghaft.[15] Während sich Hitler bis dahin überwiegend auf Baron von Neurath, auf Blomberg und Schacht gestützt, allerdings Göring und von Ribbentrop freien Spielraum für ihre Nebendiplomatie eingeräumt hatte, umgab er sich von nun an mit Persönlichkeiten, die sich entweder durch subalterne Loyalität, wie Keitel und Jodl im OKW, auszeichneten oder eine ihm sympathische Hasardeurpolitik verfolgten, wie dies nicht zuletzt für Joachim von Ribbentrop galt.

Hitlers Entscheidung vom Frühjahr 1938, gegen die Tschechoslowakei militärisch einzuschreiten, nachdem der militärische Part, das Schauspiel der Annexion Österreichs, reichlich kläglich geendet hatte, stellte den Schritt über den Rubikon dar. Aus Furcht vor einer rückläufigen Popularitätskurve und absinkender Systemstabilisierung entfielen seit dem Spätherbst die letzten Hemmungen gegen eine ständige Eskalation der außen- und innenpolitischen Ziele, die sich wie in kommunizierenden Röhren verhielten. Der Novemberpogrom 1938 stellte eine innenpolitische Kompensation dafür dar, daß aus Hitlers Sicht die von ihnen beabsichtigte militärische Zerschlagung der Tschechoslowakei hatte aufgeschoben werden müssen und die mangelnde Kriegsbereitschaft der Bevölkerung als Krisensymptom gewertet wurde.

Es ist mit Sicherheit verfehlt, das wachsende Bedürfnis des Regimes, Gewaltpolitik an die Stelle langwieriger Diplomatie zu setzen und auch im Innern gegen angebliche Regimegegner, als den man den jüdischen Bevölkerungsteil wider besseres Wissen stigmatisierte, die Zügel anzuziehen, allein auf die subjektive Einstellung der verantwortlichen Individuen zurückführen zu wollen. Sicherlich war die neue Führerschicht, die im Zuge der Machtergreifung hochgeschwemmt worden war, von vornherein gegenüber Korruption und Machtmißbrauch alles andere als resistent. Aber das Ausmaß ihrer Korrumpierung seit der Mitte der 30er Jahre ist im wesentlichen darauf zurückzuführen, daß die sozialdarwinistischen Züge des NS-Herrschaftssystems zusammen mit dem Verlust jeglicher institutioneller Einbindung zum Amtsmißbrauch geradezu einluden und diejenigen Funktionäre, die an der Ämterpatronage und indirekten Bereicherung nicht teilnahmen, ins Hintertreffen gerieten. Die objektive Seite des Prozesses bestand darin, daß mit dem zunehmenden Erfolg der Aufrüstung und der Zerstörung der Stresa-Front außenpolitische Rücksichten weitgehend entfielen, die Bremskräfte der administrativen Apparate schwächer wurden und die von Martin Broszat beschriebene »Selektion der negativen Weltanschauungselemente« sich beschleunigte.[16] Die Entfesselung des Krieges führte dann zunehmend zur Ausschaltung der bis dahin wirksam gebliebenen Hemmungsfaktoren gegen den Übergang zur aktiven Eroberung von Lebensraum auf der Grundlage des Rassenvernichtungskrieges.[17]

Für den außenstehenden Beobachter stellte sich die nationalsozialistische Politik als systematische Steigerung der machtpolitischen Ambitionen seiner Führungsschicht dar. So sehr dies zutraf, so wenig vollzog sie sich im Sinne einer schrittweise kalkulierten Planung. Sicherlich gab es bei den Substrukturen des Systems, so etwa bei dem SS-Apparat, bei der DAF und bei der Vierjahresplanbehörde Ansätze zu langfristigen politischen Planungen. Der »Generalplan Ost« ist das abschreckendste Beispiel für die Skrupellosigkeit, mit der das Regime die dauerhafte Unterjochung der osteuropäischen Völker in die Tat umzusetzen versuchte. Robert Leys visionäres »Versorgungs- und Gesundheitswerk des deutschen Volkes« ist ein herausragendes Zeugnis für die technokratischen Elemente innerhalb eines zunehmend atavistische Züge annehmenden Herrschaftssystems.[18] Infolge der fehlenden Koordination auf der Regierungsebene kam es nirgends zur Umsetzung derartiger Planungen. Als nach dem Sieg über Frankreich der Ruf nach Modellen für eine endgültige Beherrschung des Kontinents, daneben für das deutsche Kolonialreich in Mittelafrika erscholl, gab es unzählige Dienststellen, die mehr oder weniger hochtrabende Pläne intern oder öffentlich unterbreiteten. Das Regime war jedoch nicht in der Lage, diese politischen Anstöße zu integrieren und zu einer widerspruchsfreien Strategie gegenüber dem geschlagenen Frankreich zu gelangen. Es blieb bei einer bloß reaktiven ad hoc-Politik, die von dem Grundsatz bestimmt wurde, keine langfristigen politischen Bindungen einzugehen, was tragfähige politische Lösungen von vornherein ausschloß. Dies wiederholte sich im Ostraum auf erweiterter Stufenleiter und führte zu einem Chaos der Zuständigkeiten, das die ideologisch forcierte Terrorherrschaft gegen die einheimische Bevölkerung aufs äußerste verschärfte.

Für das Regime wirkte sich die Unfähigkeit, die Rüstungswirtschaft angemessen zu steuern, besonders abträglich aus. Hitlers »Blitzkriegstrategie« war nachgerade darauf angelegt, mittelfristige Planungen überflüssig zu machen. Als seit Ende 1941 klar wurde, daß dieses Konzept gescheitert war und mittelfristige Planung unerläßlich wurde, behinderten die ständig wechselnden Prioritätensetzungen die erforderliche Rationalisierung. Auf die Initiative Todts und des ihm nachfolgenden Rüstungsminister Speer gelang es durch entsprechende

Maßnahmen, die Rüstungsproduktion zu vervielfachen, doch kamen diese zu spät, um die zusammenbrechenden Fronten dauernd zu stabilisieren. Im nachhinein ist das weitgehende Versagen der deutschen Rüstung zu begrüßen; eine Hinauszögerung des militärischen Zusammenbruchs, die sonst eingetreten wäre, hätte vermutlich zum Einsatz der Atomwaffe gegen Deutschland geführt, ganz abgesehen davon, daß jede Verlängerung des Krieges von weiteren riesigen wie sinnlosen Menschenverlusten begleitet gewesen wäre.

Die Innovationsschübe, die der Übergang zur nationalsozialistischen Diktatur auf wirtschaftlichem und technischem Gebiet freisetzte, wurden rasch durch die Unfähigkeit wettgemacht, die in den Untergrund gedrängten Rivalitäten zwischen Produzenten und der sie jeweils favorisierenden Gauleitungen einerseits und den in sich zersplitterten militärischen und wirtschaftlichen Planungsbehörden zu kontrollieren. In keinem der kriegführenden Staaten erfolgte die Normierung von kriegswichtiger Ausrüstung so spät und so unvollkommen wie im Dritten Reich. Die Flugzeugproduktion stellte ein einziges Fiasko dar, nicht weil die Techniker nicht in der Lage gewesen wären, mit der Rüstung der Westmächte qualitativ schrittzuhalten – die Konstruktion der Me 262 verschaffte dem Deutschen Reich einen klaren technischen Vorsprung –, sondern weil es sich als unmöglich erwies, die auf dem Feld der Flugzeugproduktion kollidierenden Interessen auszugleichen, zu denen auch ideologisch motivierte Vorgaben Hitlers gehörten.[19] Die Fehlentscheidung, anstelle der Jägerproduktion die materialaufwendige V 2 als Vergeltungswaffe zu produzieren, beleuchtet die mangelnde Rationalität der Rüstungspolitik des Regimes.

Trotz der technokratischen Einstellung vieler NS-Führer und trotz der hohen Positionen, die Ingenieure wie Fritz Todt und Albert Speer innerhalb des Regimes erlangten, kam es nach 1933 nicht zu einem grundlegenden Ausbau des Ingenieurstudiums und der technischen Grundlagenforschung, wenngleich eine gewisse Bevorzugung der Technischen Hochschulen gegenüber den klassischen Universitäten stattfand. Der Mangel an Ingenieuren und Ingenieurstudenten machte sich frühzeitig bemerkbar. Wie stark das intellektuellenfeindliche Gesamtklima des Regimes auch auf den technologischen Bereich durchschlug, läßt sich daraus ablesen, daß die technischen Patentanmeldungen beträchtlich zurückgingen.[20] Das Regime erwies sich als unfähig, auf wehrtechnischem Gebiet langfristige Entwicklungen hinreichend zu fördern und die notwendigen Investitionen für die Grundlagenforschung vorzunehmen. Die Rückständigkeit von Industrie und Wissenschaft im Flugzeugbau, in der Atomforschung, der Hochfrequenztechnik und der Radartechnologie sollte im Zweiten Weltkrieg spektakuläre Ausmaße annehmen.

Im gesellschaftlichen Bereich bestand die modernisierende Wirkung des Regimes vor allem darin, daß es bestehende Traditionen vielfach beiseite schob und deren soziales Substrat im bürgerlichen und proletarischen Umfeld weitgehend zerstörte. In Einzelbereichen wie etwa beim BDM hatten die Formen, die das Regime an deren Stelle setzte, auch unbeabsichtigte emanzipatorische Wirkungen. Die von Schoenbaum beschriebene Vertauschung der Zweck-Mittel-Relation beschleunigte die seit der Epoche des Imperialismus anhaltenden Umschichtungsprozesse und die Abwanderung ländlicher Arbeitskräfte in die industriell geprägten Regionen.[21] Aber im ganzen galt, daß keine lebensfähigen Formen an die Stelle überkommener gesellschaftlicher Gliederungen traten. In der antiklerikalen Ausrichtung der nationalsozialistischen Schulpolitik mochte nach 1933 ein modernisierendes Moment enthalten sein, so etwa in stark katholisch überformten Landstrichen wie Ober- und Niederbayern. Der langfristige Effekt dieser Politik bestand hingegen in einer Stärkung des gesellschaftlichen und politischen Einflusses des lokalen Klerus und der Kirchen überhaupt.[22]

Die soziale Schubwirkung, die die Machtergreifung, der Übergang zur Vollbeschäftigung und die Schachtsche Mefowechsel-Politik hervorriefen, hatte nur begrenzt Modernisierungsprozesse zur Folge. Eine Ausnahme stellte die Energiewirtschaft dar, in der unter dem Druck der Rüstungsnotwendigkeiten die bisher einer umfassenden Rationalisierung entgegenstehenden Interessen der schwerindustriellen Konzerne gebündelt werden konnten. Der Ausbau der Grundstoffindustrie und die Errichtung umfangreicher Hydrier- und Bunawerke sollte dem industriellen Aufschwung der Bundesrepublik wesentlich zugute kommen. Die Neigung, die nationalsozialistischen Ankündigungen für bare Münze zu nehmen und für praktische Politik zu halten, verstellt weithin den Blick für die vollständige Unfähigkeit der nationalsozialistischen Machthaber, innovative Ideen in die Wirklichkeit umzusetzen. Im wissenschaftlichen Bereich übte das Regime auch unabhängig von der erzwungenen Auswanderung zahlreicher führender jüdischer Wissenschaftler eine lähmende Wirkung aus. Die tiefe Verachtung von Fachwissen, Expertentum und Verwaltungshandeln, die die NS-Funktionäre an den Tag legten, und deren von sachlichen Erfordernissen weitgehend abstrahierende und zunehmend korrupte Personalpolitik forderten ihren Preis. Er bestand in einer grotesken Ineffizienz selbst in denjenigen Bereichen, denen höchste Priorität zugemessen wurde. Es ist daher kaum ein Politikfeld zu nennen, das nicht im Marasmus der von unfähigen und selbstherrlichen Potentaten hervorgerufenen Fehlentscheidungen steckenblieb. Anfänglich gelang es, die sich häufenden Führungsfehler durch geschickte Improvisationen auszugleichen. Aber die Überdehnung der Ressourcen mußte auch ohne die kriegsentscheidenden Wirkungen der strategischen Bombenoffensive nach 1943 den militärischen und politischen Zusammenbruch herbeiführen.

Gegenüber den altväterlich erscheinenden Repräsentanten der Weimarer Republik beanspruchte die NSDAP, die junge Generation zu vertreten, und die Jugendlichkeit vieler Nationalsozialisten in Spitzenpositionen ist für den Betrachter auch nachträglich überraschend. Die Zeitgenossen gewannen den Eindruck, daß der Nationalsozialismus eine Öffnung zur Zukunft bringen werde. Sein Interesse an technischen Fortschritten schien in diese Richtung zu deuten. Ideologisch war das indessen schwerlich der Fall. Die verklemmte völkische Ideologie, die die Bewegung propagierte, stammte aus der wilhelminischen Periode und war trotz futuristischer rassistischer Visionen rückwärtsgewandt. Das geistige Klima der Weimarer Kultur war von der NSDAP rückhaltlos bekämpft worden. Sie repräsentierte durchweg eine kulturelle Reaktion. Nur auf dem Gebiet des Films konnte das Regime beanspruchen, einen ernst zu nehmenden kulturellen Beitrag geleistet zu haben. In Literatur und Kunst hingegen brachte es ebensowenig einen eigenständigen Stil zuwege, und es brillierte allenfalls in der Entfaltung öffentlicher Propagandarituale.

Hinter der Fassade vom neuen Reich verbargen sich ausgeprägt rückschrittliche Inhalte. In der nationalsozialistischen Bauplanung – etwa bei den konzipierten Totengedenkstätten – führte dies zu heute eher komisch anmutenden Ergebnissen. Im politischen und gesellschaftlichen Bereich waren die rezessiven Züge nicht weniger sichtbar. Die künftige völkische Ordnung sah Hitler in den besetzten Ostgebieten vorweggenommen, wo ein neuer, durch rücksichtslose Härte und fehlende moralische Skrupel ausgezeichneter Herrentypus herangebildet werden sollte, der nicht länger von fragwürdig bürgerlich-humanistischen Ideen beeinflußt war und einen Feudalismus neuer Prägung ins Leben rief.[23] Die Ersetzung des auf dem Prinzip der Kompetenzentrennung und Arbeitsteilung beruhenden modernen bürokratischen Anstaltsstaats durch einen personalen Herrschaftstypus, der auf unbedingtem Gehorsam einer verschworenen Gefolgschaft beruhte, stellte eine rückwärtsgewandte Utopie dar, die atavistische Züge trug. Die

Realität des nationalsozialistischen Herrschaftsgebildes erzeugte den bramabarsierenden, korrupten, selbstüberzogenen und unfähigen Funktionär, der durch Bestechung eine Clique von Abhängigen um sich scharte und die Allüren eines lokalen Paschas an den Tag legte. Von den engeren Parteigängern Hitlers waren nur Martin Bormann und Heinrich Himmler nicht von der umsichgreifenden Korruption befallen. Sie teilten jedoch jeder in seiner Art die für Hitler kennzeichnende Hybris der machtpolitischen Ambitionen und weltanschaulichen Fixierungen.

Für die Zeitgenossen war es nahezu unmöglich, die Eigenart der nationalsozialistischen Herrschaft voll zu durchschauen. Deren Fragmentierung in eine immer unübersehbarer werdende Vielzahl rivalisierender Agenturen bewirkte, daß Mißstände und Verfallserscheinungen in der Regel nur an einzelnen Machthabern festgemacht und nicht als systemische Erscheinung gedeutet wurden. Dies hing gewiß auch mit der nationalsozialistischen Vorstellung zusammen, daß es genüge, den richtigen Mann an die richtige Stelle zu setzen, um die anstehenden Probleme zu lösen, ebenso der hypertrophe Glaube an die Machbarkeit, wenn nur die notwendige Willenskraft vorhanden sei. Symptomatisch für die innere Verfassung des Systems im Kriege erscheint, daß es kaum einen Funktionsträger gab, der nicht heftige Kritik an anderen Amtsinhabern und an Substrukturen des Systems übte, wie überhaupt die persönliche Verfeindung zwischen NS-Potentaten die Regel war. Hinter der sich häufenden Einzelkritik traten die generellen Ursachen des Systemverfalls in den Hintergrund. Die Vorstellung, daß nach dem (gewonnenen) Kriege das System reformiert werden müsse, war allgemein, zielte allerdings je nach politischer Einstellung in unterschiedliche Richtung. Nicht die Ideologie selbst als vielmehr die Verstrickung der Funktionsträger in unerhörte Verbrechen hinderte sie daran, sich den Selbstzerstörungsbefehlen Hitlers frühzeitig zu widersetzen und die totale Auflösung des Reiches abzuwenden.

Obwohl gerade Adolf Hitler immer wieder von der »nationalsozialistischen Idee« sprach, gab es keine unverwechselbare und inhaltlich bestimmbare Zielsetzung des Nationalsozialismus. Der Flickenteppich der nationalsozialistischen Weltanschauung war geborgt, diente primär der propagandistischen Mobilisierung und besaß rein destruktiven Charakter. Die Zukunftsprojekte der künftigen nationalsozialistischen Gesellschaft zerrannen ins Nebelhafte; gemeinsam hatten sie den Krieg als dauernde Erscheinung und damit als Normalzustand zur Voraussetzung, denn anders war die endgültige Unterjochung der Nachbarvölker, die den Träumen vom Tausendjährigen Reich zugrundelag, nicht denkbar. Abgesehen von den spezifischen organisatorischen und agitatorischen Grundlagen faschistischer Massenmobilisierung hatte der Nationalsozialismus keinerlei innovative Kraft; er setzte fort und übersteigerte, was in den sozioökonomischen und technologischen Strukturen der Weimarer Republik bereits angelegt war, und wenngleich er zunächst eine beträchtliche soziale Schubwirkung besaß, blieb die gesellschaftliche Wirklichkeit hinter den hochgesteckten Erwartungen zurück.

Die chamäleonartige Erscheinung des Nationalsozialismus, der sich von einem Moment zum andern als Verwirklichung der höchsten Werte der deutschen Geschichte und als schlimmste Abweichung von denselben darstellte, hinderte viele Zeitgenossen daran, sich über dessen bloß simulatorischen Charakter klarzuwerden. Die historisch übergreifende Existenz des deutschen Nationalstaats, an der sie nicht zweifelten, verschaffte dem Dritten Reich unverdiente Anerkennung. Zugleich war es Nutznießer der fortwirkenden preußisch-deutschen Tradition, von dessen parasitärer Zersetzung es lebte. Die große Masse der Staatsbürger war bereit, dem Kabinett Hitler einen Vertrauensvorschuß einzuräumen, was sich bald als verhängnisvoll erwies. Die Vorstellung, das System von innen reformieren zu können, hielt sich auch bei den oppositionellen Gruppen ungewöhnlich lang. Der bürgerliche Widerstand stand zum Dritten Reich in einem Verhältnis gebrochener Loyalität; er lehnte dessen innenpolitische Methoden ab, stimmte aber in manchen außen- und militärpolitischen Zielsetzungen überein. Auch die NSDAP selbst bildete, aller propagandistischen Indoktrination zum Trotz, keinen geschlossenen ideologischen Block. Der Anteil aktivistischer Antisemiten überstieg kaum mehr als 20% der NSDAP-Mitglieder, und viele der Anhänger standen dem Kern der NS-Weltanschauung eher distanziert gegenüber.[24] Der Amoklauf, den das Regime nach innen und nach außen antrat, wurde von vielen Deutschen mißbilligt. Aber sie hielten dies weithin für eine korrigierbare Fehlentwicklung und verkannten, daß die Eskalation der Gewalt und Unterdrückung Grundbedingung der Fortexistenz des NS-Herrschaftssystems war.

Die vorstehenden Überlegungen stellen darauf ab, daß es unmöglich ist, den Nationalsozialismus systematisch aus den politisch-gesellschaftlichen Prozessen herauszutrennen, die für die deutsche Entwicklung seit dem 19. Jahrhundert kennzeichnend waren und aus deren parasitärer Übersteigerung das Regime seine erborgte Kraft zog. Unter diesem

Gesichtspunkt waren die Zwischenkriegszeit und der Zweite Weltkrieg von einer tiefgreifenden Modernisierungskrise geprägt, an deren Ende der totale Zusammenbruch stehen mußte. Die Epoche des Dritten Reiches kann daher nicht aus dem Gesamtzusammenhang der deutschen Geschichte herausgelöst werden. Nicht überlegene Manipulation und Herrschaftstechnik, sondern mangelnde Widerstandskraft der deutschen Gesellschaft gegen die Zerstörung der Politik ist die entscheidende Ursache der deutschen Katastrophe, und in dieser Hinsicht bedarf es der Historisierung, ohne daß damit die besondere Bedeutung des Nationalsozialismus in Frage steht. Mehr als andere Abschnitte der Weltgeschichte stellt der Absturz einer westlich geprägten Zivilisation in eine Barbarei ohnegleichen, für die der Name Auschwitz steht, ein Menetekel dar, das durch historische Relativierung nicht beiseitegeschoben werden kann. Gewiß war Auschwitz nicht das Resultat eines von langer Hand entworfenen Vernichtungsplans. Es bedurfte der Bedingungen des Krieges gegen die Sowjetunion, damit der Genozid aus einem ideologischen Konstrukt politische Wirklichkeit werden konnte, und es sind gerade die Zwischenschritte, die unsere Aufmerksamkeit verdienen. Die »Endlösungs«-Politik stellte zugleich eine Kompensation des militärischen Scheiterns dar. Sie nahm in der denkbar grausamsten Form das vorweg, was in den Visionen Hitlers und in der Dynamik des Regimes auf viel breiterer Skala eingetreten wäre, wenn sich der »Endsieg« eingestellt hätte, was jedoch aus äußeren und inneren Gründen von Anbeginn aussichtslos war.

Dirk Blasius

Das Ende der Humanität
Psychiatrie und Krankenmord in der NS-Zeit

I.

Auch nach einem halben Jahrhundert verflossener Zeit gehört der Krankenmord, das »medikalisierte Töten« (R. J. Lifton) hilfsbedürftiger, wehrloser Menschen noch immer zu den Befunden aus der Geschichte des »Dritten Reichs«, denen sich das menschliche Erinnerungsvermögen nur schwer nähern kann. Es bleibt eine tiefe Ratlosigkeit angesichts des Entsetzlichen, gerade weil so offenkundig ist, daß sich der Stand der Ärzte an der Umsetzung zutiefst inhumaner Herrschaftsziele beteiligt hat. Auch die Psychiatrie wurde in die Panik der Epoche hineingerissen. Sie leistete Helfersdienste beim Ausstanzen von Menschen aus der menschlichen Gemeinschaft, vergaß das ärztlich Gebotene und legte gegenüber der braunen Politik stramme Haltung an. Die überkommene Moral der Psychiatrie hielt der versengenden Kraft des Zeitgeschehens nicht stand; eine gewissenlose Politik ließ auch das ärztliche Gewissen verkümmern.
Karl Jaspers hat nach 1945 in seinen Bemühungen um die Erneuerung der Universität versucht, auch die Medizin aus ihrer Verschattung durch die NS-Kriminalität herauszuführen.[1] Die Verkettung von Psychiatrie und »Geisteskrankenmord« stand ihm dabei klar vor Augen. Für Jaspers war in der NS-Zeit das »Bild des Menschen« verlorengegangen, das es auf dem Boden einer unlösbaren Einheit von Wissenschaftlichkeit und Humanität zurückzugewinnen gelte. Auf zwei Pfeilern ruhe die Medizin. »Diese zwei Pfeiler sind die Wahrhaftigkeit und die Ehrfurcht vor dem Menschsein, oder: *Wissenschaft* und *Humanität*. Wären jene beiden Pfeiler fest gewesen, so hätte der Einbruch des Nationalsozialismus in die Medizin nicht stattfinden können.«
Den Verfall medizinischer Ethik im »Dritten Reich« zu konstatieren, war nach dem Ende des Zweiten Weltkriegs für diejenigen, die lebensgeschichtlich in die fatalste Epoche der deutschen Geschichte eingebunden waren, kein Leichtes. Auch bei Karl Jaspers trifft man auf ein gespaltenes »Nachkriegsbewußtsein«: die Sehnsucht nach einem im Zeichen der

Menschlichkeit stehenden Neuanfang und das diesen Neuanfang faktisch erschwerende Bestreben, Vergangenheiten offenzulegen, die kaum verkraftbar waren.[2] Noch vor dem Nürnberger Ärzteprozeß hatte ein nichtbelasteter jüngerer Arzt, Gerhard Schmidt, von den Alliierten unmittelbar nach Kriegsende als kommissarischer Direktor in Eglfing-Haar eingesetzt, einen Bericht über das Mordgeschehen in dieser bayerischen Anstalt verfertigt. Diese »Reportage nach der Nacht der Vernichtung« versuchte, das Schicksal der Ausgerotteten aus Berichten von Schwestern, Pflegern und Ärzten »medizinisch und menschlich« nachzuzeichnen. Lange hat dieses »Tatortbuch der nächstmöglichen Stunde« auf seine Veröffentlichung warten müssen; erst 1965 fand es einen Verleger und erschien unter dem Titel »Selektion in der Heilanstalt 1939–1945«[3]. Karl Jaspers verfaßte ein nachdenkliches Geleitwort zu dieser »unersetzlichen Dokumentation«. Er betrachtete sie als »konkrete Philosophie«, dazu angetan, eine »Denkungsart zu gewinnen«, die Krankenmorde unmöglich mache. Doch Jaspers sprach auch im Hinblick auf die »Übergangszeit von 1945« von einer »Überforderung« des Autors »in dieser Situation«. Im Rückblick, das zeigen neu aufgefundene Quellen, ist es wohl eher eine Überforderung derjenigen gewesen, die nicht zu den psychiatrischen Tätern zu zählen sind, aber in der NS-Zeit in ihrem Selbstverständnis als Psychiater zentral getroffen wurden.

Das Schicksal des »Selektionsbuches« von Gerhard Schmidt verweist auf Tiefenschichten der ›psychiatrischen Katastrophe‹, die bei einer einfachen Zuordnung von Psychiatrie und Krankenmord ausgeblendet bleiben. Es gilt, das historische Bedingungsgefüge kollektiver Tötungshandlungen in der NS-Zeit abzuklären, und dazu gehört auch das, was sich »unterhalb der Schwelle nationalsozialistischer Weltanschauungspolitik« abspielte. In der Debatte über die »Historisierung des Nationalsozialismus« hat Martin Broszat klargestellt, daß eine genaue Inspizierung der NS-Zeit durchaus nicht mit einer Relativierung des moralischen Urteils über die »NS-Kriminalität« einherzugehen braucht. Historisierung bedeute »keine Aufweichung der politisch-moralischen Beurteilung des Unrechtscharakters der NS-Herrschaft, wenn sie auch die Pluralität von historischen Handlungslinien und historischen Subjekten, die sich nicht alle dem politischen System und der Weltanschauung des NS unterordnen lassen, herausarbeiten muß.«[4] Auch in der Psychiatrie gab es eine Pluralität von Handlungslinien, Biographien und Wissenschaftstraditionen; nicht alles ließ sich von der NS-Ideologie verschlingen. Die ›Normalstrukturen‹ gehören mit zum Bild einer infernalischen Epoche, deren massivste Tendenz der »Abfall vom Humanen« (Thomas Mann) war. Über den Kontext, in dem die Berufsgeschichte des Arztes Gerhard Schmidt stand, soll ein erster Einstieg in die Frage nach dem historischen Ort der NS-Psychiatrie gesucht werden.

Während der Kriegsjahre arbeitete Schmidt am Klinischen Institut der Deutschen Forschungsanstalt für Psychiatrie in München.[5] Der Direktor dieses Instituts war der Psychiater Kurt Schneider (1887–1967), in dessen Biographie Wege und Irrwege der Psychiatrie in unserem Jahrhundert wie in einem Brennspiegel eingefangen sind. Schneider entstammte der bürgerlichen Bildungswelt des 19. Jahrhunderts. Deren Impulse und Maßstäbe formten ein Gelehrtenleben, das wissenschaftliche Engführung verabscheute und die eigene Profession vor allem in philosophische Denkhorizonte gestellt wissen wollte. Der Lebensweg Schneiders, der die so unterschiedlich verlaufenden Pfade der deutschen Geschichte im 20. Jahrhundert gekreuzt hat, dokumentiert die Stärke, aber auch die Verletzlichkeit einer Psychiatrie, die sich der tradierten ethischen Begriffswelt verpflichtet fühlte.[6] Schneider hatte die Leitung der Klinischen Abteilung der Münchener Forschungsanstalt von 1931 bis zum Kriegsende inne. Als ein Mann ohne braune Biographieanteile war er von dem »Gesetz zur Befreiung von Nationalsozialismus und Militarismus« nicht betroffen und wurde schon am 7. Januar 1946 zum ordentlichen Professor für Psychiatrie und Neurologie an der Universität Heidelberg ernannt.[7] Kurt Schneider trat in Heidelberg die Nachfolge seines Namensvetters Carl Schneider an, der dem Typ des intellektuellen Nazi-Täters am nächsten kommt.[8] Mit großer Bestimmtheit trat er »unliebsamen Verwechselungen« entgegen, und in der Tat hatte dieser wohl bedeutendste und einflußreichste deutsche Nachkriegspsychiater ein mit seinem Vorgänger kaum verwechselbares Profil.[9] Schneider hatte während der NS-Zeit in engem Briefkontakt mit Karl Jaspers gestanden, dem er bei der Überarbeitung der »Allgemeinen Psychopathologie« behilflich war – »durch scharfe Kritik und wertvolle Hinweise«, wie Jaspers im Vorwort zu der erst nach Kriegsende erschienenen vierten Auflage schrieb.[10] Schneider hielt auch in der NS-Zeit, als Jaspers beruflich kaltgestellt und persönlich gefährdet war, öffentlich die These von der »geschichtlichen Stellung von Karl Jaspers in der deutschen Psychiatrie« aufrecht.[11]

Auf dieser Vertrauensbasis erwuchs auch der Austausch über ein Problem, das Gerhard Schmidt, der ehemalige Münchener Mitarbeiter Kurt Schneiders, sowohl an diesen wie an Jaspers herantrug. Schmidt

hatte sich mit der Bitte an Schneider gewandt, die Veröffentlichung seines Manuskripts über das Morden in der Anstalt Eglfing-Haar zu befürworten.[12] Sollte Schneider zögern, bat er darum, das Urteil von Jaspers einzuholen. Kurt Schneider zögerte; doch es wäre verfehlt, über dieses Zögern von heute aus den Stab zu brechen. Es muß vielmehr als ein Quellenzeugnis aus einer Zeit betrachtet werden, die das Gehäuse ihrer Zukunft noch nicht gefunden hatte.[13] Der Riß im Selbstverständnis der frühen Nachkriegsgesellschaft zeigt sich in den innerlich zerrissenen Antworten, mit denen Leute wie Schneider und Jaspers auf ein Anliegen reagierten, das die Mitschuld der Psychiatrie an den Regimeverbrechen konkret benannte und belegte.
Kurt Schneider machte es sich mit seinem Votum, »dieses Buch nicht zu veröffentlichen«, nicht einfach.[14] Er schaltete Jaspers ein, dem er »mehr ›Fingerspitzengefühl‹ für das Politisch-Ethische« als sich selbst zutraute. Doch auch Karl Jaspers konnte keinen »klaren Rat« geben. Er schrieb an Schneider: »In mir ist etwas von der fast infernalischen Gesinnung, daß ich wünsche, solche Dinge müssen bis ins Detail restlos bekannt werden, und daß ich selber nicht derjenige sein möchte, der sie mitteilt. So darf ich eigentlich nicht zureden.« Jaspers war sich gewiß, daß die Krankenmorde in der geschichtlichen Erinnerung »nicht ausfallen« dürften, doch auch er teilte zum damaligen Zeitpunkt die Sorgen und Besorgnisse Schneiders. Dieser schrieb am 16. März 1947 an Gerhard Schmidt: »Zuerst: eine sehr sorgfältige, solide und schlüssige Arbeit, die im Ton sachlich und daher überzeugend wirkt. Natürlich muß man sich fast überwinden, Seite um Seite umzudrehen und diese Dinge, die man bisher trotz ihrer räumlichen Nähe nur ahnte, nun wirklich zu erfahren und mit Zahlen belegt zu sehen. Ja: man möchte am liebsten nichts Näheres davon wissen und eben den ›Kopf in den Busch stecken‹. Das führt schon zu der Frage der Veröffentlichung. Ich schrieb Ihnen, als Sie von dem Plan berichteten, daß man ihn von zwei Seiten betrachten könne. Man kann ihn gutheißen aus dem Impuls der Wahrheit heraus und aus dem Willen, alles Schlimme aufzudecken und nichts zu verschweigen. Und man kann andererseits der Meinung sein, daß man dem Stand des Psychiaters, ja des deutschen Arztes überhaupt und dem Wiederaufbau und der Bemühung um neues Vertrauen einen schlechten Dienst erweist, wenn man diese Dinge so mit Einzelheiten aufrollt. Man könnte das den Gerichten überlassen, die zwar Recht sprechen und vergelten, aber das Geschehene doch nicht so ausführlich der Öffentlichkeit vorlegen. Ich schrieb Ihnen damals, daß ich beide Anschauungen verstehen kann, aber dazu neige, der zweiten den Vor-

rang zu geben – womit die andere nicht als unberechtigt verworfen wird, sondern eben in der Konkurrenz der Werte nur hinter der zweiten zurücktritt.«

Dieses frühe Plädoyer für ›Stille‹ ist auf die Zeitsituation zu beziehen; es hat freilich dazu beigetragen, daß die Psychiatriefrage des »Dritten Reiches« für eine lange Zeit sowohl aus der Geschichte der psychiatrischen Profession wie aus der allgemeinen Geschichte der NS-Zeit ausgeklammert bleiben sollte. Erst sehr spät hat sich die Wirkungswucht des Geschehenen in historischer Forschung und ärztlicher Selbstvergewisserung abgebildet. Die historische Urteilsbildung folgte nicht nur zeitlich, sondern auch kategorial dem juristischen Urteilsspruch; doch eine ›Historik des Nationalsozialismus‹ hat mehr zu erfassen als strafrechtlich relevante Tatbestände.[15]

II.

Das Bild, das die zeitgeschichtliche Erforschung des »Euthanasie«-Geschehens heute bietet, ist ebenso breit wie in sich differenziert.[16] Ernst Klee hat mit seinen Darstellungen und Dokumentationen einen festen Tatsachensockel geschaffen.[17] Seine Ausleuchtung des Mordgeschehens ist unabdingbar für jeden historischen Deutungsversuch. Die Bedeutsamkeit von Klees Arbeiten wird durch die neueste zusammenfassende Darstellung Hans-Walter Schmuhls eindrucksvoll unterstrichen.[18] Hier wird der Versuch unternommen, die »Euthanasie«-Problematik an zentrale Probleme der Historiographie über den Nationalsozialismus anzubinden. Die Polykratie-These dient als interpretatorischer Bezugsrahmen, den rassenhygienischen Radikalisierungsschub von der Sterilisierung über die Abtreibung bis hin zur »Euthanasie« als Resultate der Konkurrenzbeziehungen relativ autonomer Machtzentren im Nationalsozialismus zu fassen. Neben dem personengeschichtlichen Zugriff Klees, dem strukturgeschichtlichen Schmuhls liegt als weiterer, unsere Kenntnis über die NS-Rassenpolitik beträchtlich erweiternder Versuch die große Studie Gisela Bocks über »Zwangssterilisation im Nationalsozialismus« aus frauengeschichtlicher Perspektive vor.[19] Hier wird der Rassismus in den beiden Spielarten des anthropologischen und hygienischen Rassismus als Kernsubstanz einer Politik beschrieben, für die die Fundamentalkategorie von Menschsein, das Recht des Menschen auf Leben, ihre Verbindlichkeit verloren hatte. Menschen wurden in der NS-Zeit klassifiziert, die menschliche Gemeinschaft wurde hierarchisiert und damit – auch an der Trennungslinie der Geschlechter entlang – jene Spaltung der menschlichen Existenz eingeleitet, die im Abspalten eines als minderwertig, als ›lebensunwert‹ definierten Teils der Bevölkerung endete.

Perspektiven und Befunde der hier vorgestellten Arbeiten sind wichtig, aber sie erklären nur bedingt das Abgleiten von Menschen in den Strudel des Unrechts. Erklärungsbedürftig bleibt weiterhin die Rolle der Psychiatrie beim ohne große Reibungsverluste vollzogenen Abfall der Politik von den Grundsätzen der Humanität, der Menschenwürde und Mitmenschlichkeit. Liftons Buch über »The Nazi Doctors« gibt nur eine auf individuelle Tathandlungen verkürzte Auskunft.[20] »Was ich aufzudecken hoffe, sind eben jene psychologischen Mechanismen, die es den Menschen möglich machten, zu tun, was sie taten.«[21] Den Schlüssel, »the key«, für den faustischen Pakt der Nazi-Ärzte mit ihrer diabolischen Umgebung sieht Lifton in dem, was er »doubling« nennt: »Hierbei teilt sich das Selbst in zwei unabhängig voneinander funktionierende Ganzheiten, die beide als das ganze Selbst auftreten und für es handeln können.«[22] Es mag für die Psychologie der Täter aufschlußreich sein, mit der Figur eines »zweiten Ichs« zu arbeiten, das sich von der Partizipation am Bösen Prämien versprach[23]; doch die Tiefendimension des Genozids ist nicht gleichzusetzen mit der Tiefenpsychologie der »medizinischen Henker«. Jener, der Genozid, will als ein historischer Vorgang begriffen werden, in dem sich Wissenschaftsgeschichte, Politikgeschichte und die Geschichte von Gesellschaft und Ökonomie ineinander schieben.

Ein ohne Zweifel stärker am geschichtlichen Gesamtzusammenhang orientiertes Deutungskonzept der Krankenmorde verbirgt sich hinter der Formel von der »Endlösung der sozialen Frage«. Die Vertreter dieses Konzepts unterlegen der NS-Rassenpolitik ein gigantisches sozialsanitäres Planungsprogramm.[24] In ihm seien jene Menschengruppen ausgefällt – Juden, Behinderte, Sinti und Roma, Asoziale –, die man als »Ballast« auf dem Weg in eine Gesellschaft ubiquitärer Unschlagbarkeit angesehen habe. Die Massenvernichtung von Menschen wird hier zum Appendix einer die Zukunft »planenden Intelligenz«; die »intellektuellen Nazitäter« fungieren gleichsam als die Werkzeuge eines die Negation der Vernunft betreibenden Weltgeistes, der die Geschichte der Moderne durchweht und ihre Gegenwart weiterhin bedroht. Historische Analysen sind gegenüber Globalkonzepten bescheidener, aber auch konkreter. Sie nehmen den angeschnittenen Zusammenhang von »Mord und Modernisierung« ernst, bezweifeln aber, daß in diesem Zu-

sammenhang die Geschichte unserer Zeit, in die die NS-Zeit fraglos hineingehört, aufgeht.
Die Wirklichkeit der Psychiatrie im Nationalsozialismus stimmt in wichtigen Bereichen nicht mit dem Bild einer den psychiatrischen Mord planenden ärztlichen Intelligenz überein. Dennoch gilt es jene »fatale rassistische Entwicklungsdynamik in den Humanwissenschaften« zu sehen, von der auch die Psychiatrie erfaßt wurde.[25] Ob dies ausreicht, begründet von der »Genesis der ›Endlösung‹ aus dem Geiste der Wissenschaft« zu sprechen, bleibt freilich fraglich. Vor allem war es der Ungeist der Politik, der die Zeit des »Dritten Reichs« zu einer vulnerabelen Phase für überkommene Wert-, Rechts- und Handlungssysteme werden ließ. Die Psychiatrie war keine »tödliche Wissenschaft«.[26] Aber ihr Profil in einer Zeit des Tötens hat zur Desensibilisierung gegen die Wahrnehmung von Inhumanität beigetragen.

III.

»Fundamental« kann der Beitrag genannt werden, den ein Seitenast der Psychiatrie, die Rassenhygiene, zur zentralen Idee des Nationalsozialismus, zu seiner Rassenidee, beigesteuert hat.[27] Hier gilt es freilich die Langzeitgeschichte von Rassenhygiene und Eugenik zu sehen, die keine Wissenschaftsschöpfungen des NS-Systems waren. Aus einer den Ideenströmen des 19. Jahrhunderts erwachsenen sozialen Bewegung war die Rassenhygiene schon in der Weimarer Zeit zu einer professionalisierten Wissenschaft geworden.[28] Dem Wissenschaftsbedarf der Weimarer Krisenpolitik verdankte sie ihr zunehmendes Gewicht. Bevölkerungsaufbau und Bevölkerungsentwicklung wurden von Erbregeln her durchleuchtet, um mit Hilfe einer ›negativen‹ Eugenik, die den Gedanken der Sterilisation favorisierte, die sich zuspitzende Finanzkrise des öffentlichen Gesundheitswesens abfangen zu können. Die Rassenhygieniker brauchten den Tag der Machtergreifung nicht abzuwarten, um zum beachteten Zentrum psychiatrischer Forschung zu werden. Die Weichenstellung erfolgte bereits in der Weimarer Zeit. Hier liegen die Anfänge einer Denkhaltung, die dann im Nationalsozialismus Menschenvernichtung und Entwürdigung Hilfloser und Hilfesuchender zur eingeschliffenen Routine werden ließ.
Man hat davon gesprochen, daß die bestialischen Handlungen einzelner »zwar nicht auf die Rassenhygiene reduziert werden können, daß diese aber aufgrund ihrer delegitimierenden Wirkung die ethischen Werte

außer Kraft setzen konnte, die diesen Handlungen hätten entgegenstehen können.«[29] Das ist eine Aussage von großer historischer Genauigkeit. Sie benennt die Mitschuld psychiatrischer Forschung, in deren Kontext auch die Rassenhygiene gehört, an den Verbrechen des NS-Regimes. Die Rassenhygiene steht freilich nicht für das Gesamtbild, das Psychiatrie als Wissenschaft im »Dritten Reich« bietet. Dennoch war ihr Stellenwert im Hinblick auf die politische Rechenschaftspflicht der Psychiater wie auch für deren moralische Blindheit hoch.

Die »Radikalisierung der Psychiatrie« bahnte sich am Ende der Weimarer Republik an.[30] Sie hing eng mit der durch die Weltwirtschaftskrise ökonomisch angeheizten allgemeinen gesellschaftlichen und politischen Krisensituation zusammen. Maßstäbe im Umgang mit psychisch Kranken gerieten ins Wanken, und selbst diejenigen, die die Fahne einer humanen Behandlung hochhielten, zeigten Anfälligkeiten gegenüber den Einflüsterungen aus dem rassenhygienischen Lager. Über die »Frage des unwerten Lebens und die Jetztzeit« sprach im Juni 1932 der Direktor einer sächsischen psychiatrischen Anstalt vor Mitgliedern der Eugenischen Sektion der Naturforschenden Gesellschaft in Görlitz.[31] Er war kein Anhänger der ›Freigabe der Vernichtung lebensunwerten Lebens‹ und hatte während der 20er Jahre energisch gegen Binding und Hoche angeschrieben. Doch die »Jetztzeit« schien auch für ihn den Satz »Vita non iam vitalis« in ein neues Licht zu rücken. »In einer solchen Zeit müssen die Ärzte, die doch in erster Linie berufen sind, die Menschheit körperlich und geistig zur Gesundung zu führen, sich die ernste Frage vorlegen, ob nicht auch sie helfen können, das große Hospital, das Deutschland geworden ist, zu leeren.«[32] Der ganze Druck der Verhältnisse, der auf der Psychiatrie und den psychiatrisch Tätigen lastete, auch deren Versuchbarkeit, wird an den um Redlichkeit bemühten Ausführungen dieses Anstaltsbeamten deutlich. Er läßt sich auf die Sprache der Eugeniker ein – die »Minusvariante des deutschen Volkes« dürfe »aus Gründen der völkischen Selbsterhaltung nicht weiter anschwellen« und auch er wisse um die schwere finanzielle Belastung »durch die Fürsorge für diese Minderwertigen« –, doch all dies rechtfertige keinen Anschlag auf die »Moral«. »Auch die Jetztzeit mit ihren prononzierteren rassehygienischen Forderungen kann nicht das menschliche Recht des Trägers eines uns unwert erscheinenden Lebens, zu leben, mißachten.«[33]

Die Forderungen der Rassenhygieniker waren in der Tat entschiedener geworden. Sie erhielten Auftrieb durch den Niedergang der Weimarer Demokratie. Seit den Aprilwahlen des Jahres 1932, die einen starken Anstieg der Nationalsozialisten gebracht hatten, war in Preußen die von der Sozialdemokratie geführte Weimarer Koalition aus SPD, Zentrum und Liberalen nur noch geschäftsführend im Amt; Ende Mai war Brüning als Reichskanzler zurückgetreten, und im Juni versuchte von Papen, durch politische Geschäftemacherei mit der NSDAP den Weg zur Errichtung eines staatsautoritären Regimes zu ebnen. Am 20. Juli 1932 erfolgte der sogenannte Preußen-Schlag; die Regierungsgewalt wurde der geschäftsführenden Regierung Braun durch die Reichsadministration entzogen. Nur vor diesem Hintergrund konnte die Rassenhygiene politisch salonfähig werden. Schubwirkung hat für sie fraglos der preußische Entwurf eines Sterilisierungsgesetzes vom 30. Juli 1932 gehabt.[34] Unter Mitarbeit der psychiatrischen und juristischen Prominenz hatte der Preußische Landesgesundheitsrat, abgestimmt auf die Anliegen des Ministeriums für Volkswohlfahrt, Leitsätze zur Eugenik formuliert, die in den von einer Kommission erstellten Gesetzentwurf eingingen. Die Sterilisierung von Personen mit erblichen Geisteskrankheiten sollte gesetzlich freigegeben werden, wenn sie auch an die Einwilligung der Betroffenen gebunden blieb. Hier liegt der bemerkenswerte Unterschied zur Zwangssterilisation im Nationalsozialismus, bedenkenswert sind aber die Begründungsargumente, mit denen für die prinzipielle Zulässigkeit der Unfruchtbarmachung gefochten wurde. Die offizielle Begründung zum preußischen Gesetzesentwurf ist ein denkwürdiges Dokument.[35] Die steigende Zahl der Geisteskranken, Schwachsinnigen, Fallsüchtigen, Psychopathen, erblich Kriminellen und anderer Belasteten empfand eine Politik als Herausforderung, die sich dem sozialen Problemdruck nicht mehr gewachsen fühlte. In dieser Zeit sich überlappender Krisen koppelte sich politisches Handeln, wenn auch zunächst nur verschämt, von den Schwächsten der Gesellschaft ab. »Während mit der heute vorhandenen Zahl erblich Belasteter die Allgemeinheit sich selbstverständlich abfinden muß, ist alle Sorge darauf zu richten, daß die bedrohliche Entwicklung nicht weitergeht. Eine Beeinflussung dieser Menschen zur Enthaltung von Ehe oder Fortpflanzung ist gerade bei den unerwünschtesten nach ihrer ganzen geistigen Verfassung unmöglich. So bleibt nur die Dauerausschaltung von der Fortpflanzung.« Es war für die Eugeniker nicht schwer, im Raum einer Politik Fuß zu fassen, die vom Erbgut der Bevölkerung her Sozialpolitik betrieb. Die zumeist unsicheren Befunde der Erblehre wurden von den für die ›Volkswohlfahrt‹ Verantwortlichen als feste Größen eingeplant.

»Die menschliche Erblehre hat heute einen Umfang und einen Grad von Sicherheit erreicht, daß sie mit derselben Wahrscheinlichkeit, auf die wir uns bei sonstigen ärztlichen Maßnahmen stützen, die zu dem Eingriff nötige Erbprognose gibt.« Das war ein Diktum an der Kippstelle der Weimarer Demokratie, das sich im völkischen Staat auch nicht viel anders anhören sollte. Nicht zufällig zitierte der preußische Gesetzentwurf an dieser Stelle den Mann, der nach 1933 zur beherrschenden Figur der nationalsozialistischen Rassenpsychiatrie wurde: Ernst Rüdin.[36] Er verkörpert jene verhängnisvolle Kollaboration von Wissenschaft und Politik, der die Würde und das Lebensrecht so vieler kranker Menschen zum Opfer fielen.

IV.

Rüdin war ein Rassenhygieniker, getragen von einem geradezu missionarischen Eifer. Schon um die Jahrhundertwende gehörte er neben Alfred Ploetz zu den Protagonisten einer Bewegung, die die Regeln der Vererbung zu popularisieren suchte. Die rassenhygienische Bewegung war von der Überzeugung durchdrungen, »daß die Naturgesetze, die man bei Pflanzen und Tieren fand, auch auf den Menschen zutreffen mußten«.[37] Rüdin war jedoch weit mehr als ein Agent des Sozialdarwinismus. Er kam aus der Schule Emil Kraepelins, des epochalen Kopfes der deutschen Psychiatrie am Beginn des 20. Jahrhunderts.[38] 1909 habilitierte er sich mit 35 Jahren in München mit einer Arbeit »Über die klinischen Formen der Seelenstörungen bei zu lebenslänglicher Zuchthausstrafe Verurteilten« und wurde dort 1915 außerordentlicher Professor. Der eigentliche Durchbruch auf dem Gebiet der psychiatrischen Erbforschung gelang Rüdin mit einer 1916 publizierten Arbeit »Zur Vererbung und Neuentstehung der Dementia praecox«. Er glaubte, hier noch an der Begriffssprache Kraepelins sich orientierend, im Erbgang der Schizophrenie die Möglichkeit ihrer Bekämpfung und Eindämmung entdeckt zu haben. Rüdin hat sich selbst immer als einen methodenstrengen Forscher angesehen. Für seine ›Dementia praecox‹-Untersuchung holte er sich den Rat eines führenden Medizinalstatistikers ein. Die Ergebnisse fußten auf über 700 Schizophrenieprobanden und ihren Familien. Als Kraepelin 1916 in München die Deutsche Forschungsanstalt für Psychiatrie gründete, übertrug er Rüdin die Leitung der Abteilung für Genealogie und Demographie. Trotz der Übernahme einer Professur in Basel im Jahre 1925 behielt Rüdin die Leitung dieser

Abteilung bei. 1928 kehrte er an die Münchener Universität zurück und baute das Genealogische Institut der Forschungsanstalt zum Zentrum der psychiatrischen Ursachenforschung aus. Hier setzte Rüdins Assistent Hans Luxenburger dessen frühe Arbeit fort.[39] Man beschäftigte sich mit der Aufstellung schizophrener Zwillingsserien, um die Stärke des Erbfaktors zu messen, und ging empirisch, d. h. rechnerisch der Frage nach, wieviel Prozent Geisteskranke sich unter den einzelnen Verwandtschaftsgraden von Schizophrenen fanden. Die so gewonnenen Ziffern wurden mit der Psychosenhäufigkeit in der Durchschnittsbevölkerung verglichen.

Faßt man die mitgeteilten Informationen zusammen, so könnte der Eindruck eines normalen Wissenschaftlerlebens in einem normalen Wissenschaftsbetrieb entstehen. Der missionarische Drang der Rassenhygieniker, besonders auch der ihrer Führungsfigur, Rüdin, paßte jedoch immer weniger zum ruhigen Gleichmaß wissenschaftlichen Arbeitens. Das Jahr 1933 eröffnete der psychiatrischen Erbforschung die Chance einer politischen Grenzüberschreitung. Sie hat diese Chance ergriffen, ja man kann geradezu von der Sehnsucht der Rassenhygieniker nach der Allmacht der neuen Machthaber sprechen. Die Psychiatrie als Wissenschaft geriet auf den Pfad politischer Versumpfung. Nach zehn Jahren NS-Herrschaft klingt bei Rüdin noch die berauschende Versuchung nach, die von der ›Machtergreifung‹ ausgegangen war. Dieser Zeitpunkt sei, so schrieb er 1943 im »Archiv für Rassen- und Gesellschaftsbiologie«, auch für die Rassenhygiene von schicksalsbestimmender Bedeutung gewesen. Es sei »das unvergängliche geschichtliche Verdienst Adolf Hitlers und seiner Gefolgschaft, über die rein wissenschaftlichen Erkenntnisse hinaus den ersten wegweisenden und entscheidenden Schritt zur genialen rassenhygienischen Tat in und am Deutschen Volk gewagt zu haben.«[40]

Wer das 1943 schrieb, mußte wissen, daß ›rassenhygienische Tat‹ nur eine Deckbezeichnung für die Mordtaten des Regimes war. Rüdin hat es gewußt. In einem Nekrolog, der 1953, ein Jahr nach Rüdins Tod, im »Archiv für Psychiatrie und Nervenkrankheiten« erschien, berichtete sein ehemaliger Assistent aus der Forschungsanstalt, Bruno Scholz, davon, daß Rüdin im Frühjahr 1940 von der »Tötung der Geisteskranken« gehört habe.[41] »Seine erste Äußerung daraufhin lautete: ›Das ist Mord.‹« Es ist nicht sehr glaubwürdig, Rüdin mit der Formel vom »doubling« salvieren zu wollen. Dieser ›Kronpsychiater‹ des »Dritten Reichs« wußte um die dunklen Seiten eines Geschehens, das er selbst mit hatte lostreten geholfen. Seit 1935 war Rüdin Vorsitzender der

Standesvertretung der Psychiater, der »Gesellschaft Deutscher Neurologen und Psychiater«. Auf einer für das Jahr 1941 geplanten, aber nicht zustande gekommenen Jahrestagung dieser Gesellschaft versuchte er, die ›Euthanasieaktion‹ wissenschaftsöffentlich zu machen.[42] Die Motive bleiben unklar. Ein Gegensteuern ist kaum anzunehmen, da Rüdin im Jahre 1943 prominenter Mitverfasser einer Denkschrift war, deren Reformperspektiven für »die künftige Entwicklung der Psychiatrie« »Verständnis und Billigung« der »Maßnahmen der Euthanasie« einschlossen.[43] In der zitierten Nachkriegswürdigung Rüdins wird verklärend davon gesprochen, daß dieser sich angesichts der Krankenmorde nicht habe entschließen können, »demonstrativ seine Ämter niederzulegen«; demgegenüber gilt es das demonstrative Eintreten Rüdins für die rassenpolitische Zielsetzung des NS-Regimes festzuhalten.

In Ernst Rüdin begegnet uns der Typ eines Wissenschaftlers, der sich und seine Arbeit der nationalsozialistischen Weltanschauung preisgab. Er hielt mit blinder Regimetreue am rassenpolitischen Auftrag der Psychiatrie fest, auch wenn diese einer fatalen weltanschaulichen Ausbeutung anheimfiel. Rüdins Forschungskonzepte dienten schon früh der Legitimation nationalsozialistischer Machtansprüche. Er verfaßte zusammen mit Gütt und Ruttke den Kommentar zum ersten umfassenden Rassengesetz des Nationalsozialismus, dem Gesetz zur Verhütung erbkranken Nachwuchses vom 14. Juli 1933.[44] Hier wird der »entschlossene Wille unserer Regierung« gefeiert, »den Volkskörper zu reinigen und die krankhaften Erbanlagen allmählich auszumerzen! [...] Das Gesetz ist demnach als eine Bresche in das Geröll und die Kleinmütigkeit einer überholten Weltanschauung und einer übertriebenen selbstmörderischen Nächstenliebe der vergangenen Jahrhunderte aufzufassen. Es ist aber noch etwas anderes, was als Grundgehalt des Gesetzes Bedeutung erlangt, das ist das Primat und die Autorität des Staates, die er sich auf dem Gebiet des Lebens, der Ehe und der Familie endgültig gesichert hat.«[45] Die Umsetzung »erbbiologischen Denkens« in die Praxis hatte begonnen. Es war, wie wir heute wissen, eine gnadenlose Praxis, die den Verlust jeglichen Bewußtseins von Menschenwürde spiegelt.[46] Mit dem Gesetz zur Verhütung erbkranken Nachwuchses hatte in der Tat ein »neues Zeitalter im öffentlichen Gesundheitswesen und in der Medizin« begonnen.[47] »Aufbauend auf den Grundsätzen der wissenschaftlichen Erkenntnisse«, so der Kommentar, wurde von nun an »das Interesse des erbkranken Einzelwesens dem Gesamtwohl des erbgesunden deutschen Volks und damit dem Gedeihen der ›Deutschen Nation‹« strikt untergeordnet.[48]

Sieht man sich die Erläuterungen des Kommentars zu den einzelnen, vom Gesetz benannten Krankheiten an, so fällt das direkte Überspielen von Forschungsergebnissen, die in der Münchener Forschungsanstalt gewonnen wurden, auf die Ebene rassenpolitischer Exekution auf.[49] Luxenburgers »schizophrenes Zwillingsmaterial«[50] bekräftigte die These des Gesetzeskommentars von der »Erbkraft der Schizophrenie«.[51] »Die systematische empirische Erbprognose-Untersuchung hat ergeben, daß bei *einem* kranken Elternteil durchschnittlich 9–10 (9,1)% der Kinder Schizophrener wieder selbst schizophren geisteskrank sind und daneben noch 17,6% aller Kinder schizophrenie-ähnliche Psychopathen sowie 22,6% andere abnorme Typen; also sind rund 49% im ganzen geistig abnorm.«
Man kann sicherlich nicht davon sprechen, daß Zwillings- und Verwandtschaftsstudien – das zeigt auch die heutige Diskussion über die Ursachen der Schizophrenie[52] – per se unwissenschaftlich waren.[53] Hier liegt auch ein entscheidender Unterschied zu den Zwillingsexperimenten, die Josef Mengele in Auschwitz unternahm.[54] Mengele war die Inkarnation nationalsozialistischer Medizinverbrechen, ein gnadenlos selektierender Arzt im Rampendienst. Sein Handeln hatte mit psychiatrischer Ursachenforschung nichts mehr zu tun; es ging nicht um Krankheiten, sondern um Menschenzüchtung. Die Vision von der auch zukünftig zu sichernden Überlegenheit der germanischen Rasse stand hinter Menschenexperimenten an Juden und Zigeunern, die das Geheimnis multipler Geburten zu lüften suchten. Die in der Deutschen Forschungsanstalt für Psychiatrie betriebene Forschung lag auf einer anderen Ebene. Doch auch sie stellte sich auf ihre Weise in den Dienst einer Sache, die die Vorstellung von Menschsein nicht mehr kannte. Menschen wurden zu Typen; selbstentlarvend heißt es in dem von Rüdin verantworteten Kommentar: »Wir machen nicht den Kranken als solchen unfruchtbar, sondern weil sich uns in diesem Kranken ein Mensch offenbart, der erfahrungsgemäß einen besonders gefährlichen Träger einer besonders starken Veranlagung zur Krankheit darstellt.«[55]
Die »Empirische Erbprognose« Rüdins war ein ebenso selbstbewußtes wie selbstherrliches Wissenschaftsunternehmen.[56] Es flankierte die im Krankenmord endenden Taten des »völkischen Staats« von Anbeginn an. 1934 schrieb Rüdin Sätze, die sehr klar den Zusammenhang zwischen der Etikettierung von Menschen und rassenhygienisch motivierten Tötungshandlungen zum Ausdruck bringen. »Es ist eine Skala der Anzeige der Erbgefahr anzustreben, auf der am einen Ende die Erbpro-

gnoseziffern aus den Kreuzungen mit günstigster persönlicher Beschaffenheit der Eltern und geringster Belastung der Eltern mit kranken Verwandten zu stehen hätten, am anderen Ende die Kinderziffern für die ungünstigsten Kreuzungen. Damit kann die Schaffung einer Skala verknüpft werden, welche die Chancen für Vererbung von Begabungen mit anzeigt.«[57]

Das Jahr 1933 leitete den Vollzug rassenhygienischer Programmatik ein. Ohne Frage ging von den ›eugenischen Taten‹ des NS-Staates eine starke Sogwirkung auf das psychiatrische Selbstverständnis aus. Sie läßt sich am Rechenschaftsbericht der Deutschen Forschungsanstalt für Psychiatrie für den Zeitraum vom 1. April 1933 bis 31. März 1934 ablesen.[58] Diese Institution, von Kraepelin während des Ersten Weltkriegs gegründet, war stark von privaten, aber auch öffentlichen Geldern abhängig. Das Schielen nach neuen Ressourcen eingerechnet, fiel die Begrüßung der neuen, nationalsozialistisch geführten Regierung doch sehr eindeutig aus. »Die Forschungsanstalt«, hieß es auf der Stiftungsratssitzung am 5. Mai 1934, »ist wie keine andere Stätte der Wissenschaft, im Vordergrund der Erforschung und vorbeugenden Bekämpfung der Ursachen der Geistesstörungen. Schon allein durch die Aufdeckung der erblichen Ursachen der Geisteskrankheiten, welche durch das Gesetz zur Verhütung erbkranken Nachwuchses die offizielle Anerkennung gefunden hat, sind und werden immer wieder neu die Grundlagen geschaffen, die zur rassenhygienischen Vorbeugung der Erbgeistesstörungen dienen und damit, wenn auch nicht morgen schon, so doch in absehbarer Zeit mit Sicherheit zur Einsparung von Fürsorgelasten für die Erbgeisteskranken führen.«[59] Psychiatrische Ursachenforschung geriet unter den Druck der weltanschauungsanalogen psychiatrischen Erblichkeitslehre, und Rüdins Institut für Genealogie und Demographie rückte ohne Frage zur beherrschenden Abteilung der Münchener Forschungsanstalt auf. Doch deren Grundstruktur blieb während der gesamten NS-Zeit unverändert. Es gab die von Spielmeyer, der 1935 starb, geleitete Hirnpathologische Abteilung, die weltweites Ansehen genoß.[60] Man beschäftigte sich hier z. B. mit den anatomischen Grundlagen der Idiotie, den Hirnbefunden bei der Epilepsie und stand in der Tradition einer neurologisch ausgerichteten Psychiatrie, die das Erscheinungsbild psychischer Krankheiten von den morphologischen Veränderungen des Nervensystems her zu bestimmen suchte. Zur Deutschen Forschungsanstalt für Psychiatrie gehörten weiterhin eine Prosektur, eine Abteilung für Serologie und experimentelle Therapie, eine für Spirochätenforschung, die mit Tierexperimenten an der Verfeinerung der Pathogenese der Syphilis arbeitete, eine Klinische Abteilung und bis zum Jahre 1935 auch eine Chemische Abteilung. Die Leitung der Klinischen Abteilung lag in den Händen von Kurt Schneider.

Er organisierte diese Abteilung mit großem Engagement. Anfang der 30er Jahre sorgte Schneider durch eine Kooperation mit der Psychiatrischen Abteilung des Krankenhauses München-Schwabing für eine bessere Unterbringung der Geisteskranken, die der Forschungsarbeit der Anstalt zur Verfügung standen. Die Aufnahmequote betrug bei 140 Plätzen ca. 1000 Fälle pro Jahr; einmal in der Woche wurden für die anderen Abteilungen der Forschungsanstalt »klinische Demonstrationen« abgehalten.[61]

Der wissenschaftliche Alltag der Deutschen Forschungsanstalt für Psychiatrie scheint aus dem Bild herauszufallen, das die Aktivitäten Ernst Rüdins nahelegen: einer sich den inhumanen Herrschaftszielen ausliefernden Wissenschaft. Es ist nicht schwer, für die Rassenhygiene den Abfall vom Individuum zu belegen; aber im Hinblick auf die Psychiatrie ist die Rassenhygiene nicht pars pro toto. Die eigentliche Herausforderung für die historische Analyse liegt im Problem der ›langen Dauer‹ von Wissenschaftstraditionen, die nicht NS-typisch sind, aber in den Bannkreis des für die NS-Zeit Typischen gerieten. Die Psychiatrie insgesamt erlag nicht den Verlockungen einer Politik der Ausmerze, aber sie erlag der Fiktion, dieser teuflischen Politik gegenüber Distanz und am Leitprinzip wissenschaftlicher Forschung, dem Objektivitätsprinzip, festhalten zu können.

Wie chancenlos dieser Versuch vor dem Hintergrund eines aufgewühlten Zeitgeschehens war, zeigen eindringlich die Berichte über die Deutsche Forschungsanstalt aus den Kriegsjahren. Für den Berichtszeitraum vom 1. April 1941 bis 31. März 1942 gibt die Prosektur an: »Die Zahl der Sektionen blieb gegenüber dem Vorjahr ungefähr auf gleicher Höhe, nur verschob sich das Verhältnis der Sektionen im Anstaltsbereich Eglfing-Haar zu denen an auswärtigen Anstalten etwas zugunsten der ersteren. [...] Eine wesentliche Steigerung erfuhr die Zahl der kindlichen Sektionsfälle in der Anstalt Haar. Es konnte infolgedessen viel seltenes und wertvolles Material zur Frage der frühkindlichen Hirnschäden bzw. der angeborenen Mißbildungen gewonnen werden, dessen Bearbeitung größtenteils das Hirnpathologische Institut übernahm.«[62] Die Anstalt Eglfing-Haar gehörte zu jenen Anstalten, denen 1940 sogenannte Kinderfachabteilungen angegliedert wurden, Tötungsabteilungen für Kinder »mit schweren Mißbildungen oder schweren geistigen

Schädigungen«.[63] Wenn in dem darauffolgenden Jahresbericht über die Zeit vom 1. April 1942 bis 31. März 1943 erwähnt wird, daß die Zahl der Obduktionen sich eher erhöht als verringert habe, und es »trotz eingehender histologischer Untersuchung der Gehirne« von Schwachsinnigen aus diesem umfangreichen »Material« nicht gelungen sei, zwischen angeborenem und erworbenem Schwachsinn »eindeutig« zu unterscheiden, so zeigt das, zu welchen Verirrungen und Verstrickungen eine psychiatrische Tätigkeit führen mußte, die glaubte, am Verbrechen vorbei Wissenschaft betreiben zu können.[64] In der stoischen Abkehr der psychiatrischen Forschung vom Zeitgeschehen liegt ihre Mitverantwortung für die breite Spur von Perversionen, die dieses Geschehen hinterlassen hat.

V.

Um das Verhalten der Psychiatrie jenseits der Rassenhygiene zu erklären, also einen wichtigen Teilaspekt jener »ambivalenten Zusammenhänge von Zivilität und Aggressivität in der Wirkungsgeschichte des Dritten Reichs« zu erörtern, von denen M. Broszat gesprochen hat[65], ist ein kurzer Rückblick auf den Gang psychiatrischer Forschung notwendig. Die Psychiatrie, die im 19. Jahrhundert vielfach verschlungene Wege der Identitätsfindung gegangen war, erlangte gegen Ende dieses Jahrhunderts durch den Anschluß an die allgemeine Medizinentwicklung ein hohes Maß an wissenschaftlicher Reputation.[66] Sie präsentierte sich als eine Wissenschaft, die den überzeugenden Versuch machte, »Leibliches und Seelisches unter einem Dach« zu vereinigen.[67] Die Hirnpsychiatrie als das dominierende Psychiatriekonzept trug wesentlich zur Aufwertung der Psychiatrie im Spektrum der medizinischen Einzelwissenschaften bei. Man hat für die 80er und 90er Jahre des 19. Jahrhunderts vom »perikleischen Zeitalter der Neurologie« gesprochen[68], und in der Tat war dieses Zeitalter von großer Bedeutung für das auch in der NS-Zeit nicht abbrechende naturwissenschaftliche Selbstverständnis der Psychiatrie. Auch psychische Krankheiten schienen medizinisch diagnostizierbar, nicht nur psychologisch beschreibbar zu sein. Für die Psychiatrie wurde die innere Medizin und deren diagnostischer Apparat wichtig. Der klinische Befund wurde durch Laboratoriumsuntersuchungen, etwa des Blutes oder der Rückenmarkflüssigkeit, durch Röntgenuntersuchungen des Gehirns nach Luftfüllung der Kammern oder durch die Elektroenzephalographie, also die nicht

operative Ablesung elektromotorischer Kräfte des Gehirns, erhärtet.[69] In das Bild einer an Selbstsicherheit gewinnenden Psychiatrie paßt die Zähmung der progressiven Paralyse durch die Malariabehandlung Wagner von Jaureggs.
Um die Forschungsarbeit einer die Zukunft der Psychiatrie prägenden Psychiatergeneration zu charakterisieren, sei hier der Breslauer Psychiater Carl Wernicke (1848–1905) genannt. Er veröffentlichte 1874 die Schrift »Der aphasische Symptomenkomplex – Eine psychologische Studie auf anatomischer Basis«.[70] In dieser Arbeit werden sensorische Aphasien, das sind zentrale Störungen des Sprachverständnisses, anhand von Autopsieberichten und den zugehörigen Krankengeschichten beschrieben. Die Hirnpsychiatrie zielte auf eine Lokalisierbarkeit psychischer Störungen im Gehirn ab, sie wollte Evidenzen zwischen Geisteskrankheiten und morphologischen Defekten in einem bestimmten Hirnareal aufzeigen. Die Grenzen dieses ›Paradigmas‹ wurden durch das von Emil Kraepelin (1856–1926) nach der Jahrhundertwende ausgebaute »klinische Konzept der Psychiatrie« bewußt.[71] Kraepelin ging vom Erscheinungsbild und Verlauf einer Krankheit aus und bildete durch genaue Beobachtung der verwirrenden Vielfalt psychischen Krankseins »Krankheitseinheiten«.[72] Die in dem mehrbändigen ›Lehrbuch der Psychiatrie‹, das in seiner achten Auflage (1909–1915) einen relativen Abschluß erfuhr, gegebene Einteilung der Geisteskrankheiten ist der Grundstock für alle späteren psychiatrischen Klassifikationsversuche gewesen.[73] Kraepelin wurde mit seinem Gliederungsentwurf auf psychopathologisch-syndromatologischer Grundlage zu einem, wie man ihn genannt hat, »epochalen Psychiater«.[74] Das Gebiet der Psychiatrie wurde überschaubar: Es zerfiel in die erlebnisbedingten Störungen, die Neurosen, die endogenen Psychosen mit der Schizophrenie als zentraler Krankheitskategorie und die »körperlich begründbaren Psychosen«, also Psychosen, die von außen verursacht sind, z. B. solche infolge Hirnverletzung, Infektion und Vergiftung.[75] Die Gemeinsamkeit zwischen ›endogenen‹ und ›exogenen‹ Psychosen hat man im Zerreißen der »Sinnkontinuität« resp. »Sinngesetzlichkeit des Lebens« sehen wollen.[76]
Ebenso wie die Hirnpsychiatrie stützte auch die klinische Psychiatrie den Wissenschaftsanspruch der Psychiater ab. Den immer ausgefeilteren Präparationstechniken der Nervenbahnen im Gehirn entsprachen die Ergebnisse der ›Klinik‹, die durch objektive, überprüfbare Beobachtung am Krankenbett gewonnen wurden. In der Wissenschaftsgeschichte der Psychiatrie waren in den Jahrzehnten vor dem Nationalso-

zialismus psychiatrische Erkenntnisfortschritte nicht von den Geboten psychiatrischer Menschlichkeit abgekoppelt, obwohl mit dem ›Wahnsinn‹ auch die Psychiatrie in ein immer dichter werdendes Netz staatlicher Verwaltungstätigkeit eingebunden wurde.[77] Es wäre zu einfach – und auch die internationale Entwicklung würde unterschlagen –, im Siegeszug der naturwissenschaftlichen Medizin, in den sich die Psychiatrie eingereiht hatte, die Voraussetzung dafür sehen zu wollen, daß der Umgang mit psychisch Kranken in kollektive Tötungsaktionen einmünden konnte.[78] Als Wissenschaft hatte die Psychiatrie vor 1933 in Deutschland einen Stand erreicht, der das Problem ihres Verhaltens im »Dritten Reich« erklärungsbedürftig macht. Es ist ja nicht so gewesen, daß der Machtergreifung der Nationalsozialisten die Machtergreifung der Rassenhygieniker auf dem Fuß gefolgt wäre. Disziplintraditionen brachen nicht einfach ab.[79] Erst die Umstände ihres Weiterlebens in der NS-Zeit gaben der totalen Herrschaft den Anschein einer normalen Herrschaft. Dieser Gesichtspunkt soll im folgenden an der für die deutsche Psychiatrie des 20. Jahrhunderts zentralen Wissenschaftlerbiographie Kurt Schneiders näher verfolgt werden.

VI.

Seine Festrede zur 565. Jahresfeier der Ruprecht-Karl-Universität Heidelberg begann Kurt Schneider als Rektor dieser altehrwürdigen Gelehrtenstätte am 22. November 1951 mit folgenden Worten: »Mein Fachgebiet ist die Psychiatrie und ich beabsichtige, Ihnen in knappen Strichen einige Probleme zu zeigen, die in der Gegenwart der Psychiatrie bewegen. Und zwar soll es sich nicht um Probleme der praktischen Psychiatrie handeln, obschon es deren genug gibt, sondern um solche der Wissenschaft.«[80] Wie Schneider in der Nachkriegszeit mit vermeintlich kühler Geste Probleme der praktischen Psychiatrie ausklammerte, so schienen ihn auch im »Dritten Reich« primär Fragen psychiatrischer Wissenschaft zu interessieren. Auf den ersten Blick jedenfalls begegnen in seinem Werk keine Verantwortungskollisionen, die mit dem Wissen um jene Mordfährte hätten zusammenhängen können, auf die sich die ›praktische‹ Psychiatrie im Nationalsozialismus begeben hatte. Kurt Schneider, schon in der Weimarer Zeit ein »Systematiker der Symptomatologie« (R. Tölle) mit wachsendem Ansehen, schien in München ebenso gelassen wie ernsthaft die von ihm eingeschlagenen wissenschaftlichen Wege weiterzugehen.[81] Aber konnte er sich von dem erbbiologischen Treiben Rüdins in der Forschungsanstalt reservieren? Seine Stellung zu Rüdin war nach der Erinnerung seiner Ehefrau »äußerst distanziert«.[82] Werner Scheid, ein Schüler Schneiders, der 1934 sein Mitarbeiter wurde[83], berichtete in seiner Gedenkrede auf Kurt Schneider von der verhangenen Normalität des Wissenschaftsalltags im Klinischen Institut der Münchener Forschungsanstalt. Die Beschäftigung mit Fragen psychiatrischer Wissenschaft konnte angesichts der eskalierenden Verbrechen kaum unbelastet erfolgen. So nahm eine gewissenhafte Psychiatrie durchaus die Niederungen des psychiatrischen Zeitgeschehens wahr. Zwar glaubte man nicht, daß die inhumanen Praktiken des NS-Unrechtsregimes imstande seien, vom Streben nach psychiatrischer Wahrheit abzulenken, doch man traute dieser Wahrheit keine das Böse aushebelnde Kraft mehr zu. Man trieb psychiatrische Wissenschaft von einer Rückzugsposition aus, resignativ im Hinblick auf die übermächtig erscheinenden Zeitströmungen. Der Kreis um Kurt Schneider tauschte sich über die »Mißachtung des Kranken« durch das Gesetz zur Verhütung erbkranken Nachwuchses aus; Schneider selbst prognostizierte schon früh den »organisierten Tod« der Geisteskranken und Geistesschwachen als »nächsten Schritt«.[84] So scharf diese Beobachtungen auch waren, sie erfolgten in einem Klima tiefer Mutlosigkeit. Es gab auch im »Dritten Reich« den ›Psychiater des Gewissens‹, – eine Psychiatrie, die nicht die Sprache der Ideologie redete und sich davor bewahrte, das Anderssein der Kranken in ihr Wenigersein umzudeuten. Sie hat den Gang des Geschehens nicht aufhalten können, doch in schmerzender Zeit gewann und formulierte sie Einsichten, die als eine sichernde Marke humanen Umgangs mit kranken Menschen anzusehen sind. Hier liegt ihr historisches Vermächtnis, obwohl ihre historische Rolle keine große war und letztlich von den Perfidien des Zeitalters gestrichen wurde.

Das Œuvre Kurt Schneiders scheint auch in den 30er Jahren durch phänomenologische Sachlichkeit charakterisiert, einen durchaus eigenen psychiatrischen Wissenschaftsstil. Die Strenge, mit der Schneider in seiner Arbeit an einer analytisch-deskriptiven Methodik festhielt, hat sicherlich auch mit dem zeitbedingten Politisierungsschub in der Psychiatrie zu tun.[85] Die Psychiatrie Kurt Schneiders verarbeitete auf ihre Weise den Zeitgeist; ihr lag eine Sensibilität für Strömungsverhältnisse zugrunde, die die Psychiatrie in seinen Augen entwurzelten, sie zum Spielball rassenideologischen Kalküls werden ließen. »Die Entwicklung in der Psych-»iatrie« [gr. iatros = Helfer; D. B.] hat einen sehr mutlos gemacht«, schrieb Schneider im April 1943 an seinen ehemaligen Kölner Kollegen, den Philosophen Nicolai Hartmann. »Und dann ist ja richtig: was soll Psychiatrie in solchen Sturm- und Notzeiten.«[86] Vom Sturm der braunen Bewegung war die Psychiatrie schon früh erfaßt worden, wobei sie es ihrerseits an eindeutigen Signalen nicht hatte fehlen lassen. Noch vor dem Erlaß des Gesetzes zur Verhütung erbkranken Nachwuchses machte der Reichsminister des Innern, Frick, auf der ersten Sitzung des Sachverständigenbeirats für Bevölkerungs- und Rassenpolitik am 28. Juni 1933 klar, daß der Nationalsozialismus eine »Umstellung des Denkens der Ärzteschaft« erwarte: »Was wir bisher ausgebaut haben, ist also eine übertriebene Personenhygiene und Fürsorge für das Einzelindividuum ohne Rücksicht auf die Erkenntnisse der Vererbungslehre, der Lebensauslese und der Rassenhygiene. Diese Art moderner ›Humanität‹ und sozialer Fürsorge für das kranke, schwache und minderwertige Individuum muß sich für das Volk im großen gesehen als größte Grausamkeit auswirken und schließlich zu seinem Untergang führen.«[87] Das Ende der Humanität war eingeläutet; auch eine humane Psychiatrie schien an ihr geschichtliches Ende gekommen zu sein. Aus Rußland schrieb Kurt Schneider im September 1942 an Nicolai Hartmann: »Wissenschaftliche Psychiatrie gibts keine mehr. Sie kommt und geht mit der Humanität.«[88] Der »Druck der Zeit« lastete besonders während der Kriegsjahre schwer auf dem »eigenen Ich«. Ebenfalls im Jahre 1942 spricht Schneider gegenüber Karl Jaspers von seiner »wissenschaftlichen Müdigkeit«.[89] Wissenschaft habe für ihn immer in einem »ärztlich-menschlichen« Kontext gestanden. Dieser sei »in dieser Zeit« enthemmter Forschung zerstört – von innen und außen. »Und dann ist eben die Zeit der Humanität vorüber und mit ihr ist unser Beruf und Stand entzweigegangen. Man kann einwenden, das habe doch mit der Forschung nichts zu tun. Aber die Trennung kann man nicht machen – ich jedenfalls kann das nicht. Endlich kann man sich der völligen Entwertung der geistig Unzulänglichen und ›Nutzlosen‹ auch nicht ganz entziehen.« Für Schneider waren in der NS-Zeit die »Grundbedingungen der Psychiatrie verhagelt und weggewischt«; »die Wissenschaft schwebt eben nicht darüber, sondern es ist *ein* Ethos.« Karl Jaspers war von der inneren Wahrheit, die aus den »persönlichen Erörterungen« Schneiders sprach, tief beeindruckt. »Der knappe Ausdruck Ihres Wesens ist mir ein Dokument. Schmerzvoll – wie sollte es heute anders sein! Aber eine philosophische und ärztliche Ruhe im Begreifen!«[90]

Kurt Schneider, der – so eine Briefauskunft von 1947 – »seit Kriegsbeginn in ausgesprochenem Protest zur Entwicklung der ›Psychiatrie‹«

nichts Neues mehr veröffentlichte und nurmehr an den Neuauflagen seiner Bücher arbeitete[91], hat in den Schriften, die in den 30er Jahren erschienen, spiegelverkehrt zur geschichtlichen Fallinie der Psychiatrie deren moralische Grundhaltung immer wieder in Erinnerung zu bringen versucht. »Will man psychopathologisch und klinisch das Verhältnis von Psychopathie, besser und genauer: von psychopathischer Persönlichkeit und Psychose, ihre Beziehungen und Gegensätze untersuchen, so muß man aus beiden Begriffen alle *wertenden Gesichtspunkte ausschalten*, d. h. man muß sie rein beschreibend fassen.« –, mit diesen Worten leitete er einen Vortrag über »Psychopathie und Psychose« ein, den er am 6. Mai 1933 anläßlich der Stiftungsratssitzung der Münchener Forschungsanstalt hielt.[92] Schneider nahm hier in der ihm eigenen sprachlichen Diktion Gedanken auf, die schon 1923 in seinem Buch »Die Psychopathischen Persönlichkeiten« formuliert waren.[93] Das Schicksal dieses Buches ist von besonderem historischem Interesse. Es erlebte in der Weimarer Zeit zwei Auflagen (1923; 1928), in der NS-Zeit fünf (1934; 1940; 1941; 1942; 1944) und in der unmittelbaren Nachkriegszeit wiederum zwei (1946; 1950), von 1923 bis 1950 insgesamt also neun Auflagen. Auf knappem Raum entwickelte Schneider in dieser Schrift, die er mehrfach veränderte, deren gedanklicher Grundriß aber unangetastet blieb, eine Typologie psychopathischer Persönlichkeiten nach der jeweils hervorstechenden, beherrschenden Eigenschaft: z. B. hyperthymische, depressive, stimmungslabile, explosible, willenlose, asthenische Psychopathen. Schneider knüpfte in seiner Methode bewußt an Kraepelin an und machte »klinische Erfahrung« zur Leitlinie wissenschaftlichen Bemühens.[94] Dieser Forschungsansatz lag quer zu der vom Nationalsozialismus betriebenen Politisierung von Krankheit. Vor dem Stiftungsrat der Deutschen Forschungsanstalt führte Schneider nur wenige Monate nach der Machtergreifung aus: »Eine *abnorme Persönlichkeit* ist für uns nicht eine solche, die einem je nach der Weltanschauung verschieden gesetzten Zweck widerspricht, sondern *eine Persönlichkeit, die von der uns vorschwebenden, tatsächlich natürlich nicht errechenbaren Durchschnittsbreite menschlicher Persönlichkeiten abweicht*, eine ungewöhnliche, unübliche, undurchschnittliche Persönlichkeit. Es kommt dabei gar nicht in den Blickpunkt, ob diese undurchschnittliche Persönlichkeit etwa ethisch oder sozial positiv oder negativ zu werten wäre.«[95] Auch in den verschiedenen Auflagen seiner »Psychopathischen Persönlichkeiten« setzte Schneider dem rassenideologisch pervertierten Krankheitsbegriff einen strikt ›medizinischen‹ entgegen. Er betonte, so in der von ihm selbst als definitiv angesehenen vierten Auflage von

1940, daß in den meisten Fällen die psychische Funktionsstörung »durchaus nicht den Charakter des Minderwertigen« habe. »Wenn man hier das sozial Störende oder Untaugliche als krank bezeichnet, fällt man ein Werturteil von irgendeinem vorgefaßten weltanschaulichen oder soziologischen Standpunkt aus, d. h. man verwendet den Begriff des Kranken rein *bildlich* und ohne sachliche Bedeutung. Was der eigenen Anschauung oder Überzeugung oder der herrschenden Ideologie zuwiderläuft, heißt dann ›krank‹. So ist für den Frommen krankhaft, wenn die Frömmigkeit nachläßt, für den Freigeist, wenn sie zunimmt. *Es ist eine Naivität, den Funktionsstörungen auf körperlichem Gebiet und ihren Folgen auf seelischem Gebiet einfach die Nichterfüllung sozialer Forderungen gleichzusetzen und beides unter dem Ausdruck der Krankheit zu fassen.* Außerdem kann selbst ein offensichtlich Geisteskranker im Vergleich zu geistig Gesunden oder seiner eigenen vorpsychotischen Zeit auch einmal sozial höheren Wert haben.«[96]

Der Psychiater Kurt Schneider, an herausgehobener Stelle als Wissenschaftler tätig, verkörpert psychiatrische Denktraditionen, die sich ihrer Versuchbarkeit durch die NS-Politik weitgehend entzogen haben.[97] Es ist gegen Schneiders deskriptive Psychopathologie u. a. eingewandt worden, daß sie ihr Lehrgebäude auf einem Abgrund errichtet habe, der abgrundtiefen Differenz zwischen psychopathischen und psychotischen Patienten. Letztere seien mit dem »Bannfluch« der Krankheit bedacht und aus der psychiatrischen Verantwortung herausgenommen worden.[98] In der Tat hat Schneider immer wieder betont, daß keinerlei sachliche Veranlassung bestehe, »die abnormen (psychopathischen) Persönlichkeiten krankhafte zu heißen«[99], daß die Psychiatrie als empirische Wissenschaft aber gut daran tue, »bei den endogenen Psychosen an dem ›Postulat‹ der Krankheit als Arbeitshypothese festzuhalten. Diese Annahme hat allein die Möglichkeit der Verifizierung, während dies allen metaphysisch-spekulativen Denkmöglichkeiten versagt bleibt.«[100] Schneider grenzte sich hier – mit einer in seiner Spätphase dann allerdings nachlassenden Entschiedenheit[101] – von daseinsanalytischen Strömungen in der Psychiatrie ab. Die »daseinsanalytische Forschungsrichtung« verkörpert der Schweizer Psychiater Ludwig Binswanger.[102] Sie knüpfte an Martin Heideggers Analytik des Daseins an und befragte auch die »Welt der Schizophrenen« mit ihren »mannigfaltigen Weltentwürfen«, »auf welche Weise das Seiende diesen Daseinsformen zugänglich wird, alles Seiende, Menschen sowohl als Dinge.«[103] Den Bemühungen um eine daseinsanalytische Erhellung des schizophrenen Lebens stand der Empiriker Schneider skeptisch ge-

genüber; das bedeutete aber nicht einen Wahrnehmungsverlust der menschlichen Existenz auch des Psychotikers.
Im November 1933 veröffentlichte Schneider »Psychiatrische Vorlesungen für Ärzte«.[104] Im Vorwort zu diesen Abhandlungen hielt er fest: »Die Psychiatrie hat, soweit sie die Psychosen betrifft, zwei Aufgaben. Die eine, in unserer Zeit mit Recht in den Vordergrund gerückt, hat dem Volke Psychosen zu verhüten, vor allem solche erblicher Art. Die andere hat die nun einmal vorhandenen Psychosen ärztlich und sozial zu behandeln. Sie sieht im Geisteskranken nicht schlechthin eine Mißgeburt, sondern einen Menschen, der Anspruch auf Verständnis, Fürsorge und Liebe hat. Beide Aufgaben verlangen aber, wenn sie nicht in die Irre gehen wollen, psychiatrische Kenntnisse.«[105] Das Zugeständnis an den psychiatrischen Zeitgeist ging selbst dort, wo es in den 30er Jahren gemacht wurde, nie so weit, daß der kranke Mensch aus dem Blick geriet. Auch bei den Psychosen, bei denen man keine »kausale Therapie« in den Händen habe, gebe es Therapie. »Es ist auch Therapie, einer an und für sich nicht kausal beeinflußbaren zyklothym Depressiven mit Trost und Aufmunterung über ihre Phase hinwegzuhelfen, ihre Angst medikamentös zu dämpfen, oder dem schizophrenen Autismus durch Einreihung des Kranken in Gemeinschaft und nützliches Tun entgegenzuarbeiten.«[106]
Kurt Schneider hielt Abstand. Er schirmte seine Forschung vor den Zumutungen des NS-Regimes ab. »Die verschiedenen rassehygienischen Gesetze und ihre Anwendung auf Psychopathen« lagen außerhalb seines ›klinischen‹ Interesses[107], ja seine »Pathocharakterologie« sei ein »einziger Widerspruch« gegen die schnelle Gleichsetzung von Psychopathen und Asozialen, – in der Sprache der Zeit »Gemeinschaftsfremden«.[108] Was die hier skizzierte psychiatrische Denkhaltung für die von einer mörderischen Politik bedrohten Patienten gebracht hat, ist schwer auszumachen. Vielleicht hat psychiatrische Menschlichkeit durch den Rassenfanatismus der Machthaber und ihrer Satrapen nicht gänzlich entkräftet werden können. Belegbar ist dies nur schwer. Doch einiges spricht dafür, die »Verhaltensformen von Ärzten« differenziert zu sehen.[109] Wie in jeder anderen Berufsgruppe gab es Generationsunterschiede, unterschiedlich starke ethisch-religiöse Bindungen, daneben aber auch die Prägung durch akademische Lehrer, deren Zerrissenheit resp. weltanschauliche Festigkeit in der Sicht der Dinge sich mitgeteilt haben dürfte. Freilich fehlte es in einer zerbrechenden Zeit der von Schneider verkörperten selbstbewahrenden Skrupelhaftigkeit an Mut, an jenem Stück Zivilcourage, das notwendig gewesen wäre, um

die eigene Position der Übermacht verantwortungsloser Skrupellosigkeit wirksam entgegenzustellen. Dennoch lohnt die Erinnerung an eine Denkungsart, die im Ende der Humanität die Anfänge psychiatrischen Tötens liegen sah. Ohne philosophische Besinnung kann keine Psychiatrie sein, schrieb Kurt Schneider zum 100. Geburtstag Kraepelins [110]; Psychiatrie heute kann nicht ohne historische Erinnerung sein.

Raul Hilberg
Tendenzen in der Holocaust-Forschung

Am Anfang gab es keinen Holocaust. Für die Opfer wie für die Zuschauer kam das Ereignis vollkommen unerwartet. Das Judentum war völlig unvorbereitet, und diese Überraschung beruht auf der simplen Tatsache, daß das Dritte Reich seine Vorbereitungen ungemein schnell traf. Ein amerikanischer Kollege, Christopher Browning, bezeichnet als Zeitpunkt des Übergangs von der alten Politik der Vertreibung des Judentums zur neuen Vernichtungspolitik der »Endlösung« die »schicksalsschweren Monate« des Jahres 1941. Die Konstrukteure der Endlösung arbeiteten praktisch ohne Modell, kaum unter zentraler Leitung. Wohl war die SS, wie sie auch behauptete, in Sachen Juden federführend. Doch in diesem Maßnahmenstaat gab es keine formelle Aufteilung der Vernichtungsaufgaben. So bemerkte zutreffend der Oberst-Gruppenführer Karl Wolff, Chef des Persönlichen Stabes des Reichsführers Heinrich Himmler: »Zuständigkeit hat der, der etwas tut!« Sie taten es auch – in einem Rausch, keiner Erfahrung, keinem Beispiel folgend. Die innere Logik dieses Vernichtungsvorgangs, der sich überbietende Eifer der Täter, der Vorstoß in das Unbekannte, für das es kein Vorbild gab, sollte unverkennbar das Merkmal des nationalsozialistischen Zeitalters werden. Und dennoch ist das, was am offensichtlichsten ist, am schwersten erklärbar. Der Holocaust brach herein wie ein Blitzschlag, die Forschung darüber geriet hingegen zu einem langsamen und über Jahrzehnte sich hinziehenden Suchen.

Die unumgängliche Grundlage für die Arbeit des Historikers ist das Vorhandensein von Quellen. Die Forschung ist keine Philosophie, sie muß, auf Beweismaterial gestützt, sich empirisch entwickeln. So kann man den Holocaust nicht mehr allein mit dem Blick des Archäologen entdecken. In Bamberg oder Wien sind noch Gebäude, auch Gassen des späten Mittelalters zu sehen. Man bemerkt und spürt die Atmosphäre vergangener Jahrhunderte. Dagegen findet der Besucher das Ghetto in Warschau nicht mehr, das vor 46 Jahren zerstört wurde. Die Ghettomauer und ganze Straßen sind von neuen Gebäuden überwuchert. In Birkenau ist heute kaum noch etwas von dem Vernichtungslager zu erkennen, während man die alten Kasernen in Auschwitz bestehen ließ, in denen heute ein Museum eingerichtet ist – ohne Gestank, Leichen und Terror. In Kiew, wo im Jahre 1941 etwa 35 000 Juden am Stadtrand in den Schluchten von Babi-Yar erschossen wurden, steht nur noch ein Denkmal, das übrigens die Juden nicht erwähnt. Das Massengrab ist zu einem Park geworden, ist Teil einer mit Kanälen und Seen durchkreuzten Großstadt.

Die wirklichen Überreste des Holocaust bestehen aus Papier: aus Akten der gesamten Bürokratie des »Dritten Reichs« und der verbündeten Achsenmächte. Sie enthalten auch Bruchteile der Berichte der sogenannten Judenräte, die der Generalgouverneur in Polen Hans Frank Befehlsempfänger nannte, die aber auch nach ihren Möglichkeiten gegen Hunger und Seuchen kämpften. Unter den vorhandenen Quellen gibt es schließlich auch Privatdokumente der Täter und Opfer, wie Tagebücher und Briefe sowie Aussagen und Memoiren derjenigen, die als Teilnehmer oder Zuschauer ihre Beobachtungen festhielten. Doch jeder Historiker des 20. Jahrhunderts weiß genau, daß man auf Akteneinsicht oft 30, 40 oder gar 50 Jahre warten muß. Die sofortige Enthüllung der größten Geheimnisse des »Dritten Reiches« ergab sich nur mit Hilfe der nach Deutschlands vollkommener Niederlage durchgeführten Kriegsverbrecherprozessen. Mit diesem Dokumentenbestand konnte aber kaum mehr als ein Anfang gemacht werden. Auch das im Bundesarchiv in Koblenz lagernde Material, das von den Vereinigten Staaten oder England rückerstattet wurde, ist nichts als eine Teilsammlung von Akten der öffentlichen Dienststellen, des Heeres, der Industrie oder der Partei. Vieles wurde schon vor dem 8. Mai 1945 in Bombenangriffen oder von den Nazis verbrannt.
In den zugänglichen Archiven Deutschlands oder Westeuropas gibt es noch große Lücken. Dort ist gleichwohl weit mehr über die Tätigkeit des Auswärtigen Amtes zu lesen als über die der Eisenbahnen, weit mehr über Polen als über Rußland, weit mehr über die IG-Farben als über Siemens. Dazu kommen die noch nicht erforschten Bestände in den Volksrepubliken und der Sowjetunion. Erst im Jahre 1988 wurde von einer Delegation des U. S. Holocaust Memorial Council und der Leitung des Sowjetarchivs ein Vertrag unterzeichnet, der die Vervielfältigung und Veröffentlichung der deutschen Akten sowie Schriftstücke von Kollaborateuren, zum Beispiel der lettischen, litauischen und ukrainischen Polizei, ermöglicht. Wie groß diese Sammlungen sind, kann man sich nur vorstellen, wenn man bedenkt, daß überall von

deutschen Heereseinheiten, SS- und Zivilbehörden beim großen Rückzug detaillierte Dokumente zurückgelassen wurden. So hat jedes Zentralarchiv der einst unter deutscher oder rumänischer Herrschaft stehenden Sowjetrepubliken eigenes Beutematerial: Estland, Lettland, Litauen, Weißrußland, Ukraine und Moldau. Die Archive liegen in Tallinn, Riga, Wilnius, Minsk, Kiew und Kischinew. In der Ukraine gibt es auch 25 Oblastarchive, wie zum Beispiel Lemberg oder Winnitza, die auch deutsche Dokumente besitzen. Wenn man also zu einer ersten Aussage über die Holocaust-Forschung kommen will, muß man mit dem Selbstverständlichen, mit der Arbeit an den Quellen, beginnen. Der Forscher ist von der Quellenlage abhängig und schreibt nur über das ihm zugängliche Material.

Wie liest er nun diese Quellen? Über das Wichtigste wurde in diesen Akten am allerwenigsten geschrieben. Memoiren sind ziemlich lang, Dokumente aber äußerst kurz gefaßt. So berichtet im Herbst 1941 ein Hauptmann einer Ortskommandantur im neu eroberten Mariupol am Schwarzen Meer mit einer alleinstehenden Zeile, daß der SD dort 8000 Juden exekutiert habe.[1] Fest wie in der Bibel steht dieser Satz in diesem Dokument – unverkennbar und doch unfaßbar. Man müßte ein Thomas Mann sein, um sich in dieser Beschreibung einen einzigen Mann, eine einzige Frau, ein einziges Kind am Grabe stehend, die Kugel abwartend, vorstellen zu können.

Neben der kurzgefaßten Berichterstattung stehen gleichgeartet kurze Anordnungen. So richtet am 17. August 1943 die Deutsche Reichsbahn, Direktion Königsberg, Dezernat 33, eine Fahrplananordnung Nr. 290 an BA 1, MA, VA Zl, GA und Hbf Bialystok, Bialystok Industriebf, Dienststellen von Bialystok bis Malkinia, Bf Treblinka, OBD 33 Warschau – nach besonderem Verteiler –: »Zur Abbeförderung von Aussiedlern verkehren folgende Sonderzüge von Bialystok nach Malkinia Ziel Treblinka: Pj 207, Pj 208, Pj 209, Pj 210, Pj 211. Besteller: Kommandeur der Sicherheitspolizei und des SD in Bialystok.«[2]

Wie liest man so ein Dokument? Wie viele Tausende gingen in den Tod? Wie viele Mitwisser gab es in diesen Dienststellen?

Kurz ist auch eines der wichtigsten Dokumente. Ich habe es 25 Jahre lang wiederholt gelesen und schließlich doch nur mit fremder Hilfe verstanden. Es handelt sich um eine Ermächtigung Görings, am 31. Juli 1941 an Heydrich adressiert. Der Wortlaut besteht aus drei Sätzen: Satz Nr. 1: »In Ergänzung der Ihnen bereits mit Erlaß vom 24. 1. 1939 übertragenen Aufgabe, die Judenfrage in Form der Auswanderung oder Evakuierung einer den Zeitverhältnissen entsprechenden möglichst günstigen Lösung zuzuführen, beauftrage ich Sie hiermit, alle erforderlichen Vorbereitungen in organisatorischer, sachlicher und materieller Hinsicht zu treffen für eine Gesamtlösung der Judenfrage im deutschen Einflußgebiet in Europa.« Satz Nr. 2: »Sofern hierbei die Zuständigkeiten anderer Zentralinstanzen berührt werden, sind diese zu beteiligen.« Satz Nr. 3: »Ich beauftrage Sie weiter, mir in Bälde einen Gesamtentwurf über die organisatorischen, sachlichen und materiellen Vorausmaßnahmen zur Durchführung der angestrebten Endlösung der Judenfrage vorzulegen.«[3]

Ein kurzgefaßter Brief, der mehr verdeckt, als man meint. War das ein Führerbefehl? Ist mit diesem Aktenstück die Vernichtung der europäischen Juden entfesselt worden? Ich glaubte es, denn ich wollte an ein klares, eindeutiges Beweisstück glauben. Andere Wissenschaftler taten dies auch. Nur Uwe Adam, ein unbekannter deutscher Historiker, sagte: Das kann nicht sein! Der Absender ist nicht der richtige; wenn es sich um einen Befehl handelte, hätte er nicht von Hitler kommen müssen? Der Empfänger konnte so auch nicht stimmen: Es kann nicht sein, daß Himmler, der Vorgesetzte Heydrichs, übergangen wurde. Warum aber wurden dann diese drei geschraubten Sätze überhaupt niedergeschrieben? Viel später trat in den argentinischen Eichmann-Memoiren die ganze Antwort zutage: Der Autor des Briefes war Eichmann. Auf Befehl Heydrichs, der die Lenkung der noch nicht dezidierten Gesamtlösung erstrebte, wurde Görings Unterschrift eingeholt. Der Vernichtungsbefehl aber wurde nie niedergeschrieben. Deswegen muß jetzt der Forscher erst mühsam aus verschiedenen Andeutungen oder Hinweisen in der damaligen Korrespondenz und in späteren Aussagen der Täter die sogenannte Entschlußbildung rekonstruieren.

Wenn endlich der Historiker den Sinn eines Schreibens entschlüsselt hat, wie schreibt er dann über solche Vorgänge? Der Stil der Dokumente ist kalt und distanziert. Düster und dunkel wirken diese Akten. Wie gestaltet der Historiker den eigenen Stil? Aufschreien ist nicht angeraten. Der Leser versteht doch nicht, worum es sich handelt. Wenn man will, daß der Leser beunruhigt wird, muß der Verfasser die Ruhe behalten. Auch Ironie ist nicht erlaubt, obwohl sie manchmal auf versteckten Wegen eingebracht werden kann. Von Poesie über das Thema Auschwitz ist schon überhaupt nicht die Rede. So sind die meisten Holocaust-Darstellungen gewissermaßen an die Dokumente nicht nur inhaltlich, sondern auch stilistisch gebunden. Man bedarf der Erklärung, ohne aber in den Abgrund des metaphysischen Denkens zu geraten. Das akademisch Objektive ist noch immer am Platze, nicht aber das Zermürbende der Theorie, das die konkrete Tat durch die abstrakte Sinnfrage ersetzt. Deswegen ist der Forscher, insbesondere wenn er sich an diese Zeit erinnert oder auf sie als Nachkriegskind hingewiesen wird, vor eine schwere Aufgabe gestellt – und dies um so mehr, wenn er in deutscher Sprache schreibt. Wie kann er die nationalsozialistische Denkweise darstellen, ohne selbst mit einem Nazi verwechselt zu werden? Leider ist dieses Problem noch nicht allein dadurch gelöst, daß man »Protokoll« statt »Niederschriften« schreibt oder »Tendenzen« statt »Richtungen« oder »Nazi« anstatt »Nationalsozialist«.

Nun dürfen wir aber nicht annehmen, daß die Schwierigkeiten der Forschung und die dadurch sich ergebenden Zielsetzungen nur auf der Menge oder Art der Quellen beruhen. Vielmehr ist der Forscher in seiner Bereitschaft, das Quellenmaterial zu durchdringen, von anderen wichtigen Faktoren abhängig. Es geht um die immer wieder zu erlebenden Förderungen bzw. Behinderungen psychologischer oder politischer Natur, die ihm die Arbeit entweder erleichtern oder erschweren. Der Beschluß, forschend tätig zu werden, ist noch immer eine weitgehend individuelle Angelegenheit – mit dieser persönlichen Entscheidung investiert der Forscher Jahre seines Lebens. Wird er für seine Hingabe belohnt oder wird er für sie bezahlen? Ganz ungeachtet der Quellenlage in den Archiven, wird man sofort nachvollziehen können, daß es in den ersten zwei Jahrzehnten viel leichter war, über den Holocaust in Amerika als in Deutschland zu schreiben. Es ist noch heute leichter!

Gleichzeitig muß aber gesagt werden, daß diese Einstellung in Amerika oder England oder Frankreich hauptsächlich auf die Analyse der Deutschen beschränkt ist. Will man offen, ohne irgendeine Zurückhaltung auch über die jüdischen Opfer sprechen, auch über die Ohnmacht der jüdischen Gemeinde, im Ghetto Kleinkinder am Leben zu erhalten, oder über die ganz natürliche Schwäche der Armen, die als erste verhungerten oder als erste deportiert wurden, oder über die Listen, die am Anfang vielfach von jüdischen Stellen der Gestapo für die sogenannte Aussiedlung überreicht wurden, so wird man erfahren, daß es bald zu Kontroversen oder sogar zur Verhinderung einer Veröffentlichung kommen kann. Man spricht in Amerika nicht einmal über das Schicksal derjenigen, die sich vom Judentum entfernten, wie etwa die konvertierten oder in Mischehen lebenden Juden – zwei Gruppen, über die im Innenministerium und anderen Stellen des »Dritten Reiches« viel diskutiert wurde. Man könnte behaupten, daß Bücher wie Jochen Kleppers Tagebuch, Unter dem Schatten Deiner Flügel, das von einer

Mischehe und dem Freitod aller ihrer Angehörigen erzählt, so gut wie unbekannt geblieben sind.[4]

Es sieht so aus, als ob sich bei der Herkunft der Forscher ein eigenartiges, vielleicht sogar einzigartiges Ungleichgewicht eingestellt hat: Über Deutschland darf jeder forschen, über Juden allerdings nur die Juden selbst. Volle Redefreiheit haben einzig und allein die Überlebenden – Menschen, die einer ganz kleinen Minorität angehören und nicht mit den Massen der toten Opfer verwechselt werden dürfen. Es ist übrigens erstaunlich, daß es unter diesen Überlebenden Historiker gibt, die, wie Hans Günther Adler über Theresienstadt oder Yitzhak Arad über Wilna, außerordentliche Bücher geschrieben haben. Außerordentliches können auch Deutsche über Deutschland schreiben. Der Anfang gestaltete sich dennoch ungemein langwierig.

Helmut Krausnick, ehemaliger Leiter des Instituts für Zeitgeschichte in München, hat das Tabu als erster durchbrochen. Seine kurze Abhandlung über Judenverfolgungen im »Dritten Reich«, die 1965 erschien, aber noch immer in einem Buch über den sogenannten SS-Staat eingereiht war, ist der erste Versuch, den Holocaust im ganzen zu beschreiben.[5] Einige Jahre später folgte das klassische, aber überwiegend leider übersehene Buch von Uwe Adam, Die Judenpolitik im Dritten Reich.[6] In dieser Doktorarbeit entdeckte Adam die Struktur der bürokratischen Entscheidungen, wie zum Beispiel Gesetze, Durchführungsverordnungen, die die Gesetze nicht durchführten, und Bekanntmachungen, die das Gesetz vollends umgingen. Noch später schrieben Krausnick und Wilhelm einen umfangreichen Band über die vier Einsatzgruppen der Sicherheitspolizei, die in Sowjetrußland operierten. Wilhelm, der Gymnasiallehrer, zeigte zum ersten Mal, daß man über eine einzige Einsatzgruppe 350 Seiten schreiben kann.[7]

In diesem Jahrzehnt häuften sich Veröffentlichungen über den NS-Staat wie zum Beispiel von Ulrich Herbert über Fremdarbeiter,[8] oder Götz Aly und Karl-Heinz Roth über die Identifizierung, die sie mit außergewöhnlicher Einsicht die »restlose Erfassung« bezeichneten.[9] Doch noch immer schreiten England und Amerika in der Erforschung des Holocaust voran. R. G. Overy veröffentlichte 1984 das beste Buch über Göring,[9] Christopher Browning über die Entschlußbildung (1985)[11], Robert Lifton über die Ärzte in Auschwitz (1986),[12] Peter Hayes über die IG-Farben (1987)[13] und Robert Proctor über Rassenhygiene (1988).[14] Beachtenswert ist auch die Tatsache, daß die meisten dieser Autoren weder aus Emigrantenfamilien stammen noch Überlebende sind. Ja, sie sind sogar meistens Nichtjuden. Darüber soll man sich nicht wundern. Unter den Juden stirbt die deutsche Sprache aus. Die Emigranten lehren sie nicht ihren Kindern, und die jüdische Bevölkerung in allen deutschsprachigen Ländern beträgt jetzt nicht viel mehr als 50000 Menschen. Die Zukunft der Holocaust-Forschung, insoweit sie die spezifisch deutsche Geschichte betrifft, liegt deshalb mehr und mehr in nicht-jüdischen Händen, zuletzt vielleicht in deutschen allein. Die deutsche Holocaust-Forschung kann aber noch immer im Keime erstickt werden.

So kam es zu einem Zusammenstoß zwischen Historikern, zu einer ernsten Auseinandersetzung über grundlegende Richtungen in der Betrachtung der jüngsten Geschichte Deutschlands. Zuerst wurde die Frage gestellt, ob eine fast selbstherrschende Bürokratie imstande war, Ideen und Initiativen zu entwickeln, die alle Grenzen überschritten. Oder ob Hitler ein reiner Usurpator war, der alles befehlen konnte, und dessen Wünsche entweder blind befolgt oder unvermeidlich ausgeführt werden mußten. Dann wurde darüber gestritten, ob das Deutschland von 1933 bis 1945 dieselbe innere Struktur hatte wie das vorherige Reich und die nachherige Bundesrepublik. »Ja«, sagen die Erforscher der Unterdrückung der Hereros in Südafrika während der Kaiserzeit. »Ja«, sagen auch die Experten des Kriegsausbruchs von 1914. »Ja«, bestätigen die Entdecker der bayerischen Deportationen von polnischen Juden nach dem Ersten Weltkrieg. »Ja«, wiederum, sagen die Soziologen, die sich mit der Theorie über die Vernichtung »lebensunwerten Lebens« befassen. »Nein«, sagen die Politologen, die jahrelange Studien dem Problem der Machtübernahme gewidmet und emsig die Wahlen von 1932 verfolgt haben.

Und schließlich kam es zum eigentlichen Konflikt über das Argument der Relativität. Die Tendenz, Deutschland mit anderen Völkern zu vergleichen, wurde schon vor 40 Jahren sichtbar: Die Verteidiger wiesen auf die Gaskammern der Strafvollstreckungsanstalten in Kalifornien als eine amerikanische Erfindung hin, auf die Konzentrationslager als englisches Patent, auf Genickschüsse und auf das langsame Zugrundegehen in sowjetischen Arbeitslagern als russische Spezialität. Und wenn dem so ist, warum denn soll sich Deutschland mehr mit seiner Geschichte abquälen als die Amerikaner, Engländer oder Russen mit ihrer? Warum dann überhaupt eine intensive Fortsetzung der Holocaust-Forschung?

Nun ist es unerläßlich, die Gegenfrage zu stellen: »Was ist das Neue an dem Nichtneuen?« Eine Wendung der Geschichte beginnt darum, weil ab 22. Juni 1941 Sowjetrußland angegriffen wurde, und zwar ohne vorheriges Ultimatum, ohne Schranken in der Art der Kriegführung und ohne ein geographisches Ziel. Die mit diesem Akt verbundene Steigerung der anti-jüdischen Maßnahmen wurde vor 50 Jahren, am 30. Januar 1939, von Hitler prophezeit: die physische Vernichtung der europäischen Juden. Das »Tausendjährige Reich« erlebte in zwölf Jahren, was symbolisch für ein Jahrtausend vorgesehen war. Und doch werden die Überreste dieses Reiches in der Topographie Deutschlands immer mehr verwischt; es verschwinden die Reste der Ministerien in Berlin und die der Gestapo-Leitstellen in den großen Städten.

Vor etwa dreizehn Jahren reiste ich mit der Bahn von Stuttgart nach Wien. In meinem Coupé saß ein weiterer Passagier, ein deutscher Unternehmer, mit dem ich ein oberflächliches Gespräch führte. Als der Zug in Dachau hielt, fragte ich ihn – ich muß gestehen – in einem etwas herausfordernden Ton: »Ist das nicht der Ort, wo das Konzentrationslager war?« Der Mann verstummte, und schweigend fuhren wir weiter.

Ausschnitt aus der nachfolgenden Diskussion

Frage: Welchen Wert messen Sie der mündlichen Überlieferung und den Erinnerungen bei?

Hilberg: Persönlich habe ich aus vielen Gründen nicht das Interview als Erhebungsmethode gewählt. Ich interessierte mich dafür, wie Entscheidungen zustandekamen, Entscheidungen von deutschen Behörden, von Judenräten und den Opfern der Verfolgungen. Aber gerade dies konnte ich mit den Interviews nicht herausbekommen – auch nicht aus den zahlreichen Erinnerungen, die ich studiert habe.

In Tel Aviv habe ich einmal einen Bestand von Tausenden von Aussagen durchgesehen, wovon ich ungefähr sechzig gründlich gelesen habe. Am Ende mußte ich feststellen, daß ich nichts Neues herausgefunden hatte, weil jeder Verfasser doch dieselbe Geschichte erzählt: Vor dem Krieg war alles friedlich, war ich glücklich, dann kamen die Deutschen, und ich verlor die Freiheit; mit dem Zug wurde ich weggeschafft und ins Lager transportiert; dann verlor ich den Mann, dann mein Kind; ich habe gehungert und wußte nicht mehr, was mit mir passierte; und schließlich wurde ich befreit – sechzig Aussagen also, die im Prinzip alle gleich sind.

Ich habe daraus die eine Erkenntnis gewonnen: Die Überlebenden sind ganz speziell andere Menschen als die Masse der Ermordeten. Sie haben große Ausdauer, sind intelligent – aber nicht intellektuell. Sie grübeln nicht und können schwerwiegende, lebensverändernde Entscheidungen treffen, notfalls binnen fünf Sekunden: »Wir gehen – hier bleiben wir nicht!« Also: Wenn man überlebende Juden fragt, wie es ihnen damals ergangen ist, wird man Geschichten hören, die mit denen der über fünf Millionen Toten nicht zu vergleichen sind. Darin liegt ein Problem.

Wie Sie in dem Film »Shoah« gesehen haben werden, gibt es ein weiteres Problem: Welche Antworten bekommt man, wenn man einen Deutschen befragt? Was wird man von ihm Neues hören? Ich habe mich, so wie ein Gericht, nur in speziell technischen Fragen an Deutsche gewandt: Was heißt »Nr. 33« in einem Reichsbahn-Dokument? Was heißt »DA«? Was heißt »H«? – ganz gewöhnliche Fragen. Hier bekommt man Antworten. Fragt man jedoch nach dem »Warum?«, dann erhält man keine Antworten mehr. Nie! Nicht von SS-Obergruppenführer v. d. Bach-Zelewski und nicht von dem einfachsten Eisenbahner, SS-Mann oder irgendeinem Angestellten.

Es gibt ein fabelhaftes Buch von Walter Kempowski mit dem Titel: »Haben Sie davon gewußt?« (1979). Diese Frage war nur an ganz gewöhnliche Leute gerichtet worden. Haben Sie gewußt, daß die Juden deportiert worden sind, wohin sie kamen, etc.? Jeder sagte zunächst »nein«, dann aber erzählt er interessante Geschichten. Dieses Buch ist aber eine Ausnahme.

...

Frage: Sehen Sie Probleme bei der Fassung des Themas Holocaust in die heutige deutsche Sprache?

Hilberg: Ich erzähle Ihnen von einem kleinen Erlebnis: Mich hat immer die Reichsbahn als Thema interessiert, weshalb ich eine kleine Abhandlung darüber in Amerika publizierte. Ein Exemplar dieses Büchleins habe ich dem Leiter der Zentralen Stelle der Landesjustizverwaltungen zur Aufklärung von NS-Verbrechen in Ludwigsburg zugeschickt, der dies wiederum an einen kleinen Verlag weiterleitete, der in Mainz Eisenbahnliteratur veröffentlicht. Dort wurde mein Buch aus dem Englischen übersetzt – zurück in die Sprache der Dokumente, auf die sich diese Studie stützt.

Als ich die Übersetzung las, konnte ich in dem Text die Dokumente überhaupt nicht mehr wiedererkennen. Alles war auf eine neue Sprachebene emporgehoben. Die deutsche Sprache beschrieb nicht mehr das Geschehene. Ich mußte mühsam versuchen, irgend etwas von dem Damaligen wiederzugeben. Ich hatte gesehen, was man in einer Rückübersetzung ins Deutsche verlieren kann. Ich mußte also nicht nur aus dem Englischen die Übersetzung vornehmen, sondern sie mußte auch in das damalige Deutsch übertragen werden.

...

Frage: *Warum* ist es zum NS-Staat, zum Holocaust gekommen?

Hilberg: Wenn ich könnte, würde ich gern im Alter ein Buch schreiben mit dem Titel: »Jenseits des Rationalen und Irrationalen«, denn darum handelt es sich wohl. Das »Warum?« ist selbstverständlich die schwierigste Frage. Ich habe sie zu stellen unterlassen.

Es gibt Hunderttausende, die damals auf irgendeine Weise in den historischen Prozeß verwickelt waren, und jeder einzelne hatte seinen Grund. So ist jede Antwort fast richtig: Man will seinen Posten behalten; man will sich auch bereichern – etwa bei Arisierungen von jüdischen Betrieben; etc. All dies ist ganz »normal«. Aber wie kommt es, daß aus diesen »normalen« Motivationen so etwas Ungewöhnliches hervortritt? Das haben wir noch nicht erklärt. Vielleicht handelt es sich um ein philosophisches Problem.

Es ist schon lange her, da hatte ich einen Freund, der damals in einer Werbefirma arbeitete (heute ist er Professor für Philosophie an einer bekannten Universität in Amerika). Ihn fragte ich einmal: Ist die Frage nach dem »Warum?« überhaupt richtig gestellt? »Ja, ja«, sagte er, »das ist die richtige Frage.« Und dann hat er mich fallengelassen!

Ich glaube, wenn Hunderttausende ohne irgendeine Ahnung oder Vorbereitung so vollkommen miteinander verschmelzen, dann muß doch im Hintergrund etwas ganz Außerordentliches stehen. Ohne den Begriff Ästhetik zu verwenden: Hitler wurde von vielen seiner Bewunderer als der Erbauer des Dritten Reiches gesehen.

Am 30. April 1945 war ich zufällig Soldat in jenem Teil der US-Army, der als erster in München eintraf. Dort habe ich einen ganz besonderen Fund gemacht: die persönliche Bibliothek von Adolf Hitler. Darin fand ich viele Bücher über Friedrich den Großen und über Architektur; über Juden kaum etwas! Hitler war Architekt – natürlich nicht im engen Wortsinne –, er *dachte*, daß er es war. Die Zerstörung war seine Kunst.

Saul Friedländer

Die »Endlösung«[1] *
Über das Unbehagen in der Geschichtsdeutung

»Die Vergangenheit führt einen zeitlichen Index mit, durch den sie auf die Erlösung verwiesen wird«, schreibt Walter Benjamin in seinen geschichtsphilosophischen Thesen. »Es besteht eine geheime Verabredung zwischen den gewesenen Geschlechtern und unserem ... Uns ist wie jedem Geschlecht, das vor uns war, eine *schwache* messianische Kraft mitgegeben, an welche die Vergangenheit Anspruch hat. Billig ist dieser Anspruch nicht abzufertigen ...«[2]
Walter Benjamin schrieb diese Zeilen vor jener Katastrophe, der er selbst zum Opfer fallen sollte. Für ihn war der Historische Materialismus der erlösende Zugang des Historikers zur Vergangenheit. Nach der Vernichtung der europäischen Juden hätte Benjamins messianischer Blick diese Frage möglicherweise aus einer ganz anderen Sicht betrachtet. Vielleicht wäre er zu dem Schluß gelangt, daß der Historische Materialismus nur wenig zu einer schlüssigen Deutung dieser Ereignisse beizutragen hat; möglicherweise hätte er sich auch gefragt, ob überhaupt irgendein historischer Zugang der Aufgabe gerecht werden könne, die Vergangenheit zu erlösen, das heißt, sie auf schlüssige Weise zu deuten.[3]
Dies ist das Dilemma eines jeden Historikers. Einerseits muß er sich mit der »Endlösung« wie mit jedem anderen Phänomen der Vergangenheit befassen. Hinzu kommt, daß die Rekonstruktion einzelner Abschnitte dieser Vergangenheit schnell voranschreitet, und uns heute weitaus mehr Fakten zur Verfügung stehen als vor vierzig Jahren. Auf der anderen Seite aber bleibt der Kern dieser Ereignisse, zumindest für einige Historiker, weiterhin undurchsichtig.

Dieses Gefühl, auf eine Schwierigkeit gestoßen zu sein, war in den unmittelbaren Nachkriegsjahren gewissermaßen selbstverständlich, aber auch der Lauf der Zeit war nicht imstande, es zu vertreiben, und seit kurzem tauchen in den Arbeiten mehrerer Historiker erneut Andeutun-

* Aus dem Englischen übersetzt von Renate Schain.

gen eines solchen Unbehagens auf. Ziel dieses Beitrags ist es, dem Wesen dieser Schwierigkeit etwas näherzukommen.
Vor diesem Hintergrund aber sollte man sich deutlich vor Augen halten, daß für viele Historiker, die sich entweder direkt oder indirekt mit der »Endlösung« befassen, eine vollständige Historisierung heute möglich und, ihrer Meinung nach, auch weitgehend bereits vollzogen ist.
Dieses empfundene Unbehagen ist, was der französische Philosoph Vladimir Jankelevitch ein »je ne sais quoi« – die »Andeutung eines Etwas« – nennen würde. In seinem kürzlich erschienenen Buch, Der Krieg als Kreuzzug, unternahm beispielsweise Arno J. Mayer den ernsthaften Versuch, die »Endlösung« im Kontext dessen zu verstehen, was er den »Dreißigjährigen Krieg des 20. Jahrhunderts« nennt. Freilich mußte er sein Vorwort mit dem Eingeständnis schließen, daß er nach mehr als fünf Jahren der Beschäftigung mit diesem Thema den »Judeozid« genausowenig verstünde wie am Anfang.[4] Worin genau dieses Unverständnis bestand, sagte er nicht. Als Charles Maier in seinem Buch, Unmasterable Past, schrieb, »Auschwitz entziehe sich jeglichem Verständnis«, meinte er vermutlich das gleiche.[5] Und als schließlich Raul Hilberg, derjenige Historiker, der mit den Dokumenten der Vernichtung und den tagtäglichen Erscheinungsformen der »Endlösung« vielleicht am besten vertraut ist, unlängst »dieses Ereignis« zur Sprache brachte, »das in der Geschichte auftaucht, dennoch derart von ihr losgelöst [ist] und bei so vielen Historikern Verwirrung auslöst...«[6], wird auch er sich auf diesen ziemlich verschwommenen Eindruck, der auch noch nach jahrzehntelangen Studien vorhanden war, bezogen haben.

Unter den Interpreten der »Endlösung«, die dieses Gefühl von Unverständnis äußern, sind vermutlich die jüdischen Historiker in der Mehrzahl. Man könnte daher leicht einwenden, daß diese Meinung in hohem Maße subjektiv ist und unmittelbar von der gefühlsmäßig getragenen Vision der Gruppe angeleitet ist, der die Opfer angehören. Wie wir sehen werden, ist dem nicht ausschließlich so, obgleich jene Subjektivität nicht geleugnet werden kann, und sei es in Übereinstimmung mit dem allgemeinen Postulat von der existenziell determinierten Sichtweise eines *jeden* Zugangs zum Nationalsozialismus und zur »Endlösung«.[7]
Ich will versuchen, dieses Unbehagen auf zwei verschiedenen Ebenen herauszuarbeiten: einmal auf der Ebene einer äußerst spezifischen Betrachtungsweise der Ereignisse, der Psychologie der Täter –, und andererseits auf der Ebene einer ›Eingliederung‹ der »Endlösung« in eine globale Geschichtsdeutung.

I.

Die meisten Forscher versuchen, das Problem einer Psychologie der totalen Vernichtung zu umgehen, indem sie sich ausschließlich auf bestimmte ideologische Motive (beispielsweise Rassenantisemitismus) oder auf eine institutionelle Dynamik konzentrieren. Bei allgemeinen Deutungsversuchen der »Endlösung« kann man tatsächlich weder die entscheidende Bedeutung des radikalen antisemitischen Leitgedankens, noch die Kompetenzkämpfe, ebenso wenig wie die Dynamik der Bürokratie leugnen. Darüber hinaus scheinen bestimmte psychologische Defizite viele Historiker zu hemmen. Die psychologische Dimension, wenn sie überhaupt gesehen wird, beschränkt sich im allgemeinen auf einen vagen Hinweis auf die »Banalität des Bösen«. Meine Hypothese ist, daß für bestimmte Historiker eben diese Dimension ein in andere Deutungskategorien einzureihendes Rätsel bleibt, gleichwohl in jeder Erwägung über das »warum« und nicht über das »wie« der Endlösung enthalten ist. Im folgenden will ich versuchen, zwischen den verschiedenen Bestandteilen dieser psychologischen Dimension zu unterscheiden, um das, was der sich ihr widersetzender Kern möglicherweise bedeutet, besser zu umschreiben.

Im folgenden habe ich bewußt eines der berüchtigtsten Dokumente der »Endlösung« gewählt, um diese Frage im Rahmen eines Schriftstücks aufzuwerfen, das allen bekannt ist. Es handelt sich um die Rede Himmlers in Posen am 4. Oktober 1943 vor einer Versammlung hoher SS-Offiziere:

»Von euch werden die meisten wissen«, erklärte Himmler, »was es heißt, wenn 100 Leichen zusammenliegen, wenn 500 Leichen daliegen oder wenn 1000 daliegen. Dies durchgehalten zu haben und dabei, abgesehen von Ausnahmen menschlicher Schwäche, anständig geblieben zu sein, das hat uns hart gemacht, ... Insgesamt aber können wir sagen, daß wir die schwerste Aufgabe in Liebe zu unserem Volk erfüllt haben, und wir haben keinen Schaden in unserem Inneren, in unserer Seele, in unserem Charakter daran genommen.«

Die Unheimlichkeit dieser Zeilen liegt für den Leser zunächst in einem auf den ersten Blick grundsätzlichen Widerspruch: Einerseits wird ausdrücklich zugegeben, daß ein grundlegendes menschliches Tabu – eine fest umrissene Menschengruppe wird ausgerottet (nach Heydrichs Berechnungen auf der Wannsee-Konferenz: elf Millionen Juden) – gebrochen wurde und andererseits wird bekräftigt, daß diese schwierige Aufgabe zufriedenstellend, ohne daß irgend jemand einen moralischen

Schaden davonträgt, gelöst worden ist. Dieses Gefühl der Umwertung aller Werte wird noch dadurch verstärkt, daß Himmler in derselben Rede auf jene nur selten auftretenden »menschlichen Schwächen« zu sprechen kommt – wie das Stehlen von Zigaretten, von Uhren und Geld aus den Taschen der Opfer –, die gnadenlos geahndet werden müßten. Doch man muß einen Schritt weitergehen und einen zentralen Satz jenem Teil der Rede anfügen: »Dies [die Vernichtung der europäischen Juden, S. F.] ist ein niemals geschriebenes und niemals zu schreibendes Ruhmesblatt unserer Geschichte.« Hier deutet Himmler an, daß er und die Anwesenden sich – in diesem Falle – einer absoluten Grenzüberschreitung bewußt sind, was die nachfolgenden Generationen nicht verstehen werden, nicht einmal als ein notwendiges Mittel zum »gerechtfertigten« Zweck.

In einer späteren Rede kommt Himmler erneut auf die Vernichtung von Frauen und Kindern zu sprechen. Darin macht er deutlich, daß diese Vernichtung unumgänglich ist, um die Rache zukünftiger Generationen zu verhindern. In diesem Zusammenhang weist er erneut auf die Notwendigkeit hin, das Geheimnis dieser Vernichtung mit ins Grab zu nehmen. Man könnte einwenden, jenes Gelübde zu schweigen gehöre eben zum Schmieden und zur Existenz einer fanatischen Elite und sei an und für sich schon ihr Erkennungszeichen. Das mag durchaus so sein, abgesehen von der Tatsache, daß die Massenvernichtung von Glaubens- oder Parteigegnern sowohl für die religiösen Bewegungen als auch für die modernen politischen Religionen zum offensichtlichen propagierten Ziel dieser Organisationen gehört (der Vernichtungskreuzzug gegen die Katharer, die Hexenjagden und die blutigen Praktiken der Inquisition, der »Terreur«, die Morde der Bolschewiken und der »Khmers Rouges« etc.). Tötungsaktionen wie diese sind immer an ausdrückliche Ziele gekoppelt, die von derartigen Institutionen oder Bewegungen mit Stolz propagiert und im Sinne einer ideologischen Notwendigkeit als verbindliches Ziel allgemein und wie selbstverständlich anerkannt werden. Die für alle Zeiten auferlegte Geheimhaltung kann nur bedeuten, daß es kein »höheres«, »stichhaltiges« Argument gibt, das eine derartige totale Vernichtung in den Augen der Nachwelt »rechtfertigen« könnte. Dies mag unter Umständen dafür sprechen, daß Himmler selbst einige Zweifel an den ideologischen Grundlagen dieser Aktionen hegte und daß seine Äußerungen über »die Liebe zu unserem Volk« und über »die Vernichtung des Volks, das uns vernichten wollte«, zumindest teilweise rhetorischen Charakters waren.

Keine Zweifel bestehen hinsichtlich der zentralen Rolle der antijüdischen Obsession in Hitlers Weltanschauung, doch was die anderen NS-Führungsebenen betrifft – beispielsweise Himmler und seine Posener Zuhörerschaft –, so könnte deren Hauptmotivation eher auf ihre »Führerbindung« und dem entsprechenden »Rausch« zurückzuführen sein...

Meiner Ansicht nach liegt darin ein nicht unwesentlicher Unterschied zwischen dem nationalsozialistischen und dem stalinistischen »Vorhaben«. Ganz abgesehen davon, wie viele Verbrechen von und unter Stalin begangen wurden, formal wurden sie im Namen eines universalen »Ideals« begangen, oder – genauer – dieses universale Ideal wurde höchstwahrscheinlich von den Tätern selbst als Erklärung für ihr Handeln aufrechterhalten. Nehmen wir Himmlers feierlichen Wunsch nach Geheimhaltung ernst, dann wird die Ausrottung der Juden durch die Nazis zu einem Ziel, das kein »höherer, allgemein verständlicher« Zweck rechtfertigen kann. Infolgedessen scheint die Einzigartigkeit des nationalsozialistischen Vorhabens nicht nur in der Tat selbst zu liegen, sondern auch in der Sprache der Täter und in der Art und Weise, wie diese sich selbst wahrgenommen haben.

Betrachtet man die Vernichtungsaktionen der Nazis weiterhin von diesem Standpunkt aus, so stehen diese im Grunde genommen nicht für eine »Umwertung aller Werte« (was so viel wie das Ausbeuten von Menschen oder ihre Vernichtung zu einem ganz bestimmten Zweck heißen würde), sondern sie stehen für eine Amoralität jenseits aller Kategorien des Bösen. Demgemäß sind die Menschen keine Werkzeuge mehr; sie hören auf, Menschen zu sein.

Doch zunächst muß hier, und sei es auch nur am Rande, die Frage gestellt werden, ob die Zeitgenossen, die nicht als Täter an der Vernichtung teilgenommen haben, aufgrund ihrer Kenntnis der Ereignisse, ihre Natur verstanden haben. Neuere Untersuchungen, die sich mit dem »schrecklichen Geheimnis« befassen, haben auf unterschiedliche Weise die Gleichzeitigkeit betont, daß die Kenntnis der Fakten zwar weit verbreitet, aber auf der anderen Seite eine nicht minder große Unfähigkeit oder Verleugnung zu konstatieren war, die den einzelnen daran hinderte, die verstreuten Fakten zu einem Gesamtbild zusammenzusetzen.[8] Es liegt auf der Hand, daß jede Gruppe ihre eigenen Gründe hatte, sich nicht daran zu erinnern, was großenteils bekannt war, oder was man hätte in Erfahrung bringen können. Man kann die Gründe der Opfer nicht mit den Gründen der damaligen deutschen Gesellschaft vergleichen, dennoch scheint es einen gemeinsamen Nenner zu geben: Die »Endlösung« war gewissermaßen »undenkbar«.

Ein anderer Vergleich mit dem stalinistischen Rußland kann diese Art von gleichzeitigem Unverständnis verdeutlichen. Es sieht so aus, als ob diejenigen Opfer des Stalinismus, die keine überzeugten Kommunisten waren, sich nicht vor die Unmöglichkeit gestellt sahen, den alles erfassenden Terror, der ihr Land heimsuchte, zu *verstehen*: Sie verstanden, was Lubyanka, die Lager in Sibirien, der Hunger und die Erschießungen zu bedeuten hatten. Sie mögen es als bolschewistischen Terror aufgefaßt haben, aber in seiner systematischen Darstellung des stalinistischen Terrors zeigt Robert Conquest[9], daß dort niemals von einer Lähmung des Verstandes die Rede gewesen ist.

Argumente wie diese sollten nicht als Entlastung der »passiven Zuschauer«, wer auch immer sie waren, mißverstanden werden. Die weitverbreitete Kenntnis von den ungeheuerlichen Verbrechen, die an den Juden verübt wurden, und die beinahe überall zu beobachtende Gleichgültigkeit, die diesen Kenntnissen entgegengebracht wurde, ist Anklage genug. Die »Endlösung« in ihrer vollen Tragweite zu verstehen, ist keine notwendige Voraussetzung für all die Fragen, die später in Verbindung mit dem Verhalten der europäischen Staaten, der Alliierten, der neutralen Staaten, der Kirche und insbesondere mit dem der deutschen Gesellschaft auftauchten.

Was das Unverständnis der Zeitgenossen betrifft, so ragt das der Opfer in seiner inkommensurablen tragischen Dimension heraus. Angesichts einer nur zu offensichtlichen Realität hat es wenig Sinn, auf die häufig beschriebenen »Verleugnungs«-Mechanismen einzugehen. Doch wie man weiß, waren auch noch andere Faktoren mit im Spiel. Was die große Mehrzahl der europäischen Juden irreführte, war der unerschütterliche Glaube an eine »instrumentelle Rationalität« im Verhalten der Nazis. Doch das Schicksal der Juden war so oder so besiegelt: Die Gründe für ihre Vernichtung konnten sie einfach nicht verstehen.

Die grundsätzlichen Fragen, die im Zusammenhang mit einer Interpretation des Täterverhaltens gestellt werden, richten sich vor allem an diejenigen, die erst nach Kriegsende von der ganzen Tragweite der Ereignisse erfuhren. Bei vielen heutigen Lesern der Himmler-Rede gibt es eine altersmäßige Überschneidung mit den damaligen Ereignissen. Gehen wir von der Voraussetzung aus, daß wir alle gemeinsame Vorstellungen von Menschlichkeit, von historischer Erfahrung und infolgedessen vom Leben der Menschen in der heutigen Gesellschaft haben, dann könnten wir versuchen, das oben erwähnte Gefühl von Unheimlichkeit zu überwinden, indem wir uns auf der psychologischen Ebene gleichsetzen. Wir könnten versuchen, unser Denken demjenigen von Himmler oder seiner Zuhörer anzugleichen. Das würde dazu führen, daß wir auch den Gedanken von der »Banalität des Bösen« akzeptierten, der es uns erlauben würde, etwa die Gesinnungshaltung von Himmler zu verstehen. Wir würden *in abstracto* zu dem Ergebnis kommen, daß wir alle zu den gleichen banalen Neigungen fähig sind, die letztendlich zur äußersten Stufe kriminellen Verhaltens führten. Hier ist nicht der Ort, um auf die verschwommene Begrifflichkeit von der »Banalität der Bösen« näher einzugehen.[10] Akzeptiert man aber diesen Begriff, so werden dabei oft wichtige Punkte übersehen, die im folgenden genauer umrissen werden sollen.

Eine eingehendere Betrachtung der Himmler-Rede bringt uns möglicherweise zu einer präziseren Eingrenzung dessen, was sich unserem Verständnis entzieht. Man könnte behaupten, das Ausradieren von Schandflecken, wie beispielsweise das Stehlen von Zigaretten der Opfer etc., gehöre zu etwas Wohlbekanntem: zu einer Disziplin, wie sie in militärischen Eliteeinheiten oder in verschiedenen religiösen Orden anzutreffen ist. Ferner könnte man behaupten, daß die Eliminierung der potentiellen Rächer mit der Vernichtung von Frauen und Kindern sich auf eine der »instrumentellen Rationalität« innewohnenden Logik reduzieren ließe. Akzeptieren wir demgemäß die These, daß Himmler und die SS-Generäle nicht von einer zwingenden antijüdischen ideologischen Obsession (im Unterschied zu Hitler) getrieben wurden, so stehen wir vor der »Führer-Bindung« als einem Teil der Erklärung jener sich uns entziehenden, in der Tathandlung enthaltenen Unwägbarkeit – nämlich die alles übergreifende Vorstellung vom »Rausch«.

Daß im Vorhergehenden der Begriff »Unheimlich« verwendet wurde, geschah in Anlehnung an Freuds berühmten Aufsatz über »Das Unheimliche«. Freud zitiert darin einen 1906 erschienenen Aufsatz von Jentsch, in dem dieser die Empfindung des Unheimlichen auf die Unmöglichkeit zurückführt, zwischen dem Lebenden und dem Leblosen zu unterscheiden; Freud verneint in seinem Essay mehrmals die Plausibilität der Annahmen von Jentsch.[11] Wir werden später auf Freuds Interpretation zurückkommen. Zunächst scheint Jentschs Intuition einleuchtend zu sein. Seine Position wird von Freud zusammengefaßt: »Nach diesem Autor [Jentsch, S. F.] ist eine besonders günstige Bedingung für die Erzeugung unheimlicher Gefühle, wenn eine intellektuelle Unsicherheit geweckt wird, ob etwas belebt oder leblos sei, und wenn das Leblose die Ähnlichkeit mit dem Lebenden zu weit treibt.«[12] Betrachten wir erneut den Wortlauf der Himmler-Rede oder – weiter-

gefaßt – die Aktionen der verschiedenen Täter und insbesondere der höheren Todesbürokratie, die zur Massenvernichtung führten, dann bleibt uns nichts anderes übrig, als auf der einen Seite den Tätern menschliche Durchschnittlichkeit zu bescheinigen und auf der anderen Seite den »mechanischen«, »leblosen« Aspekt ihrer Taten festzuhalten. In gewisser Weise sehen wir uns hier einer im Sinne von Jentsch verstandenen Ungewißheit gegenübergestellt mit dem Unterschied, daß wir es nicht mit Automaten zu tun haben, die lebendig zu sein scheinen, sondern mit gewöhnlichen Menschen, die zu Automaten werden, indem sie jedes Gefühl für Menschlichkeit und Moral in sich auslöschen. Die tiefliegende Ungewißheit hinsichtlich der »wahren Natur« der Täter löst bei uns jenes Gefühl von »Unheimlichkeit« aus.
Aber könnte nicht ein Bestandteil dieses Rausches in Verbindung mit Töten und Vernichtung von einer wachsenden Begeisterung herrühren, die durch *Wiederholung*, durch die immer größer werdende Zahl der Opfer, hervorgerufen wird: In der Himmler-Rede heißt es nicht umsonst: »Von euch werden die meisten wissen, was es heißt, wenn 100 Leichen zusammenliegen, wenn 500 Leichen daliegen oder wenn 1000 Leichen daliegen.« Diese Wiederholung (und damit sind wir in gewisser Weise bei Freuds Deutung) steigert, zumindest beim außenstehenden Beobachter, das Gefühl von »Unheimlichkeit«: Einige Täter erscheinen nun nicht mehr wie bürokratische Automaten, sondern eher wie Wesen, die von einem kaum zu stillenden Mordbedürfnis befallen waren, angetrieben von irgendeiner wachsenden Begeisterung, die sie den Mord an einer immer größeren Anzahl von Menschen wiederholen ließ, und dies ungeachtet der Worte Himmlers über die Schwierigkeit einer solchen Aufgabe. Man erinnere sich nur an jenen Stolz, mit dem in den Berichten der Einsatzgruppen oder in der Autobiographie von Rudolf Höss die Todeszahlen genannt werden; man erinnere sich nur an Sassens Interview mit Eichmann: In dem Wissen, daß über fünf Millionen Juden vernichtet wurden, würde er mit Freuden in sein Grab springen. Dies ist Rausch, hervorgerufen durch das überwältigende Ausmaß der Tötung, durch die endlosen Reihen der Opfer...[13] Der Rausch, hervorgerufen durch die überwältigende Anzahl der Toten, ist an die Führer-Bindung gekoppelt: Je größer die Zahl der vernichteten Juden, um so eher wurde der Wille des Führers befolgt.
Aber gerade an diesem Punkt – der durch das Ausmaß der Tötung hervorgerufene Rausch – ist uns ein Verständnis nach den Ereignissen und aufgrund dieser Ereignisse auf der Ebene von Bewußtsein nicht möglich. Der britische Philosoph Alan Montefiore drückte dies zutreffend

so aus: »Das Unvorstellbare ist bei mir mit jener... schlimmsten Vorstellung verbunden, von der ich... weiß, daß ich sie haben könnte – deren Existenzberechtigung ich als ›normal‹ empfindendes Wesen jedoch nicht zulassen darf.«[14]
Je größer die Empfindlichkeit auf der moralischen Ebene, um so radikaler wird eine Einsicht verdrängt, die gleichermaßen für Individuum und Gesellschaft eine unerträgliche Bedrohung darstellt. Der Historiker kann dieses Phänomen von »außen« analysieren, aber in diesem Falle kann sein Unbehagen nur von einer fehlenden Kongruenz zwischen intellektueller Befragung und dem Ausbleiben eines intuitiven Verstehens herrühren.

II.

Ein weiterer Grund für das Unbehagen des Historikers liegt nach meiner Ansicht auf einer ganz anderen Ebene: in der Art und Weise, wie die »Endlösung« mit einer globalen historischen Deutung in Verbindung gebracht wird. So schreibt etwa Eberhard Jäckel:
»... Der nationalsozialistische Mord an den Juden (war) deswegen einzigartig..., weil noch nie zuvor ein Staat mit der Autorität seines verantwortlichen Führers beschlossen und angekündigt hatte, eine bestimmte Menschengruppe einschließlich der Alten, der Frauen, der Kinder und der Säuglinge möglichst restlos zu töten, und diesen Beschluß mit allen möglichen staatlichen Machtmitteln in die Tat umsetzte.«[15]
Diese Definition steht normalerweise im Zentrum der Auseinandersetzung über die Vergleichbarkeit der »Endlösung« mit jenen Massenvernichtungen, die von anderen politischen Systemen betrieben wurden. Deutungen, die eher von einem subjektiven Standpunkt aus erfolgen, beziehen sich letztendlich auf den Hintergrund dieser Art von Vergleich. Hier wenden wir uns einer anderen Art von Hindernissen zu, auf die der Historiker mit seinem *subjektiven Verständnis der Ereignisse stößt* – und dieses Mal in einem weiter gefaßten Deutungskontext.
Die »Endlösung« muß wie jedes andere historische Phänomen *in ihrer historischen Entwicklung und im hierfür relevanten historischen Kontext interpretiert* werden. Wir sollten uns daher von vorneherein dieser Epoche und diesen Ereignissen so nähern, wie wir uns jeder anderen Epoche und anderen Ereignissen nähern, sie aus jedem nur möglichen Blickwinkel betrachten und alle denkbaren Hypothesen und Querverbindungen eruieren. Aber das ist, wie wir alle wissen, nicht der Fall,

und es darf, wie wir alle zugeben würden, auch nicht der Fall sein. Niemand, der alle seine Sinne beisammen hat, würde die Ereignisse von Hitlers Standpunkt aus interpretieren wollen. Nicht einmal rechtsradikale »Interpreten« versuchen heute, die »Endlösung« zu rechtfertigen; sie leugnen vielmehr, daß es sie überhaupt gegeben hat. Und sogar bei Vertretern weitaus weniger extremer Ansichten kann man ein Gefühl von Zurückhaltung bei der Deutung der Ereignisse beobachten.

Von keiner Seite ist den verschiedenen Gruppen eine ideologische »Orthodoxie« auferlegt worden – wie sollte dies auch? Jedoch: Was man während der unmittelbaren Nachkriegsjahre beobachten konnte – daß es einen von Siegern und Opfern gleichermaßen akzeptierten Konsens gab –, das kann man heute mit Sicherheit nicht mehr annehmen. Deshalb bleibt nur die Schlußfolgerung, daß heute der Historiker fühlt, auf einige undefinierbare, aber deutlich spürbare *Grenzen einer Interpretation* zu stoßen. Eben diese Wahrnehmung von Grenzen – über deren Ursprung man sich streiten kann, deren Erspüren aber zwingend ist – könnte darauf hinweisen, daß wir es hier mit einem außerordentlichen Ereignis zu tun haben, dessen historische Analyse eine Verschmelzung von moralischen und kognitiven Kategorien erforderlich macht.

Die Fragen, die eine derartige Zurückhaltung bei der Deutung und die Beachtung ethischer Grenzen bei der historischen Analyse aufwerfen, sollen anhand einiger Beispiele präziser gefaßt werden:

1. Läßt sich ein Ereignis wie die »Endlösung« in jeder Art von Narration (»emplotment«) darstellen, oder müssen nicht vielmehr von vornherein bestimmte Erzählformen ausgeschlossen werden? Entzieht sie sich vielleicht überhaupt jeder plausiblen, überzeugenden narrativen Darstellung?

2. Keine Auseinandersetzung mit der »Endlösung« kommt um die Beantwortung der entscheidenden Frage nach der moralischen Dimension herum. Vielfach entsteht dann ein Problem, wenn neue Deutungsstrategien verfolgt werden. Lassen sich solche Ansätze nutzen, ohne dabei eine moralische Relativierung zu riskieren? Darf, kann man zum Beispiel eine Geschichte der Naturwissenschaften schreiben, die auf Experimenten mit Menschen in den NS-Konzentrationslagern beruht, oder: Darf man heute die Ergebnisse dieser Experimente im normalen wissenschaftlichen Diskurs verwerten?[16]

Allgemeiner gefaßt: Die Unvereinbarkeit verschiedener Zugänge zu einer Deutung der »Endlösung« bringt den Historiker in eine geradezu unlösbare Situation. Diese Schwierigkeiten schlagen sich in einer Vielzahl allgemeiner Theorien nieder, die diese offensichtlich außerge-

wöhnliche Situation zwar berücksichtigen, die aber bestrebt sind, sie im Rahmen einer überzeugenden Klärung mit einzubeziehen. Doch hier ist nicht der Ort, um diese unterschiedlichen Bemühungen und ihre Grenzen aufzuzeigen. Auf der Ebene von politischen, ideologischen Deutungsversuchen ist das einfachste Argument hinsichtlich einer Kontextualisierung der »Endlösung« das Folgende: Es geht eigentlich nicht darum, daß Begriffe wie »Totalitarismus« oder »Faschismus« sich für eine Kontextualisierung der »Endlösung« nicht eignen. Im Gegenteil: Sieht man von der Endlösung ab, treffen sie weitaus besser auf die Phänomene zu, die sie umschreiben. – Die einzige globale Deutung, die zu »passen« scheint, ist zugleich die traditionellste: die ausschlaggebende Wirkung eines immerfort radikalen antisemitischen Faktors. Doch sogar diejenigen Historiker, die dieser Auffassung treu bleiben, müssen zugeben, daß das Problem der Kontinuität aufgrund der Natur des nationalsozialistischen Antisemitismus und der »Endlösung« fragwürdig wird.[17]
Diese Schwierigkeit wurde kürzlich auf bemerkenswert deutliche Art und Weise von einem der führenden Historiker der Bundesrepublik, von Reinhart Koselleck, formuliert: »Ich vermute, daß die Historie [der »Endlösung«, S. F.] zugleich unter moralischen, politischen und auch religiösen Herausforderungen steht, die allesamt nicht ausreichen, um mitzuteilen, was der Fall ist. Das moralische Urteil ist unentrinnbar, gewinnt aber durch Wiederholung nicht an Gewicht. Die politische oder soziale Erklärung ist auch erforderlich, greift aber in Anbetracht dessen, was der Fall war, ebenfalls zu kurz. Das Ausweichen in eine religiöse Deutung erheischt Kultformen, die sich der historischen, der moralischen und auch der politischen Kompetenz entziehen. Beim bisherigen Stand meiner Überlegungen bin ich über diese aporetische Lage nicht hinausgekommen. Jedenfalls zielen diese Überlegungen auf die Einmaligkeit, die festzustellen sowohl Vergleiche erforderlich macht wie auch sie hinter sich zu lassen.«[18]
Schließlich – und das ist vielleicht ausschlaggebend – findet der Historiker keine einzige überzeugende Grundlage *von Belang*, wenn er versucht, diese spezifische Vergangenheit vom Standpunkt der Gegenwart aus zu betrachten. Der Bielefelder Historiker Jörn Rüsen schreibt in einem bislang noch unveröffentlichten Aufsatz:
»Geschichte ist der Spiegel der Vergangenheit, in den die Gegenwart schaut, um etwas über ihre Zukunft zu erfahren ... Wir müssen historisches Bewußtsein als ein Vorgang des menschlichen Intellekts verstehen, mit dessen Hilfe das Leben heute verstanden wird und seine zukünftigen Aussichten geplant werden ...«[19]

Diese allgemeine Definition von Geschichte und von historischem Bewußtsein scheint auf jedes größere Ereignis der Vergangenheit zuzutreffen, das unsere Gefühle oder unsere Gedanken noch beherrscht, und das uns existentiell relevant erscheint: die beiden Weltkriege, die Russische Revolution, die Französische Revolution, die Industrialisierung oder der Modernisierungsprozeß im allgemeinen, der Faschismus ganz allgemein usw. Man könnte meinen, das Leben heute ließe sich im Lichte dieser Ereignisse besser verstehen, und möglicherweise halten wir diese Ereignisse noch immer für relevant für unsere Zukunft.
Dies freilich scheint nicht für die »Endlösung« zu gelten. In diesem allgemeinen Verständnis von historischem Bewußtsein scheint uns diese Vergangenheit in ihrer Ungeheuerlichkeit nichts Vergleichbares zu lehren. Sie hilft uns offensichtlich nicht, die heutige Welt oder die zukünftigen Lebensbedingungen der Menschen zu verstehen. Sie läßt uns nur wissen, daß »seitdem« etwas derartiges in der modernen Industriegesellschaft stattgefunden hat. Nichts lehrt sie uns über die moderne Industriegesellschaft als solche – ungeachtet einiger Verbindungen, die zwischen der Moderne und dem Versuch der totalen Vernichtung hergestellt wurden. Was die Moderne betrifft, so wirft die »Endlösung« in der Tat viele Fragen auf: Entweder werden die Verknüpfungen auf einer derart allgemeinen Ebene belassen, daß sie irrelevant erscheinen, oder die Widersprüche werden schwer zu überwinden.[20]

Die Frage nach der Relevanz könnte jedoch vielschichtiger gefaßt werden, wenn wir, nach Rüsen, das sukzessive Auftreten verschiedener Kategorien eines historischen Bewußtseins in ihrem Verhältnis zu moralischen Wertvorstellungen akzeptieren: die traditionelle, die exemplarische, die kritische und die genetische Kategorie. Die exemplarische Kategorie will sagen, daß es »zeitlose Regeln des gesellschaftlichen Zusammenlebens«, daß es »Werte von zeitloser Gültigkeit« gibt. Die kritische Kategorie zielt darauf ab, »temporale Geschlossenheiten aufzubrechen« und »eine Kritik an Wertvorstellungen sowie eine Ideologiekritik als wichtige Strategien eines moralischen Diskurses einzuführen«. Die zuletzt hinzugekommene genetische Kategorie befaßt sich mit den *Veränderungen an sich*, mit der Undeterminierbarkeit möglicher Entwicklungen als Voraussetzung für die heutige moralische Relevanz eines historischen Bewußtseins.[21]
Von dieser Typologie ausgehend, könnte man einwenden, daß in der Art und Weise, in der ich vorhin das Problem einer Nicht-Relevanz der »Endlösung« thematisiert habe, implizit ein Bezug zu einer Art von

»exemplarischer« Kategorie liege, wohingegen heute die kritische und die genetische Kategorie die einzig bedeutenden sind.
Es besteht kein Zweifel, daß heute die beiden letzten Kategorien für den Historiker allein wichtig sind. Doch was die »Endlösung« betrifft, so bedingt genau dies gleichsam ihre Undurchsichtigkeit. Was für eine kritische Überprüfung von Werten könnte in einem solchen Falle stattfinden? Wie sähe eine ideologische Überprüfung aus? Welche Bedeutung hätte in diesem Fall die historische Veränderung an sich?[22]
Darüber hinaus bleibt die elementare Frage noch offen: Wie wirkt sich der Zeitfaktor auf diese Ereignisse aus? Wird der Abstand zu ihnen ein aussagekräftiges Deutungsmuster ermöglichen? Einige Historiker, die hierüber nachgedacht haben, glaubten nicht daran: »Ich bezweifle«, schrieb Isaac Deutscher Mitte der 60er Jahre, »daß die Menschen Hitler, Auschwitz, Majdanek und Treblinka in tausend Jahren besser verstehen werden als wir heute.« Deutscher, der Biograph Stalins und Trotzkis und der unerschütterliche Kritiker des Stalinismus, wäre nicht einmal auf die Idee gekommen, die totalitären Formen des Terrors mit der Massenvernichtung zu vergleichen. Er glaubte auch nicht, daß unser Verständnis der »Endlösung« in den folgenden Jahrzehnten und Jahrhunderten zunehmen würde. »Ganz im Gegenteil«, fügte er weitsichtig hinzu, »es könnte durchaus sein, daß die Nachwelt es noch weniger verstehen wird als wir.«[23]
Daher könnte die »Endlösung« allein schon durch die Tatsache, daß sie ein übermächtiges historisches Grenzereignis ist, sich paradoxerweise allen Bemühungen um eine angemessene Darstellung und Deutung verweigern und infolgedessen auch jedem Versuch trotzen, sie in ihrer Relevanz für die Menschheitsgeschichte und die »condition humaine« zu verstehen. Im Benjaminschen Sinne sähen wir uns dann vor eine nicht zu erlösende Vergangenheit gestellt.

Dan Diner

Perspektivenwahl und Geschichtserfahrung

Bedarf es einer besonderen Historik des Nationalsozialismus?

Den Nationalsozialismus als historisch zu qualifizieren ist trivial. Niemand würde ernsthaft bestreiten, jene katastrophische Phase deutscher und europäischer Vergangenheit ließe sich nicht mit den Mitteln der Historik in den Fluß der Geschichte integrieren. Indes gilt dies vornehmlich für die beschreibende Herangehensweise. Für das nicht weniger dringliche Anliegen des historischen Verstehens dürften sich jedoch mancherlei Erschwernisse einstellen.[1] Dann scheint dem Nationalsozialismus etwas anzuhaften, was sich schlichter Erkenntnis entzieht; das sich ihm nähernde säkulare Bewußtsein wird sich mit einem Paradoxon konfrontiert finden, das Anlaß zu mancherlei Differenzen über die universalhistorische Bedeutung des Nationalsozialismus führen kann: Obschon *geschichtlich* geworden, nimmt der Nationalsozialismus eine geradezu *überhistorisch* anmutende Bedeutung an. Dies freilich nur dann, wenn die industrielle Massenvernichtung als absolut radikale Tat des Regimes ins Zentrum der Rekonstruktionsbemühungen gerückt wird.

Eine derart getroffene Entscheidung des Historikers ist wiederum keine beliebige Dezision. Zwar mag sich eine solche Perspektive empirisch und erfahrungsgeschichtlich an der Sichtweise der Opfer orientieren; ihr Gehalt jedoch ist universellen Charakters – zumal die als der radikalen Tat angemessene radikale Perspektive sich der Erfahrung der Opfer gleichsam kognitiv bedient, um in theoretischer Verstehensabsicht zu der universalgeschichtlichen Bedeutung des Ereignisses der Massenvernichtung vorzustoßen. Die Frage nach dem historischen Ort des Nationalsozialismus, seiner Bedeutung in und für die Geschichte ist insofern mit der erkenntnisleitenden Vorentscheidung historiographischer *Perspektivenwahl* auf das engste verbunden.

Der Nationalsozialismus ist als »historische Krise« charakterisiert worden – als historische Krise, vergleichbar mit den für den universalen Zivilisationsprozeß so bedeutsamen Einschnitten wie etwa Reformation oder Französische Revolution[2]: Die Reformation hat grundlegend das Verhältnis der Menschen zu Gott verändert, und im Gefolge der Französischen Revolution ist die Beziehung des einzelnen zu Autorität und Herrschaft radikal umgestoßen worden. Hinsichtlich des Nationalsozialismus jedoch greift das Wort von der »historischen Krise« augenscheinlich ins Leere – hat jene Ereignisphase doch keinerlei sichtbare Veränderungen im säkular gestifteten und rational organisierten Zivilisationszusammenhang nach sich gezogen. Der Hinweis auf die Unzahl von Toten mag zwar Anlaß moralischen Erschreckens vor den Untiefen menschlichen Handelns sein – eine qualitative Bestimmung dessen, was der Nationalsozialismus als »historische Krise« und als Analogon zu Reformation und Französischer Revolution bedeuten könnte, wird allenthalben nicht sichtbar. Insofern ist der Zeit des Nationalsozialismus mit dem Zweiten Weltkrieg und der Massenvernichtung in der Geschichtsschreibung nicht einmal periodisierende Epochenbedeutung zuerkannt worden – ganz im Unterschied etwa zum Ersten Weltkrieg. Dennoch ist davon auszugehen, daß der Nationalsozialismus mit seinem Kern, der Massenvernichtung, eine »historische Krise« darstellt; eine Krise freilich, die im Unterschied zu Reformation und Französischer Revolution weder eine sicht- noch faßbare gesellschaftliche oder bewußtseinsmäßige Veränderung nach sich gezogen zu haben scheint, und ihres eigentümlichen Charakters wegen eine solche vermutlich auch gar nicht nach sich ziehen konnte. Der Nationalsozialismus – eine »historische Krise«, die zwar eingetreten, deren Folgen jedoch allem Anschein nach im Bewußtsein nicht bewahrt werden können?

Um den Kern dessen zu erfassen, was der Nationalsozialismus als »historische Krise« zu bedeuten vermag, wird es notwendig sein, sich mit den Problemen ihrer Sichtbarmachung und damit den Fragen der historiographischen Darstellung und Darstellbarkeit jener Zeit zu befassen. Und wie erwähnt: Fragen historiographischer Repräsentation des Nationalsozialismus erschließen gleichsam Verstehensfragen.

Der Historiker sucht sich einer Epoche vornehmlich beschreibend zu nähern. Dennoch enthält ein jeder Zugang auch *a priori* getroffene Verstehensfragen an den jeweils darzustellenden Gegenstand; dies auch dann, wenn sich der Historiker seinerseits bescheiden auf den Anspruch bloßer Rekonstruktion zurückzuziehen wähnt. Implizit getroffenes Werturteil läßt sich etwa an den diversen, oft nur vortheoretisch-intuitiv geäußerten, jedoch als epochen- und gegenstandsspezifisch zu diagnostizierenden Fragestellungen des Historikers ablesen. So kann das dem Objektivitäts- und Widerspiegelungsideal verpflichtete klassische Diktum Leopold von Rankes, Geschichte als Darstellung des Vergangenen sei so zu betreiben, »*Wie es eigentlich gewesen*«[3], durchaus als

Ausdruck tiefen preußischen Vertrauens in die Wahrhaftigkeit des staatlich verfaßten, vor allem außenpolitischen Dokuments als glaubwürdige Quelle in der narrativen hermeneutischen Rekonstruktion angenommener Wirklichkeit verstanden werden.[4] In der erkenntnisleitenden Fragestellung: *»Wie es eigentlich gewesen«*, sieht sich gleichsam die Gewißheit in einen fortlaufenden Prozeß lebensgeschichtlich erfahrener historischer Normalität reflektiert.

Wie sehr die erkenntnisleitende Fragestellung des Historikers den Besonderheiten der jeweiligen Epoche bzw. dem spezifischen historischen Gegenstand verbunden ist, wird anhand der impliziten Anfrage an Weimar deutlich. Heinrich August Winkler wies darauf hin, der Historiker der ersten deutschen Republik nähere sich seinem Gegenstand mittels eines ganz anderen Erkenntnisinteresses: Nicht im *»Wie es eigentlich gewesen«* erschöpfe sich seine Neugierde, sondern die Frage laute: *»Mußte es so kommen?«*[5] – War das Anbranden des Nationalsozialismus gesellschaftlich notwendig angelegt? War die Machtübertragung an Hitler politisch unumgänglich? In der Tat: Die Historiker der Weimarer Zeit haben ständig die Geschichte jener Republik als Vorgeschichte des Nationalsozialismus vor Augen. Insofern wird die Geschichtsschreibung Weimars nolens volens von der subkutanen Sogwirkung der ihr nachfolgenden nationalsozialistischen Zeit erfaßt. Mehr noch: Mit dem *»Mußte es so kommen?«* wird obendrein nicht nur die gewesene *Wirklichkeit* Gegenstand der Forschung; weit mehr noch wird mittels dieser Fragestellung die Erschließung der verschiedenen *Möglichkeiten*, der diversen Alternativen zu Hitler und der Grad ihrer Wahrscheinlichkeit als angemessener Gegenstand nahegelegt. Hinsichtlich Weimars wird das *»Wie es eigentlich gewesen«* zum bloßen Propädeutikum des historiographischen Aufspürens politischer Alternativen im Rahmen des vom Historiker zu erkundenden gesellschaftlich Möglichen. Indes ist es gleichsam selbstverständlich und der historischen Bedeutsamkeit Weimars als der *politischen* Vorgeschichte des Nationalsozialismus geradezu angemessen, wenn die Geschichtsschreibung über Weimar wiederum beherrscht wird von in höchstem Maße *politisch* gerichteten Fragestellungen und Kontroversen über Handlung, Unterlassung und Verantwortung; dies auch dann, wenn sich die Fragestellungen weiter auffächern, hinein in den Bereich sozialgeschichtlicher Forschung, um wiederum Rahmen und Grenzen der Möglichkeiten alternativen politischen Handelns zur so gewordenen Wirklichkeit zu ergründen.

Ist bereits das historiographische Erkenntnisinteresse an der Weimarer Republik von dem ihr nachfolgenden Nationalsozialismus affiziert –

wie sehr dürfte sich die Fragestellung verändert finden, nähert sich der Historiker dem Nationalsozialismus als solchem. Ein derart gemutmaßter Wandel des historiographischen Erkenntnisinteresses hinsichtlich der Bedeutsamkeit der Epoche als solcher führt wiederum ganz unmittelbar auf das Zentralereignis nationalsozialistischer Herrschaft zurück: auf die vom Regime verübten Massenverbrechen. Die spontan hinsichtlich des Nationalsozialismus geäußerte, gleichermaßen vorwissenschaftliche Erkenntnisformel: »*Wie war es möglich?*«[6] setzt intuitiv und methodisch noch unreflektiert voraus, Verbrechen solcher Natur und solchen Ausmaßes seien in unserer Zivilisation *eigentlich* nicht möglich. Das, was geschah, finde sich zwar empirisch bestätigt – entziehe sich gleichwohl Vorstellungsvermögen, Urteilskraft und letztendlich auch den zivilisatorischen Prägungen des epochalen Bewußtseins und die sie konstituierenden Denkformen. Zumindest werde auch und gerade der Historiker mit neuartigen, bislang noch wenig reflektierten Problemen von Darstellung und Verstehen konfrontiert, die sich in Auslassungen und wenig begriffene Verwerfungen um jenen Ereigniskern herum organisieren, der mit dem Begriff der »historischen Krise« bezeichnet ist; eine Krise, die sich gleichsam in eine historiographische hineinverlängert.

Um das *universelle* dieser »historischen Krise« zu ergründen, sollen zur Eingrenzung des Problems – gleichsam als methodisches Mittel *ex negativo* – die verschiedenen historiographischen Zugänge bemüht werden, die sich den Fragen von Darstellung und Verstehen des Nationalsozialismus widmen. Das Interesse gilt also vornehmlich den jenen Zugriffen immanenten Begrenzungen in der Erklärung des Phänomens der Massenvernichtung. Solchem methodischen Ausloten ist die auf den ersten Blick trivial anmutende These zweckdienlich, die Sicht auf die Periode des Nationalsozialismus und vor allem auf das Ereignis der Massenvernichtung werde von kollektiv-partikularen Perspektiven bestimmt, die es nach Darlegung der Grenzen ihrer Erklärungsmacht mittels einer zwar historiographisch-empirisch begründeten, gleichwohl dritten Dimension der Wahrnehmung universell aufzuheben gilt. Indes ist vorläufig eine schier unauflösliche Dichotomie der Perspektiven zu konstatieren, in der sich die Sicht der Opfer und der Täter als gegenläufige spiegeln.

Solche unterschiedlich gearteten Sichtweisen, auf jeweils wirklicher historischer Erfahrung beruhend, ziehen wiederum Konsequenzen im Bereich des historischen Zugriffs nach sich. So wird ein Zugang, der wesentlich die Abbildung von Kontinuitätsbezügen im Blick hat, sich vor allem auf solche Phänomene zu konzentrieren wissen, die durch die inkriminierte Epoche hindurchführen. Dabei dürfte die Perspektive der Kontinuität mit den Lebenserfahrungen jener zur Deckung gelangen, die entweder der volksgemeinschaftlichen Mehrheitsgesellschaft angehörten, mit ihr als Nachgeborene auch ganz ohne eigenes Zutun positiv oder auch negativ identifiziert sind oder gar als lebensgeschichtlich »Neutrale« aufgrund der Quellenlage eine solche Perspektive einzunehmen sich veranlaßt sehen. Eine solche – wie jede andere Perspektivenwahl auch – bleibt für die Geschichtsschreibung nicht folgenlos. Die Konzentration auf Phänomene der Vergangenheit, die gleichsam umstandslos in solche der Vorvergangenheit und der Nachvergangenheit aufzugehen vermögen, wird ganz ohne Absicht zu einem Abschleifen des historischen Einschnittscharakters einer Epoche wie die des Nationalsozialismus führen. Überhaupt wird durch die Einnahme von Perspektiven der Kontinuität die Sicht des historisch Siegreichen eingenommen. Umgekehrt führt die Konzentration auf den historischen Bruch zur Einnahme einer solchen Sichtweise, die sich eher dem Erfahrungsbild der Unterlegenen, der Opfer zuneigt. Nicht Kontinuität als historiographische Fortzeugung vergangener Normalitäten durch die inkriminierte Epoche hindurch, sondern die sich auftürmende Ausnahme wird in den Fokus von Darstellungsvorhaben und Verstehensanstrengungen gerückt.

Indes ist die Reklamierung solcher Dichotomie in der Qualifizierung unterschiedlicher perspektivischer Zugänge in der Darstellung des Nationalsozialismus auf den ersten Blick insofern trivial, als ein solcher Gegensatz eigentlich für alle historischen Epochen und historiographischen Gegenstände Geltung beanspruchen kann, die Obsiegende und Unterlegene kennen. Dies hat Walter Benjamin auch vor Auschwitz und mit *negativem* geschichtsphilosophischem Blick auf die bürgerliche Vorgeschichte des Nationalsozialismus diagnostiziert.[7] Dennoch läßt sich ein qualitativer Steigerungseffekt in jenem Auseinandertreten der dichotomisch gepolten Perspektiven feststellen, wenn es um die Darstellung des Nationalsozialismus geht. Dies mag durchaus mit jener angenommenen besonderen Natur des Nationalsozialismus bzw. seines Ereigniskerns, der Massenvernichtung, in Verbindung stehen – einem Ereignis, dessen spezifischer Charakter sich auch methodisch auf die historiographische Bearbeitung jener Periode auszuwirken pflegt.

Gemeint ist hier das Phänomen einer extrem *arbeitsteilig* organisierten Tat, wie sie sich in der industriellen Massenvernichtung realisierte. Sie konfrontiert den Historiker mit einem gesellschaftlich-kollektiv gefügten Unternehmen, an dem fast ein jedes Mitglied der »Volksgemeinschaft« beteiligt war. Die Tat läßt sich *grosso modo* insofern als ausgesprochen abstrakt charakterisieren, als alle an Produktion und Reproduktion, wie auch der Verwaltung Beteiligten oder im Militärapparat Wirkenden nolens volens insofern am Vernichtungsprozeß mitwirkten, als sich die Tat aus Fragmenten gesellschaftlicher Arbeitsteiligkeit fügte, die gemeinhin unspezifisch und in ihrer Funktionalität auf alles Mögliche gerichtet sein mochten. Insofern konnte man mittels Vergesellschaftung und Arbeitsteilung an der Vernichtung beteiligt sein, ohne sich der Teilhabe an der Gesamttat bewußt sein zu *müssen*. Vom Engagement parteilicher Nationalsozialisten und ideologisch motivierter Täter wird hierbei freilich abgesehen.

Für die historiographische Rekonstruktion der Tat ist der Umstand, mittels volksgemeinschaftlicher Vergesellschaftung und in jeweils abgestufter Intensität passiver Beteiligung in einem Staatsverbrechen verstrickt zu sein, von erheblicher Bedeutung: Zu einem späteren Zeitpunkt mit der Gesamttat konfrontiert, wird die Selbstdeutung des Tatbeteiligten nämlich wesentlich das Bewußtseinsphänomen von Nichtbeteiligung nach sich ziehen. Die dem einzelnen wie auch immer noch bewußten Teilhandlungen der kollektiven Gesamttat und ihres Ergebnisses vermögen so völlig auseinanderzutreten. Dies hätte das paradoxe Phänomen einer Tat ohne Täterschaft zur Folge. Oder anders: Der arbeitsteilig an der Tat beteiligte Täter steht dem Kollektivverbrechen »entfremdet« gegenüber.

Analogien zum Produktionsprozeß hochkomplexer Gesellschaften drängen sich auf. So wie der arbeitsteilig produzierende Produzent seinem Produkt gegenüber entfremdet ist, so stehen die gesellschaftlich vermittelten Täter – von den unmittelbar und sadistisch an den Mordtaten Beteiligten wird hier abgesehen – ihrer politischen Verantwortlichkeit wie ihrer strafrechtlich relevanten Schuld entfremdet gegenüber. Wohl kaum eine Darstellung kommt dem abstrakten und arbeitsteilig gefügten Charakter der Tat »Auschwitz« näher und ist in ihrer funktionalen Sachlichkeit dem Grauen der Tat gleichwohl so weit entrückt, wie Raul Hilbergs Studie über das Wirken der Reichsbahn im Vernichtungsprozeß.[8]

Dem Phänomen der gesellschaftlich arbeitsteiligen Gefügtheit der Tat begann man sich historiographisch erst relativ spät und adäquat zu nähern. Zuvor, in den 40er und 50er Jahren, war die Geschichtsschreibung angesichts der Hekatomben von Toten, des ideologischen Verbrechertums und dem offensichtlichen Grauen derart bewegt, daß ihr Zugang kein anderer als ein *justizieller* sein konnte. Die Rekonstruktion der Ereignisse war wesentlich von moralischen und ethischen Motiven angeleitet. Das Erkenntnisinteresse – wie konnte es auch anders sein – richtete sich auf Fragen, die mit dem Komplex individuell rückführbarer Verantwortung und Schuld auf das engste verbunden waren. Ein solcher Zugang war nicht allein dem Ereignis der Nürnberger Prozesse geschuldet, denen vom Material wie vom justiziellen Zugang her so etwas wie begründende Bedeutung in der ihnen nachfolgenden Beschäftigung mit dem Nationalsozialismus zukommt. Das Problem individuell rückführbarer Verantwortung und Schuld hatte vielmehr ein derart bedrückendes Eigengewicht, daß dem hinterlassenen nationalsozialistischen Dokument eher die Bedeutung von Belastungsmaterial für ein wirkliches Tribunal denn als historische Quelle für Rekonstruktion und weltgerichtlicher Bewertung einer Epoche zukam.

Mit den 60er und 70er Jahren wandelte sich die perspektivische Sicht auf den Nationalsozialismus. Die individuelles Handeln und Verantwortlichkeit fokussierende justizielle Sicht auf den Ereigniszusammenhang des Nationalsozialismus verändert sich zunehmend in Richtung eines politologischer bzw. soziologischer Begrifflichkeit verpflichteten strukturellen Zugangs, der die eher personenbezogene Sichtweise abzulösen begann. Solch durchaus fundamentaler Wandel im Zugang mag mit der Rezeption theoriegeleiteter Vorgehensweisen in Verbindung gestanden haben, die sich an den Vorgaben von sozialwissenschaftlich orientierten Emigranten wie etwa Franz Neumann orientierten.[9] Aber ein solcher Wandel dürfte sich nicht nur rezeptionsgeschichtlich begründen – und dies, obschon Hans Mommsen in direkter Anlehnung an Hannah Arendt die Formel von der »*Banalität des Bösen*« zum strukturgeschichtlichen Fundierungsbegriff einer ganzen historiographischen Darstellungsrichtung erhebt.[10] Dabei stellt der eminent justizielle Kontext des Arendtschen Eichmann-Buches thematisch durchaus einen wirklichen Bezugspunkt dar in der Wende von einer Perspektive, die in individueller Verantwortung und Schuld ihren historischen Erkenntnisgegenstand sieht, zu einer solchen, die eine de-personalisierte Struktur zum Forschungsgegenstand erhebt.

Diese Perspektive – und diese Aussage kann vorläufig nur hypothetischen Charakters sein – wurde nicht von Hannah Arendt als Prozeßbeobachterin allein inauguriert. Die intellektuelle Grenzerfahrung angesichts einer Tat, der es – am Ergebnis gemessen – einer adäquaten unmittelbaren Täterschaft ermangelt, hat auch so mancher Zeithistoriker machen müssen, dessen Expertise bei Gericht gefordert war; nämlich vor justiziellem Hintergrund der traditionellen Frage individueller Schuld nachgehend zu erfahren, wie – trotz vielfältiger unmittelbarer Verstrickung des einzelnen – die Massenvernichtung wesentlich in de-personalisierender Weise auf funktionaler Beteiligung beruhte. Angesichts der Intention strafrechtlicher Schuldzuweisung, Tat und Täterschaft auseinandertreten zu sehen – und dies war die allgemeine Erfahrung während der Gerichtsverfahren in den 60er und 70er Jahren –, lag die Übernahme der Arendtschen These von der *»Banalität des Bösen«* und ihre Rezeption ins Historiographische nahe. Damit tritt jene Realität, in der sich vielfältige Grausamkeiten und Sadismus auszuleben vermochten, keineswegs zurück. Nur waren diese menschhaften Unmenschlichkeiten für das Funktionieren des industriellen Mordapparates keineswegs nötig – im Gegenteil: oft hinderlich. Von der Verjährungsproblematik ganz abgesehen, hatte dies zur Folge, daß der Straftatbestand des Mordes, zu dessen Erfüllung es besonderer und moralisch verwerflicher Attribute bedarf, bei der Aburteilung von zwar mittelbarer, für die Vernichtung jedoch notwendiger Beteiligung, kaum zum Zuge kam. Mörder im eigentlichen Sinne gab es kaum; Helfershelfer unterschiedlichen Beteiligungsgrades aber zuhauf.[11] Raul Hilberg wies darauf hin, daß kein einziger Angehöriger der Reichsbahn etwa, eine für die reibungslose, administrativ-industrielle Durchführung der Vernichtung in höchstem Maße notwendige Institution, für sein unabkömmliches Funktionieren im abstrakten Apparat abgeurteilt worden ist.[12]

Wie gesagt: Folge des auf hochkomplexer Arbeitsteiligkeit und entpersonalisiertem funktionalem Handeln beruhenden Massenverbrechens ist das bewußtseinsmäßige und mithin auch strafrechtliche Auseinandertreten von Tat und Täterschaft. Der totalitäre Nebel eines undurchsichtigen politischen Systems, das den Formen rationalen Verwaltungshandelns kaum zu entsprechen vermag, trägt überdies dazu bei, individuelle Verantwortlichkeit für das jeweilige Wirken und mithin auch eine strafrechtlich relevante Schuld ins Ungewisse zu tauchen.

Diese Gemengelage konnte auch für den Bereich der Rekonstruktion und damit für den der Geschichtsschreibung nicht folgenlos bleiben. So bildeten sich des abstrakten und entpersonalisierenden Charakters der Tat wegen in den 60er und 70er Jahren sogenannte strukturalistische historiographische Zugänge aus, die zum Verständnis des Ereignisses mehr beizutragen schienen als die ihnen vorausgegangenen Versuche. Thesen über die totalitäre Undurchsichtigkeit des politischen Systems, wie sie sich etwa im Begriff der »Polykratie« und im Phänomen der dem faschistischen Bewegungscharakter adäquaten Konkurrenz der Machtzentren im Nationalsozialismus niederschlagen; oder über die Rückstufung der Bedeutsamkeit Hitlers als »schwachen Diktator« bzw. als »Klima« im Sinne einer bloß ideologischen Rückversicherungsinstanz inmitten eines Systems fortgesetzter Zersetzung rationalen Verwaltungshandelns und rückführbarer Zuordnung administrativer Verantwortlichkeiten, waren ohne Zweifel Folge einer Sicht, die aus Enttäuschung über die Ergebnisse des Versuchs der Rekonstruktion unmittelbarer Verantwortung nunmehr auf die Abbildung von Strukturen abhob.[13] Mittels abstrakter, de-personalisierender Zugänge schien nunmehr auch dem Charakter des Systems und vor allem der Natur der von ihm verübten Tat entsprochen worden zu sein – mit allen sich daraus ergebenden Folgen für die traditionellen Maßgaben der Quellenkritik. Verbunden mit dem Phänomen des Zerfalls rückführbarer administrativer Zuordnung, ging die wachsende Einsicht in den Bedeutungsverlust des staatlich-administrativen Dokuments als glaubwürdige Quelle einher – eine Konsequenz aus dem horizontalen Eindringen der nationalsozialistischen Parteistrukturen und ihres unberechenbaren faschistischen Bewegungscharakters in den hierarchisch-vertikal gegliederten Staatsapparat. Schriftliche Niederlegungen in dem auch von den administrativen Henkern als »sensibel« erachteten Bereich der Massenvernichtung hatten somit weniger die unmittelbare Abbildung wirklicher Entscheidungen zum Inhalt, denn ihre Verdeckung zur Folge.[14] Das Ergebnis war ein Amalgam, indem sowohl die befehlsmäßige Anweisung, die eigenmächtige Initiative, als auch die opportune Unterlassung mit der im Hintergrund dräuenden legitimatorischen Rassenideologie eine kaum rekonstruierbare Allianz eingingen, was wiederum Verantwortung, d. h. Identifizierung, im Sinne von Verwaltungshandeln kaum möglich machte. Fast könnte man meinen, die Nazis hätten nicht ohne Hintersinn ein organisiertes Chaos walten lassen.

Solch ein eher struktureller Sichtweise verpflichteter Zugang mündet vor allen Dingen in der These, ein kausaler Zusammenhang zwischen nationalsozialistischer Weltanschauung und erfolgter Massenvernichtung müsse trotz gegenteiligen Augenscheins nicht unbedingt bestanden haben. Eher erliege man dem durch die Perfektion der planerisch rational-funktionalen *Durchführung* erzeugten Eindruck, ihr müsse eine programmatische Planung vorausgegangen sein. Ein den ideologischen Vorsatz mit der Tathandlung kausal verknüpfender Ansatz neigt jedoch jener justiziellen Sicht zu, die durchweg dem Erfahrungskontext der Opfer entspricht, während die zur Perspektive der Mehrheitsgesellschaft sich verdichtenden unpersönlichen Merkmale der Arbeitsteiligkeit der Tat ihrerseits dahin tendieren, den Rest des identifizierbaren schuldhaften Verhaltens in einem exkulpierenden Nichts aufzulösen. Hier werden nicht zuletzt mittels psychischer Selektion solche Anteile übermäßig stark gemacht, die zwar für die Konstruktion des Gesamtbildes durchaus relevant sind, das Ganze jedoch nicht zu spiegeln vermögen. Insgesamt entsprechen die unterschiedlichen, ja gegenläufigen Sichtweisen durchaus dem gegenpoligen Erfahrungshintergrund von Tätern- und Opferkollektiven. In der durch die funktionale Arbeitsteiligkeit indizierten Dichotomie von Banalität in der Durchführung und von Monstrosität im individuell erfahrenen Vollzug werden nicht zuletzt objektive Subjektivitäten gesetzt, die für die jeweils unterschiedliche historiographische Perspektivenwahl von erheblicher Bedeutung werden können. Nicht anders ist die wütende Kritik zu verstehen, mit der Hannah Arendt vor allem von jüdischer Seite wegen ihres Eichmann-Buches attackiert wurde: Mit dem Wort von der »Banalität des Bösen« nahm sie als Jüdin die vordergründig aus Banalitäten sich fügende Perspektive der Täter ein.[15] Für die Opfer hingegen war das Böse keineswegs banal; es war schlechterdings monströs.

Das Bewußtsein läßt das Monströse nicht auf sich beruhen. Es fordert sinnstiftende Erklärungen ein, die das Kollektivinnerweltliche mit schier unbegreiflichen Phänomenen der Außenwelt – gleichsam Erinnerung und Geschichte – miteinander versöhnen sollen. Die Monstrosität des zwar individuell erfahrenen, einzig durch kollektive Zugehörigkeit bedingten Leids führt dazu, das Ergebnis der Massenvernichtung in einen derartigen *historischen* Kontext kollektiver Geschichtlichkeit zu versetzen, an dessen Ende jenes paradox sich ausnehmende *überhistorische* Bewußtsein sich einstellt: Bei jüdischen Opfern nehmen Versuche historischer Integration der Massenvernichtung überhistorische Züge insofern an, als sie die Tat in den Kontext vergangener Erfahrung – etwa die des traditionellen Antisemitismus – versetzen. Dies mag mit der verständlichen Absicht der Opfer in Einklang stehen, der – an säkular-rationalen Denk- und Handlungsformen gemessenen – Sinnlosigkeit ihrer Opferschaft einen ihrem Gedächtnis entsprechenden und wie auch immer geschichtlich begründeten Sinn abzuringen. Der wohl markanteste Topos ist die ständige Wiederkehr antijudaistischer und antisemitischer Schübe in der abendländischen Geschichte – eine Sichtweise, die auf der Basis eines religiös grundierten Resonanzbodens die Ausbildung eines liturgischen Gedächtnisses fördert und die obendrein eine negative Teleologie der Katastrophe (»Shoah«) indiziert.[16] So wird die negativ-teleologische Einfärbung des historischen Kontextes jene Elemente des kollektiven Gedächtnisses stärker zu befördern wissen, die auf eine unmittelbare Verknüpfung von Antisemitismus und Massenvernichtung hinauslaufen. Dem Zusammenhang von Ideologie und Tat wird ein derart finaler Zug beigegeben, daß – gemessen an der Komplexität des Zustandekommens der »Endlösung« – es zu verzerrenden Verkürzungen kommen kann.

Kein Zweifel: Der Antisemitismus der Nazis steht im Zentrum nationalsozialistischer Weltanschauung. Auch die Erfahrung der jüdischen Opfer führt über die diskriminierenden antisemitischen Maßnahmen des Jahres 1933 über die »Nürnberger Gesetze« 1935 zur pogromartigen »Reichskristallnacht«, einem Ereignis, das die historische Assoziationskette in Richtung traditionellem Antisemitismus geradezu schließen läßt. Der qualitative Sprung hin zur Massenvernichtung, für die das Jahr 1941 steht, wird durchaus mittels individueller Erfahrung, die im Jahre 1933 anhebt und der chronologischen Abfolge der Ereignisse entlang als Steigerung des vermeintlich ein und desselben erfahren und damit auf einen unmittelbaren Kausalzusammenhang hin verkürzt wird, mittels dem sich auch die historiographische Rekonstruktion verengt. Die These, die Judenvernichtung gehe *direkt* aus dem Antisemitismus hervor, läßt sich indes kaum halten. Antisemitische Tradition und Ideologie, antijüdische Diskriminierung und als solche ausgewiesene »Maßnahmen« mögen zwar die Frage beantworten, warum gerade *jüdische* Menschen zu Opfern der Massenvernichtung ausersehen wurden. Ihre Erklärungsmacht findet ihre Grenze dort, wo es um die Deutung dessen geht, wie es dazu kommen konnte, *Menschen* überhaupt einer systematischen Vernichtung zu überantworten. War der Antisemitismus für die Judenvernichtung nötig, so geht letztere nicht notwendig aus dem Antisemitismus hervor.

Um den Übergang von Antisemitismus zur Judenvernichtung zu verstehen, bedarf es der Entfaltung eines weiteren, eines Zwischenschritts qualitativen Charakters – dem der »Euthanasie«.[17] Erst das Zwischenglied der Eugenik bzw. die nationalsozialistische Praxis der sogenannten Euthanasie vermag antijüdische Maßnahmen und Antisemitismus in den 30er Jahren mit der ungeheuerlichen Judenvernichtung in den 40er Jahren zu verknüpfen; Tradition und Praxis der Eugenik scheinen eine logische wie chronologische, direkt auf die Massenvernichtung zueilende historische Linienführung abzubilden.

Die sogenannte Euthanasie bzw. die nationalsozialistische Politik der Vernichtung »lebensunwerten Lebens«, in der Wissenschaftstradition der Eugenik stehend, läßt sich als ideologisch verblendeter Versuch begreifen, soziale Probleme einer »biologischen Lösung« zuzuführen. Im nationalsozialistischen Deutschland, als die sogenannte Judenfrage noch im Sinne einer Auswanderungs- bzw. Austreibungspolitik »gelöst« werden sollte, wurden bereits mittels gesetzlich verankerter Sterilisierungsprogramme Hunderttausende von Menschen im Reich unfruchtbar gemacht. Von der eugenischen Denkweise und Praxis des biologischen Eingriffs von Staats wegen war es nur noch ein kleiner Schritt zur Vernichtung jenes »lebensunwerten Lebens«, dem zehntausend in unterschiedlicher Weise als behindert stigmatisierte Menschen, »medizinisch« ermordet, zum Opfer fielen.

Nun wäre es gleichermaßen verfehlt, die Judenvernichtung – statt wie bislang direkt aus Antisemitismus – nunmehr aus der Eugenik ableiten zu wollen. Trotz aller nationalsozialistischen Propaganda über »Schädlinge« und »Untermenschen« läßt sich die Vernichtung weder aus dem Geiste der Wissenschaft noch aus dem Ungeist der Ideologie begründen.[18] Ohne »Wissenschaft« und Ideologie eine vorbereitende und die Hemmschwelle in einem erheblichen Maße senkende Funktion abzusprechen: Die Tat selbst erwächst weit mehr aus den von den Nazis in *antisemitischer* Absicht herbeigeführten Umständen und Folgen der barbarischen Konzentration der Juden im Osten; Umstände und Folgen, die wiederum mittels sozial- und rassenhygienischer »Maßnahmen« »bereinigt« wurden, d. h. mittels der fabrikmäßigen Ermordung in Fortführung jener Praxis, die aus der Vernichtung »lebensunwerten Lebens« erwachsen war. Die Überführung des Personals der »Aktion T 4« aus dem Reich nach Osten im Rahmen der »Aktion Reinhard«, aber auch darüber hinaus, belegt empirisch jene Kontinuitätsbezüge, in denen sich ursprünglich auf Austreibung gerichteter Antisemitismus mit solchen »Erfahrungen« mischt, die aus der Verkehrung des medizinischen Auftrages im Programm der Euthanasie hervorgegangen waren.[19]

Die Verschränkung beider Elemente: der ursprünglich auf Austreibung gerichtete Antisemitismus und die Vernichtung »lebensunwerten Lebens« – eine Praxis, die bis zum Jahre 1941 nicht Juden als Juden zu ihren Opfern machte – lehrt, daß weder der Antisemitismus allein zur »Endlösung« führte noch die nationalsozialistische Euthanasie Juden von Anfang an als »lebensunwertes Leben« zu vernichten trachtete. Erst die Verbindung beider – ein Umstand, der einer ereignis- und handlungsgeschichtlichen Rekonstruktion oder einer *politikorientierten* Historik zu seinem Verständnis bedarf – führt zu dem, was in der nationalsozialistischen Judenvernichtung gipfelte. Doch nicht jener Komplex ist Gegenstand der Ausführungen; vielmehr geht es um die methodische Fragestellung, inwieweit eine auf vor-nationalsozialistische Traditionsbestände und Kontinuitäten wie Antisemitismus und Eugenik sich berufende, letztendlich *finale* Deutung des Ereignisses der Massenvernichtung, einer kritischen Würdigung standhalten kann.

Um derart finalisierende Kontinuitätsbezüge in der Geschichtsschreibung zu dementieren, reicht der Hinweis aus, in Ländern mit virulenterem Antisemitismus als dem in Deutschland verbreiteten sei es nicht zu einem Ereignis wie der systematischen Ausrottung von Juden gekommen; und es genügt, auf die notorische Tradition der Eugenik vor allem in protestantischen und angelsächsischen Ländern zu verweisen. »Auschwitz« erklärt sich eben nicht schlicht aus dem Geiste sozial- bzw. rassenhygienischer Wissenschaftsbestände, wurden doch allein in den USA in den 20er und 30er Jahren mehr als 30000 Menschen aus eugenischen Gründen sterilisiert, ohne daß es zu einer Vernichtung »lebensunwerten Lebens« kam – ein Umstand, der – was die Besonderheit der nationalsozialistischen Massenvernichtung angeht – von der bloßen Wirkungsmacht der Wissenschaftstradition weg- und wieder in den Bereich politischen Handelns und persönlicher Verantwortlichkeit und damit auf spezifische historisch-nationale Ausprägungen hinführt.

Eins wird deutlich: Monokausale Bezüge reichen für die Erklärung der Massenvernichtung nicht aus. Während mit der Eugenik die Spur einer sich sozial und biologisch begründeten medizinisch durchgeführten Tötung von Menschen gelegt ist, weist erst die Verknüpfung von eugenischer *Praxis* – nicht von eugenischer Theorie – *und* Antisemitismus in Richtung Judenvernichtung. Dennoch scheinen die ständigen Versuche der Rückführung des Ereignisses auf eine *einzige* Wesensbestimmung erhebliche Faszinationskraft zu besitzen. So etwa neuerliche Versuche, die Massenvernichtung auf das Paradigma *ökonomischer* Rationalität rückführen zu wollen. Ein derartiger Zugang bemüht zur Erhärtung seiner These vor allem solche Quellen, die aus ökonomischen oder bevölkerungspolitischen Forschungsinstituten im Reich und im besetzten Osten, vor allem aus dem »Generalgouvernement« herrühren.[20] Solche im Kern als neomaltusianisch zu kennzeichnende Zugänge der Nazis reflektieren jedoch kaum rationales ökonomisches Denken, sondern spiegeln vielmehr rassistische Denkmuster wider, die sich des Scheins wegen mikroökonomischer Rationalität bemühen. Das kalkulatorische, statistische und buchhalterische Rationalitätsprinzip, dessen man sich in den nationalsozialistischen Forschungsinstituten aus bevölkerungspolitischen Gründen und völkischer »Flurbereinigung« befleißigte, ist eher als scheinmaterialistische Rationalisierung rassistischer Vorhaben denn – wie insinuiert – als Ausdruck jener Rationalität zu bezeichnen, der es um die Maximierung ökonomischen Nutzens geht.

Doch neben diesen Einwänden hinsichtlich jenes zum Zuge gelangenden Rationalitätsbegriffs rassistischer Rationalisierungsmaßnahmen sind anderweitige, methodische Zweifel geboten: so etwa die Frage, inwieweit die in den Forschungsinstituten formulierten Papiere und Planungsvorhaben überhaupt die politischen Handlungsträger erreicht haben und zur Grundlage von Entscheidungen hinsichtlich der Vernichtungspolitik gemacht worden sind. Solange die unmittelbare politische Umsetzung von einer solch ohnehin höchst dubiosen Rationalität in Vernichtung nicht zu belegen ist, dürfte sie sich bestenfalls als überaus interessante wissenschaftsgeschichtliche Spur erweisen, um deren Aufdeckung man sich durchaus Verdienste erworben hätte. Für die Beantwortung der notorischen Frage hinsichtlich des Entscheidungsprozesses selbst bleibt sie von untergeordneter Bedeutung.

Es wäre müßig, im einzelnen darüber zu spekulieren, welche Intentionen die Autoren der ökonomischen Rationalitätsthese hinsichtlich der Massenvernichtung verfolgen, die unter dem sich aufspreizenden Anspruch einer »Ökonomie der Endlösung« firmiert. Vermutungen ließen sich dahingehend anstellen, sie diene dem Ziel, der Massenvernichtung unbedingt deshalb ökonomische Rationalität abzugewinnen, um trotz bzw. wegen aller offenkundigen Zweifel angesichts des Phänomens einer schier sinnlosen Vernichtung dennoch ein ökonomisches Deutungsschema gesellschaftlicher Wirklichkeit zu wahren – vom historiographischen Gegenstand der Massenvernichtung ganz unabhängig. Die Gültigkeit ökonomischer Handlungsrationalität soll dem Härtetest des existentiellen Grenzereignisses ausgesetzt werden. Durchbricht jedoch die Massenvernichtung als extremes Grenzereignis säkularer Zivilisation die Grundannahmen ökonomischer Nützlichkeitserwägungen, so könnte darin die Befürchtung beschlossen sein, Deutungskategorien ökonomischer Rationalität hätten sich schlechthin, also auch für die Erklärung anderer, gesellschaftliche Normalität spiegelnde Phänomene, aufgebraucht. Das Bemühen um eine historiographische Konstruktion einer »Ökonomie der Endlösung« auf der Grundlage eines mikrologisch eng gefaßten und mithin in seiner Bedeutung amputierten instrumentellen Rationalitätsbegriffs, das in Wirklichkeit nur *rassistische Rationalisierung* meinen kann, dient eher dem untauglichen Versuch am falschen Objekt, die fortbestehende Wirksamkeit ökonomisch geleiteter Denk-

und Handlungsformen zu demonstrieren, als Erkenntnis über das Phänomen der Massenvernichtung selbst zu gewinnen. Ob ein solcher, hinsichtlich der Massenvernichtung nur sekundäres Interesse demonstrierender Zugang darüber hinaus auch die politische Absicht hegt, die immerwährende Latenz einer in kapitalistischer Rationalisierung vermeintlich begründeten Massentötung auch für den Vor- und Nachfaschismus in Deutschland wie auch anderswo zu begründen, bleibt bloße Vermutung; eine Vermutung freilich, die sich durch die Anlage diverser Forschungen auf der Grundlage dieses Paradigmas aufdrängt.

Im großen und ganzen verhält es sich mit einer auf wissenschaftsgeschichtlichen Kontinuitätsbezügen ruhenden Begründungskonstruktion der Massenvernichtung nicht anders als mit jenen Ansätzen, die sich direkt aus den Traditionsbeständen des Antisemitismus oder der Eugenik herzuleiten suchen. Allen ist der Umstand gemein, die Massenvernichtung linear und monokausal in ideen-, traditions- und wissenschaftsgeschichtliche Kontinuitäten zu versetzen. Doch dabei werden die entscheidenden politischen, handlungsgeschichtlich zu verifizierenden Anteile ignoriert, um die es eigentlich zu gehen hat: jener kausalisierende Nachweis von Ursache und Wirkung, von Verantwortung und Schuld, der im Nebel des organisierten Chaos eines totalitär aus den Fugen des traditionellen Staates geratenen politischen Systems verborgen zu bleiben scheint.

Historiographische De-Personalisierung der nationalsozialistischen Epoche, d. h. die Aufhebung der zeitlichen Markierungen politischer Geschichte (1933–1945) und ihre Einpassung in einen Kontinuitätsbezügen verpflichteten Fluß der Geschichte, wird von unterschiedlichen Varianten sozialgeschichtlichen Zugangs erprobt. Solche dem Aspekt der Kontinuität verpflichtete Perspektiven lassen sich nicht in den durch enge politische Zeitbegrenzung abgezirkelten Wirkungsbereich des Nationalsozialismus pressen. In der Tat wäre es infam, solche Perspektiven auch nur in die Nähe diverser Normalisierungsprojekte der nationalsozialistischen Zeit rücken zu wollen. Aber ein Umstand ist ihnen geradezu der Natur der Sache wegen eigen: Durch die Fokussierung von Kontinuitätsbezügen gesellschaftlicher Phänomene *durch* den Nationalsozialismus *hindurch*, entzieht sich die extreme Ausnahmeerscheinung der Massenvernichtung notwendig einem solchen Zugriff wie von selbst. Fernand Braudel ist gänzlich zuzustimmen: Sozial- und wirtschaftsgeschichtliche Zugänge haben eine andere Zeit im Blick, beziehen sich auf andere historische Zeitabläufe als der politik- und ereignisgeschichtliche Zugriff.[21] Das zeitlich Langfristige, die *longue durée*, hat insofern und notwendigerweise ganz spezifische und ihr wiederum angemessene Forschungsobjekte im Blick; historische Gegenstände, die – um überhaupt erforschbar zu werden – weit über die Lebensdauer des in seinem politischen Handeln biologisch begrenzten Individuums hinausgreifen müssen. Die historiographische Rekonstruktion von Sozialverhalten, von Mentalitäten, aber auch von Institutionen und ökonomischen Entwicklungen abstrahiert notwendig von Umständen einer historischen Zeit, die Subjekt und geschichtliches Subjektverhalten im Auge hat. Kurz: Der sozialgeschichtliche Zugang ist auf objektivierbare gesellschaftliche Umstände gerichtet, nicht aber auf das von existentiellen Motiven hergeleitete politische Handeln.

Welche Folgen für die Geschichtsschreibung des Nationalsozialismus zieht nun eine Vorgehensweise nach sich, die wesentlich vom Erfahrungserleben eines Kollektivs ausgeht, für das weniger die gemeinhin als bedeutsam erachteten absoluten Ausnahmeerscheinungen der nationalsozialistischen Periode relevant waren, denn der Normalitätserfahrung wegen, eben jene sozialen Kontinuitätsbezüge, die über die politische, zeitlich eng begrenzte inkriminierte historische Periode hinausweisen? Exemplarisch kann dies anhand subjektiver, kollektiv begründeter Periodisierungspräferenzen deutlich werden. So hat die historische Methode mündlicher Befragung von Zeitgenossen einen erheblichen Erkenntnisgewinn dahingehend erbracht, daß sich im Bewußtsein der deutschen Mehrheitsgesellschaft eine universell zwar subjektive, national sich objektivierende Periodisierung widerspiegelt, die in ganz anderer Weise die nationalsozialistische Realität erfahren läßt, als mittels der politischen Eingrenzung der Jahre 1933/45 indiziert. So war etwa erkundet worden, wie die zeitgebundene lebensgeschichtliche Erfahrung die Periode des Nationalsozialismus, ja, auch die Jahre darüber hinaus, in »gute Zeiten« und »schlechte Zeiten« unterscheidet.[22] Die »guten Zeiten« gehen mit dem Einschnitt »Stalingrad« zu Ende, während die »schlechten Zeiten« von da an eintreten und interessanterweise über das Kriegsende hinaus erst mit der Währungsreform 1948 terminiert werden. Diese, der politischen bzw. ereignisgeschichtlichen Großdaten entgegenstehende Periodisierung ist dahingehend *wahr*, als sie Lebensgefühl und Lebenserfahrung der überwiegenden Mehrheit der deutschen Bevölkerung reflektiert. Solcher Zugang hat inzwischen seinen forschungsstrategischen Niederschlag im Titel »Von Stalingrad zur Währungsreform« gefunden.[23]

Bei Befragung von Zeitgenossen, die zu den Opfern des Nationalsozialismus gehören und für die sich die historische Verortung der Zeit des

Nationalsozialismus ganz anders und vor allem den politischen Einschnitten entlang bewegt, dürfte eine ganz andere Subjektivität objektiven Charakter annehmen.

Vor dem Hintergrund unterschiedlicher Zugriffe auf die Zeit des Nationalsozialismus läßt sich die These vom partikularen Charakter historiographischer Methoden erhärten. Sie mündet in folgender Grundannahme: Je *mikrologischer* der historiographische Zugang eingerichtet ist, je mehr sich der Historiker einer mikrologischen Nahsicht auf die Lebenswelt unter dem Nationalsozialismus befleißigt, desto eher werden sich Elemente von Kontinuität und damit auch von Normalität in den Vordergrund gerückt finden. Damit wird vor allem die althergebrachte politisch begründete Periodisierung (1933/45) aufgebrochen. Umgekehrt die *makrologische* Sicht auf die Zeit des Nationalsozialismus: Mit ihr werden die politisch relevanten Haupt- und Staatsaktionen in den Vordergrund gerückt und damit auch jener Bruch, für den der Nationalsozialismus auch im universellen Bewußtsein steht. Hinzu gesellt sich eine weitere Komplikation: Die Dichotomie der Zugänge ist nicht einer beliebigen methodischen Präferenz überlassen. Sie dürfte weitgehend selbst Ausdruck partikularer Zugehörigkeit sein. Denn soweit Kontinuitäts- und Normalitätsbezüge in den Vordergrund gerückt werden, wird es sich um einen Zugriff handeln, der die Lebenserfahrung der Mehrheitsgesellschaft realitätsgerecht abzubilden versteht. Eine Geschichtsschreibung jedoch, die sich den jeweiligen Einschnitten und damit dem inkriminierten Großereignis zuwendet, wird eher der Erfahrungswelt der Opfer entsprechen. Verstärkt wird solche Affinität zwischen historiographischem Zugang und tradiertem spezifischen kollektivem Erleben durch den hohen Grad an Arbeitsteiligkeit, mit der das Massenverbrechen herbeigeführt wurde. Die Erlebniswelten zerfallen jeweils partikular in Komplexe von Banalität bzw. von Monstrositätserfahrungen.

Der Schluß, Methoden- und Perspektivenwahl entsprängen letztendlich dem im Nationalsozialismus jeweils erfahrenen oder erlittenen kollektiven Schicksal und reproduzierten jene Dichotomie der Erfahrung in Form von Geschichtsschreibung, stellt eine universeller Sichtweise verpflichtete Historie nicht zufrieden. Es bedarf eines Versuchs der Aufhebung beider erfahrungsgeschichtlich gegenläufigen Perspektiven mittels einer dritten Sicht, die dem Nationalsozialismus bzw. der von ihm verübten Massenverbrechen in ihrer universalhistorischen Bedeutung zu entsprechen vermag.[24]

Erinnern wir uns: Die intuitive und vorwissenschaftliche historiographische Fragestellung an den Nationalsozialismus beläßt es nicht beim traditionellen »*Wie es eigentlich gewesen*«, sondern hebt ab auf das »*Wie war es möglich*« – jenes erkenntnisleitende Motiv, das auf die universelle »historische Krise« verweist, die sich mittels des Nationalsozialismus ereignete, ohne aber – wie etwa bei Reformation oder Französischer Revolution – bleibende Veränderungen in Gesellschaft und Bewußtsein nach sich zu ziehen. Das, was die Krise charakterisiert, jedoch nicht in Erscheinung tritt, dürfte mittels einer dritten historiographischen Perspektive zu entschlüsseln sein.

Ausgangspunkt ist paradoxerweise ein geradezu partikulares historisch-empirisches Phänomen: die Institution des »Judenrats«.[25] Schon bei näherem Hinsehen wird deutlich, wie die Institution des »Judenrats« trotz ihres partikularen Charakters sich den gegensätzlichen gepolten Erfahrungsbereichen von Täter und Opfer – Banalität und Monstrosität – in *einem* zuneigt. Der »Judenrat«, obschon jüdische Interessenvertretung den Nazis gegenüber, ist gleichwohl auch Vermittlungsinstanz nationalsozialistischen Willens, der sich Juden gegenüber Juden bedient. Dort finden sich zwei gegenläufige Willen verschränkt. Ihrer Natur nach ist es völlig ausgeschlossen, sie miteinander zu harmonisieren – auch nicht auf der Grundlage von Kompromiß; denn der Wille der Nazis ist auf den Tod der Juden gerichtet und der der Juden aufs Überleben. Die Institution des »Judenrats« ist insofern *in sich* antagonistisch gepolt und stellt seine individuellen Träger nicht nur im Falle einer Ausnahme vor eine nicht mehr handhabbare Grenzsituation; der »Judenrat« an sich ist permanente Grenzsituation. Seine handelnden Vertreter sehen sich in doppelter Lage gefangen, eine Lage, die sich als Ausgangspunkt jener historiographischen Verschmelzung der Perspektiven anbietet: nämlich aus Überlebensinteresse gezwungen zu sein, als Opfer die Nazis zu *denken*, bzw. im Interesse des Überlebens vieler die *vermeintlichen* Absichten der Nazis durch vorwegnehmendes Handeln zu moderieren. Ihre reale Lage könnte die jener radikalen Tat angemessene radikale Perspektive sein.

Anhand von Reaktion und Handeln der »Judenräte« läßt sich der für die Nachwelt unsichtbar gebliebene Inhalt der »historischen Krise« halbwegs offenbaren. Es handelt sich hierbei um die Krise von universellen handlungsanleitenden Denkformen, die auf Utilitarismus, Nützlichkeitserwägungen und Selbsterhaltungsabsicht des Feindes spekulieren. In ihrem antizipatorischen Handeln gegenüber den Nazis reagierten die »Judenräte« auf ein von ihnen angenommenes *traditionell Böses* – der

Realisierungsabsicht grenzenlosen materiellen Egoismus und schrankenloser Triebbefriedigung.[26]

Rational ist das Verhalten dem traditionell Bösen gegenüber dann, wenn im Sinne eigener Selbsterhaltung ständig darauf hinzuwirken gesucht wird, ein materiell antizipiertes Interesse des Gegenübers zu befriedigen. Die ökonomische Ausbeutung des Unterworfenen wäre dem traditionell Bösen nach ein Rationalitätskategorien durchaus entsprechendes antizipierbares Begehren. Es ermöglicht auch dem Unterworfenen und Ausgebeuteten, seinem Plünderer gegenüber eine auf das eigene Überleben zweckrational gerichtete und die jeweiligen Umstände kalkulierende Verhaltensweise zu entwickeln – Herr und Knecht. Solch ein antizipatorisches, wesentlich an der ökonomischen Nutzungskategorie der Arbeit orientiertes Verhalten würde sich – obschon bzw. weil Reflex auf das traditionell Böse – für die Opfer *im Prinzip* lebenserhaltend auswirken. Nützlichkeit, Arbeit, Produktivität begründeten mithin eine gesellschaftlich allgemeine antizipatorische Rationalität, mittels der die »Judenräte« im Sinne des Überlebens des ihnen anvertrauten und sich ihnen anvertrauenden Kollektivs zu handeln suchten.[27]

Doch ein solches sozial gewachsenes und im verantwortungsethischen Sinne aufs Überleben gerichtetes Handeln wurde von den Nazis schlechthin dementiert; universell dementiert und im historischen Falle praktisch gebrochen, weil ihr Handeln nicht von Nützlichkeitserwägungen im Sinne des traditionell Bösen angeleitet war. Vielmehr wurden jene universell voraussetzbaren interessensgeleiteten Denk- und Handlungsformen, denen sich die »Judenräte« faktisch alternativlos anvertrauen mußten, um überhaupt tätig werden zu können, dahingehend instrumentell verkehrt, als sie als passive Anteile jener Handlungsfalle wirkten, in die die Nazis die Juden trieben. Gesellschaftlich begründete Handlungsrationalität, sonsthin dem eigenen Überleben zweckdienlich, mündete praktisch in eine Paralyse bis hin zur anteiligen Selbstvernichtung. Insofern erweist sich mittels der Perspektive der »Judenräte« das Handeln der Nazis empirisch und gleichsam kognitiv-universell verallgemeinert als *gegenrational* gerichtet.

Mit der von den Nazis erwirkten Annullierung jener auf das traditionell Böse gerichteten, als universell voraussetzbaren Handlungsrationalität, auf der alles Gesellschaftliche und seine Funktionsweise auch weiterhin beruht, ist jene »historische Krise« charakterisiert, für die der Nationalsozialismus steht. Als Widerlegung rationaler antizipatorischer Handlung und ihrer Denkformen ist diese Krise als solche kaum faßbar – und wenn, dann nur in der Psyche der Opfer eruierbar. Der Kernbereich jener »historischen Krise« bleibt aber vor allem auch deshalb verborgen, weil die rationalem Handeln im Sinne von Selbsterhaltung vorausgehenden Denkformen weiterhin zu den fundamentalen kognitiven Bausteinen unserer Lebenswelt gehören müssen. Ihre Unverzichtbarkeit führt zu einem notwendigen Verleugnungsphänomen: Die Menschen handeln so, als ob die Fundamente ihrer Zivilisation in der Grenzerfahrung der Opfer der industriellen Massenvernichtung nicht widerlegt worden waren. So neigt das dem Ereignis nachlebende zukunftsgewisse Bewußtsein dazu, das Kernereignis des Nationalsozialismus der Schattenwelt des Vergessens zu überantworten. Dieses Vergessen durchzieht als systematische Auslassung die unterschiedlichen Formen der Rekonstruktion der Epoche des Nationalsozialismus. Die historiographische Rekonstruktion der »historischen Krise« bedarf insofern jener erfahrungsgeschichtlich zwar partikularen, universell-kognitiv jedoch *radikalen Perspektive*. Denn nur sie kann sich der *radikalen Tat* als angemessen erweisen.

Lutz Niethammer

Juden und Russen im Gedächtnis der Deutschen

Als ich gebeten wurde, an einer Bestimmung des »historischen Orts des Nationalsozialismus« mitzuwirken, habe ich mich gefragt, was das meinen könnte, dem Nationalsozialismus und im weiteren Sinn wohl doch dem Dritten Reich einen Ort in der Geschichte zuzuweisen. Ist es doch eine der gebräuchlichsten Metaphern, Geschichte mit einem Strom zu vergleichen oder von einem Gang der Geschichte zu sprechen: Beide führen an Orten vorbei oder auch durch sie hindurch, lassen sie hinter sich liegen. Die Orte mögen Raststationen auf dem Weg gewesen sein oder sie mögen mit Zuflüssen den Strom genährt oder verpestet haben. Aber die Orte haben nicht diese bewegliche Qualität, sondern gehören dem Territorium der Vergangenheit an, das man flüchtig erleben, aber erst im Rückblick – und d. h. nur aus der Distanz und in ausgewählten Fragmenten – kennen kann. Das Territorium der Vergangenheit ist aber durch seine Unbeweglichkeit bestimmt: Nicht die Vergangenheit vergeht, sondern der Strom, der Gang der Geschichte führt uns von ihr hinweg, läßt ihre Orte aus unseren Augen verschwinden und ihr Zusammenhang, die Kartierung des Territoriums der Vergangenheit kann erst aus vielen Reiseberichten zusammengetragen und rekonstruiert werden.

Ich will mich nicht weiter in solchen Bildern verlieren, aber noch darauf hinweisen, daß in den letzten Jahren oft bemerkt worden ist, daß es sich mit dem Dritten Reich anders verhielte. Offenbar geht die Geschichte an ihm nicht vorbei, sondern mit wachsendem zeitlichem Abstand kehren schon vergangen gewähnte Erlebnisse wieder, die Wahrnehmung wird aus der Entfernung genauer, wie in Schüben erscheint ein Zwang zu ihrer Vergegenwärtigung wirksam – und das ist heute meist nicht als ein individualpsychologischer Wiederholungszwang zu interpretieren, sondern hat auch nachgeborene Generationen ohne primäre Erfahrung des Dritten Reiches ergriffen, betrifft also die Kultur. Etwas im Verhältnis von Geschichte und Vergangenheit scheint sich bei den Deutschen verhakt zu haben.

Fast beschwörend, als drohte sich der Strom der Geschichte zu stauen, gab der Bundespräsident Richard von Weizsäcker einer Sammlung seiner Reden den Titel »Die deutsche Geschichte geht weiter« – ein merkwürdiger Ausruf angesichts der Erfahrung einer Lebensspanne, in der sich die Gesellschaft der Deutschen schneller, tiefgreifender, zwiespältiger verändert hat als je zuvor. Daß der Strom der deutschen Geschichte, der schon halb Europa zu überschwemmen schien, nach 1945 verengt, verzweigt und von den Alliierten zu kanalisieren versucht wurde, ist offensichtlich. Und doch hat er seither merkwürdige – fast möchte man meinen – zunehmende Klippen, als hätte er Bruchstücke und Schwemmsand von jenem vergangenen Ort mitgeschleppt. Das hat nicht nur der Historikerstreit gezeigt, als anfänglich ausgerechnet Historiker beklagten, daß die Vergangenheit nicht vergehe – als verginge die je. Auch der zweite Mann im Staate, Philipp Jenninger, ging nach einer freilich wenig gekonnten Rede, in der er den Deutschen ihre damalige Vergangenheit kritisch vergegenwärtigen wollte, binnen Stunden in einem solchen Strudel unter. Wer seit Heinrich Lübke die Entwicklung der politischen Rhetorik in Bonn verfolgt hat, wird dafür schwerlich allein seine unfertige Sprache verantwortlich machen können und sich eher für die politische Erinnerungsvermeidung und die auseinanderstrebenden Identifikationszwänge in jener Allparteienkoalition interessieren, von der er in Rekordzeit zum Rücktritt gezwungen wurde. Sein Vorgänger, Rainer Barzel, der angesichts von Korruptionsvorwürfen seinen Sessel wesentlich zögerlicher geräumt hatte, mahnte noch am selben Abend im Fernsehen, nachdem er der Deutschen Kriegs- und Vertreibungsopfer und der Ehre der deutschen Offiziere im Zweiten Weltkrieg gedacht hatte, sich, statt unnötig ins Detail zu gehen, an die zur Bewältigung der Vergangenheit und zur deutschen Weltgeltung bewährten Formeln zu halten, nämlich vor allem an die Formel: »Wir wollen nicht vergessen und wir haben Respekt vor denen, die nicht vergessen können.«

Was nicht vergessen werden soll oder kann, bleibt dabei ungesagt. Und ob wir Deutschen alle uns erinnern wollen und Respekt z. B. vor Zigeunern haben, könnte man bezweifeln. Wichtig erscheint mir jedoch an Barzels Auszug aus der bundesdeutschen Trauerliturgie, daß unser Verhältnis zur weitergehenden deutschen Geschichte und zur nationalsozialistischen Vergangenheit als ein Problem des Gedächtnisses und der subjektiven Erfahrung unterstellt wird, denn offenbar könnten die einen vergessen und die anderen nicht. Ferner daß Gedächtnisleistungen einerseits etwas Unwillkürliches, um nicht zu sagen Zwanghaftes haben mögen, andererseits aber auch vom Willen gesteuert sind. Und schließlich daß dieser Wille, obschon ein jeder doch ein persönliches Gedächtnis hat, auf eine kollektive Identität – ein »Wir« – in Auseinandersetzung mit anderen kollektiven Identitäten – eben jener, die nicht vergessen können – bezogen ist. Diese impliziten und m. E. zutreffenden Strukturbestimmungen zeitgeschichtlicher Erinnerung mögen zur Bewährung der zitierten Trauerformel ebenso beigetragen haben wie deren inhaltliche Leere.

Wie aber, wenn man sie füllte? Wenn man herauszufinden versuchte, was im Gedächtnis der Deutschen nicht vergessen ist und warum es erinnert wird? Vielleicht könnte uns dies einer Antwort näherbringen, warum die Geschichte uns von der nationalsozialistischen Vergangenheit nicht deutlicher distanziert, sondern sie uns immer wieder und oft deutlicher als zuvor vergegenwärtigt. Oder – um in einer anderen Sprache zu reden – warum das Projekt einer Historisierung des Dritten Reiches trotz wachsendem Zeitabstand nicht wachsende Distanz und Entlastung erbringt.

Um dieser Frage näherzukommen, möchte ich von einigen Beobachtungen ausgehen, die ich an lebensgeschichtlichen Erinnerungen, die in den 80er Jahren durch die Befragung alter Menschen im Ruhrgebiet und in Industriestädten der DDR erhoben wurden, gemacht habe. Durch die Interpretation solcher Lebensgeschichten kommt man nicht zu beweisbaren oder gar quantitativ repräsentativen Ergebnissen, aber man stößt trotz einer großen Vielfalt individueller Erfahrungen auf vorherrschende Erfahrungsmuster, die neue historische Fragen stellen oder alte zu präzisieren erlauben. In diesem Sinn will ich in zusammengefaßter Form mitteilen, welche Erfahrungsmuster sich in diesen Erinnerungen an die 30er und 40er Jahre bezüglich der Wahrnehmung der beiden größten Gruppen von Opfern der Gewaltherrschaft des Dritten Reiches abzeichnen.[1]

I.

Das ist insofern eine schwierige Frage an das Gedächtnis der Deutschen, als ja nur wenige realisieren, daß die größten Opfergruppen der Naziherrschaft überwiegend Ausländer waren und auch überwiegend außerhalb des Reichsgebietes getötet wurden. Diese beiden größten Gruppen sind erstens Juden, und zwar Juden, die überwiegend nicht in Deutschland gelebt haben, sondern aus vielen europäischen Ländern, vor allem aus Polen in die dort eingerichteten Vernichtungslager verbracht wurden, und zweitens Einwohner der Sowjetunion, die in deutscher Kriegsgefangenschaft verhungert, als Zwangsarbeiter im Reich umgekommen sind oder als Zivilpersonen in der Heimat durch Kriegs- oder Besatzungseinwirkung getötet wurden.[2]

Um eine ungefähre Vorstellung von der Größenordnung der Gruppen und von den Begegnungsmöglichkeiten der Deutschen mit ihnen zu geben, seien einige grobe Zahlen genannt, die z. T. auf öffentlichen Statistiken und z. T. auf den besten mir bekannten Schätzungen beruhen.[3]

Die jüdischen Todesopfer der NS-Vernichtungspolitik, die etwa zwei Drittel aller europäischen Juden umfaßten, werden auf 5 bis 6 Millionen Menschen geschätzt, darunter etwa die Hälfte polnische und mit etwa 165 000 Getöteten deutlich weniger als 5 % deutsche Juden. Von den etwa 550 000 Juden, die 1932 im Deutschen Reich lebten, hatten in der Zeit der Diskriminierung, bevor im Krieg die Deportationen begannen, mehr als die Hälfte ins Ausland emigrieren oder fliehen können.

Im Sommer 1944 waren im Deutschen Reich unter fast 2 Millionen ausländischen Kriegsgefangenen allein 630 000 Russen im Arbeitseinsatz, dazu noch einmal über 2,1 Millionen sowjetische von zusammen 5,7 Millionen ausländischen Zivilarbeitern. Etwa ein Viertel aller industriell und etwa die Hälfte aller landwirtschaftlich Beschäftigten im Reich waren damals Ausländer.[4] Nächst Polen mit 17 % hat die Sowjetunion mit ca. 12 % den größten Anteil ihrer Bevölkerung im Zweiten Weltkrieg verloren, nämlich ca. 20 Millionen Menschen[5], jeweils einschließlich der gefallenen Soldaten. Etwa die Hälfte der sowjetischen Verluste gehören zur Zivilbevölkerung einschließlich der im Einsatz als Ostarbeiter im Reich Umgekommenen (7 Millionen[6]) oder – nach dem Urteil des besten Sachkenners – zu jenen 58 % der russischen Kriegsgefangenen in deutschem Gewahrsam, die umkamen oder umgebracht wurden, allein 3,3 Millionen Menschen – schon das ist etwa dieselbe Größenordnung wie alle deutschen Gefallenen des Zweiten Weltkrieges an allen Fronten.

Genug der in jeder Hinsicht verwirrenden Zahlen: Ich habe hier nur die beiden größten unter der Vielzahl der Opfergruppen beispielhaft ausgewählt. Insofern sie getötet wurden, waren sie alle gleich, aber ihre Stellung zu den Überlebenden ihrer Gruppe war sehr verschieden wie auch die Chance und denkbare Art einer Begegnung mit Deutschen. Diese Ausdifferenzierung würde bei Berücksichtigung aller Opfergruppen – von den Widerstandsgruppen in irgendeinem europäischen Land über den Holocaust an den Sinti und Roma bis zu den ermordeten Behinderten, den Zwangssterilisierten oder den ins KZ gebrachten Straffälligen

– völlig unübersichtlich. Ich greife deshalb nur Juden und Russen heraus, weil von den einen die Mehrzahl und von den anderen die größte Zahl von den Deutschen außerhalb der militärischen Kampfhandlungen getötet wurde.

Die Proportionen der schlimmsten Folgen der Gewaltherrschaft, die sich der politischen Bildung in Deutschland noch wenig eingeprägt haben, lassen sich so darstellen: Der Häftlingsbestand aller deutschen KZ der Vorkriegszeit, als vornehmlich politische Gegner, besonders Kommunisten, dort inhaftiert waren, lag pro Jahr unter 10000 Menschen – jeder einzelne zuviel, aber in der Proportion zu dem, was im Krieg und in bezug auf ethnische Minderheiten und Ausländer kommen sollte, wenig. Die Summe aller nicht-jüdischen Deutschen, die jemals für mehr oder weniger lange Zeit in ein KZ gesperrt wurden, wird auf etwa 100000 geschätzt, das ist rund die Hälfte jener Minderheit der deutschen Juden, die während der 30er Jahre unter der wachsenden Diskriminierung nicht mehr auswandern konnten, sondern danach deportiert und ermordet wurden. Diese aber waren weniger als 5 % der insgesamt ermordeten Juden Europas. Und deren unvorstellbare Zahl ist wiederum etwa halb so groß wie die Zahl der Russen, die außerhalb der Kampfhandlungen zwischen Militärpersonen durch die Deutschen zu Tode gebracht wurde – und dazu kommt noch einmal dieselbe Zahl russischer Gefallener. In der zweiten Kriegshälfte arbeiteten in der deutschen Wirtschaft mehr als viermal so viele Russen, als zu irgendeinem Zeitpunkt Juden in Deutschland gelebt hatten, und mehr als zehnmal so viele, als Juden zu Kriegsbeginn in Deutschland verblieben waren. Beide Gruppen teilten insofern ein gemeinsames Schicksal, als sie am unteren Rand der rassischen und politischen Hierarchie der Nationalsozialisten standen und insofern der schlimmsten Diskriminierung und den elendesten Lebensbedingungen unterworfen waren.

Wendet man diese Daten nun in ein Rohmaterial der Erfahrungsgeschichte, so kann man sagen, daß die anti-jüdische Diskriminierung in den 30er Jahren so stark war, daß jeder zweite Jude aus Deutschland floh, vor allem die jüngeren, aktiveren, wohl auch die prominenteren und reicheren Mitbürger. Was haben die nicht-jüdischen Mitbürger davon gemerkt, was haben sie dagegen getan, welche Hilfen haben sie geboten? An die Masse der Deutschen gestellt, wiegt diese Frage schwerer als die Frage ihrer Haltung zu der für die Betroffenen schlimmeren Deportation in den 40er Jahren, weil damals die ortsanwesende deutsche Bevölkerung durch den Krieg bereits ausgedünnt, durcheinandergewürfelt und auf die Arbeit des Überlebens egoistisch verengt war.

Auch ist richtig, daß die Judenvernichtung unter erheblichen Vorkehrungen der Geheimhaltung und der Desinformation ablief; aber Erfahrungszeugnisse z. B. von Kindern lehren, daß damals jeder, der hätte wissen wollen, wissen konnte, daß mit den Juden im Osten etwas Unvorstellbares und Tödliches gemacht wurde. In dieser Phase tritt aber nun der Tatbestand einer denkbar massiven Fremdarbeiterbeschäftigung im Reich unter den erbärmlichsten Lebens- und Arbeitsbedingungen und einer nicht dagewesenen Brutalisierung der Kriegführung und Besatzungsherrschaft im Osten, vor allem in Polen und in der Sowjetunion, auch und gerade gegen die Zivilbevölkerung als unübersehbarer Skandal ins Auge, und die Frage erhebt sich, ob er wahrgenommen und als Skandal empfunden wurde.

II.

In den selbsterzählten Lebensgeschichten älterer Deutscher kommen Juden für die Vorkriegszeit insgesamt eher selten vor, und deren Diskriminierung vor dem Herbst 1938 wird fast nie erwähnt. Wenn Juden vorkommen, so in der Regel als Arbeitgeber oder als Händler oder Dienstleistende (z. B. Ärzte). In Westdeutschland scheint mir häufiger ein jüdischer Arbeitgeber, Arzt oder Nachbar im aktiven Gedächtnis geblieben zu sein oder auf Nachfrage erinnert werden zu können, wie überhaupt die soziale Distanz zu Juden in Teilen des Bürgertums geringer als in der sonstigen Gesellschaft erscheint. Eigene antisemitische Einstellungen werden von damals Erwachsenen in Ost und West – soweit ich sehe – nur dann erinnert, wenn man sie auch heute noch aufrechterhält und zum Ausdruck bringen möchte, was auf beiden Seiten selten ist, aber vorkommt. Solcher Antisemitismus ist stets ideologisch geronnen und nimmt keinerlei Bezug auf persönliche Erfahrungen mit Juden. In beiden Teilen Deutschlands erbringt die Frage, ob man Beziehungen zu Juden gehabt habe, in breiten Schichten der Bevölkerung am häufigsten den Hinweis auf jüdische Geschäfte und Warenhäuser in der jeweiligen Stadt und die Erinnerung, daß die Familie in jüdischen Geschäften eingekauft habe, was meist mehr oder minder explizit als Ausweis, daß man nicht antisemitisch eingestellt gewesen sei, angeführt wird; fast regelmäßig wird aber hinzugefügt, daß besonders einschlägige Bekleidungsgeschäfte vergleichsweise preisgünstig gewesen seien oder Krediterleichterungen gewährt hätten, und daß der jüdische Geschäftsinhaber, der häufig als besonders entgegenkommend erinnert wird, als sein Geschäftsprinzip erklärt habe: »Die Masse macht's.« Die Rahmenbedingungen solcher Erzählungen über persönliche Bekanntschaft mit Juden lassen erkennen, daß die erinnerten Geschäftsbeziehungen in der Zeit vor 1933 stattfanden. Aus der Zeit danach gibt es nur zwei häufigere Erinnerungen: nämlich bei damaligen Kindern, daß sie erst durch Diskriminierungen in der Schule darauf aufmerksam geworden seien, daß Spiel- oder Schulkameraden Juden waren, oft mit dem Hinweis, daß sie sich persönlich gegen solche Unterscheidungen empört hätten, aber von Eltern oder Lehrern oder anderen Erwachsenen zum Ducken oder Schweigen gebracht worden seien. Damalige Kinder erinnern sich zuweilen auch der offiziellen antisemitischen Propaganda z. B. in den sogenannten Stürmer-Kästen oder im Schulunterricht, worauf im Rückblick gelegentlich Gefühle der Scham geäußert werden, daß man das damals geglaubt habe; wesentlich häufiger wird aber auf den Mißbrauch der eigenen kindlichen Glaubensbereitschaft hingewiesen. Viele dieser damaligen Kinder wie auch etliche damals Erwachsene erinnern sich daran, daß eine jüdische Familie in der Nachbarschaft eines Tages weg gewesen sei, und daß man sich dabei nichts gedacht habe.

Fast alle mitlebenden Deutschen in Ost und West erinnern sich dann aber daran, Zerstörungen jüdischer Geschäfte, Plünderungen und angezündete Synagogen am Morgen nach der sogenannten Reichskristallnacht mit eigenen Augen gesehen zu haben. Viele, die von den Zerstörungen gehört hatten, gingen eigens in die Stadt, um sie anzusehen. Fast alle beteuern, den Pogrom abgelehnt zu haben, recht häufig unter Hinweis auf seinen ordnungstörenden Charakter. In keinem Fall wird jedoch eine eigene Mitwirkung am Pogrom oder dessen Ausnutzung zur Bereicherung erinnert, allerdings auch fast nie eine Hilfestellung für dessen Opfer oder auch nur irgendeine Form der Kontaktaufnahme. Bei Bürgerlichen wird zuweilen erwähnt, daß man Juden durch Übernahme ihrer Habe bei der Auswanderung geholfen habe. So gut wie jeder Deutsche erinnert sich aber dann wieder an Passanten, die auf der Straße durch den gelben Stern als Juden markiert waren. Zuweilen wird dies auch (eher im Westen) von persönlich bekannten Juden berichtet, meist mit dem Hinweis, daß auch diese selbst einer Kontaktaufnahme aus dem Wege gegangen seien. Die frühen Kriegsjahre werden wieder von dem gesamtdeutschen Stereotyp beherrscht, daß die im eigenen Umfeld etwa noch verbliebenen Juden eines Tages »weg« gewesen seien, daß man nicht gewußt habe, wo sie hingekommen seien, und daß man sich nichts dabei gedacht habe.

Die meisten älteren Deutschen verschließen sich einer Auskunft auf die Frage, ob man von der Judenvernichtung – von den KZs – etwas gewußt habe. Die große Mehrheit verneint das. Während dies in bezug auf KZs als solche einfach falsch ist, ist es in bezug auf die systematische Vernichtung der Juden unklar. Eine Minderheit, die mir im Osten größer zu sein scheint und in der auf beiden Seiten damalige Kinder stark vertreten sind, berichtet jedoch von seinerzeitigen Gerüchten, daß mit den Juden im Osten etwas Schreckliches geschehe, auch von Scherzen über »Judenseife«, von Soldaten, die im Heimaturlaub Andeutungen über unvorstellbare Grausamkeiten an Juden machten, oder auch von eigenen Wahrnehmungen über Gettos und Lager in Polen und die Behandlung ihrer Insassen. Die wenigen, die von solchen eigenen Wahrnehmungen sprechen, unter denen auch in der DDR die meisten aktive Christen und einige linke Dissidenten gewesen zu sein scheinen, betonen aber in der Regel, daß sie darüber mit niemandem – auch nicht in der eigenen Familie – hätten sprechen können; zuweilen wird als Grund die Angst vor Denunziation hinzugefügt.

Die meisten betonen jedoch, sie hätten erst nach dem Krieg vom Holocaust oder auch sonst von NS-Verbrechen gehört, und nicht wenige haben es anfänglich nicht geglaubt. In der DDR wird meist die frühe Aufklärung betont. So z. B. werden die Nachrichten vom Nürnberger Gerichtshof oder antifaschistische Defa-Filme, wie Professor Mamlock erinnert, die in der Folge aber dann merkwürdig unspezifisch mit der Anerkennung des antifaschistischen Widerstands besonders von Kommunisten und der Erinnerung von Besuchen z. B. in der Gedenkstätte Buchenwald verschwimmt, die ja beide mit dem Schicksal der Juden nur wenig zu tun haben. In den sozialistischen Ländern werden die jüdischen Opfer nach ihrer Staatsangehörigkeit dem Opfer der osteuropäischen Länder zugerechnet und damit als Juden anonymisiert. Die Juden sind in der DDR keine soziale Größe mehr. Die DDR verzeichnet seit dem antisemitischen Schub, der im letzten Jahr Stalins durch Osteuropa ging, auch praktisch keine Rückwanderer mehr, obwohl ihre Führung damals in ihrem Bereich das Schlimmste verhinderte. Die Beziehungen zu Israel waren bis in jüngste Zeit verschüttet, und der Judenstaat wurde alltäglich in den Medien als faschistisch angeprangert. Es gibt keinen offiziellen Philosemitismus, sondern eine ökonomische Klassenerklärung des Faschismus, wonach auch die Juden im Interesse des Kapitals durch Arbeit oder auf sonstige Weise vernichtet wurden. Da der kommunistische Widerstand im Rückblick maßlos übertrieben wird und Anhänger sucht, stellt sich das Problem des Konsenses mit dem NS-Regime und der Entsolidarisierung einer totalitär beherrschten Gesellschaft politisch nicht. Dadurch werden die meisten zwar nicht von der solidarischen Unterstützung der Opfer, wohl aber von einer persönlichen Schuldnachfrage freigesetzt. Das schlägt sich in der mehrheitlich weniger spontanen, kälteren, stärker stereotypisierten Erinnerung an Juden in der DDR nieder, andererseits aber auch in weniger zwanghaften Entschuldigungsreflexen. Indessen sollte man solche graduellen Unterschiede, die im kollektiven Gedächtnis der DDR auffälliger sind als im privaten, nicht übertreiben, denn dieses ist über die Westmedien mit westdeutschen Diskurselementen verknüpft und die haben andere Themen und einen anderen Rhythmus. Wer wahrnehmen will, tut es und stellt sich und seinen Freunden die Fragen. Wer aber nicht will, wird durch den offiziellen Antifaschismus auch nicht dazu gedrängt.

Im Westen scheint ein langsamerer, aber in dieser Hinsicht über die Jahre gründlicherer Prozeß zur Aktivierung des Gedächtnisses in Gang gekommen zu sein. Das hat in der Nachkriegszeit lange gedauert: Die Massierung jüdischer DPs (Displaced Persons) in Oberbayern traf nach Auschwitz auf Teilnahmslosigkeit und in Konfliktfällen auf ein ungebrochen antisemitisches Reaktionspotential im Volk, in dem ausweislich von Meinungsumfragen die nach 1945 verbliebenen faschistischen Orientierungen nur in dem Maße verblaßten, wie das Wirtschaftswunder die Demokratie legitimierte. Als Spitzenpolitiker der frühen Republik sich aus moralischen, außenpolitischen und außenwirtschaftlichen Gründen für finanzielle Reperationen an jüdische Überlebende bzw. Israel entschlossen, trafen sie nicht erst im Volk, sondern bereits in der politischen Klasse selbst auf harten, wenn auch nicht unüberwindlichen Widerstand. Daß die sogenannte Wiedergutmachung durchgesetzt wurde, hatte langfristig für das historische Lernen der westdeutschen Öffentlichkeit vor allem die Folge, daß die Frage der deutschen Schuld an den Juden enttabuisiert wurde. Erst danach konnte überhaupt der Kampf um die Erinnerung beginnen.[7]

Die großen Prozesse der 60er Jahre wirkten hier auf eine sich öffnende und generationell aufbrechende Kultur ein, in der die jüngere Intelligenz sich mit den Opfern des Dritten Reiches identifizierte, um ihre erinnerungslosen Eltern zu provozieren. Nach einer Zeit der Vereisung ließ die Sprachlosigkeit nach. In unseren Interviews setzten sich auffallend viele mit der Verantwortungsproblematik in persönlicher Weise auseinander, sei es in der Form der Scham über die seinerzeitige Empfindungs- oder Hilflosigkeit, sei es durch die entlastende Herausstellung des eigenen Unwissens. Nicht wenige haben auch besonders in den 70er und 80er Jahren angesichts der öffentlichen Thematisierung der Judenverfolgung in Gerichtsprozessen, Medien und Politik und angesichts der Nachfragen ihrer Kinder oder anläßlich von Besuchen in Israel in ihrem Gedächtnis nach persönlichen Erinnerungen – sei es an ihre eigene nationalsozialistische Einstellung, sei es an Juden und an Wahrnehmungsfragmente ihrer Verfolgung – geforscht. Vor allem denjenigen ist es dabei gelungen, jenseits der Fratzen der Propaganda wieder die Gesichter von Nachbarn zu erinnern, die sich durch ihre damalige Jugend oder durch eigene Verfolgung oder Opposition von externen Schuldvorwürfen freigestellt sahen.

Solche rekonstruktive Erinnerungsarbeit kann freilich nur in der Wertung, nicht aber in der Struktur die seinerzeitige Wahrnehmung hintergehen: Wo schon damals die Wahrnehmung der Diskriminierung wie in den frühen Jahren des Dritten Reiches oder diejenige der Deportation im Krieg verweigert wurde, gibt es nichts zu rekonstruieren, und es bleibt allein die Frage, ob die Leere des Gedächtnisses ein Schuldspruch oder eine Entschuldigung sei. Am deutlichsten wird dieser Zusammenhang von Struktur und Wertung jedoch bei den unschuldigen, vorweisbaren Bildern: Daß Juden der Weimarer Republik fast nur als Geschäftsinhaber erinnert werden, sie also sogleich mit Geld und Warenbeziehungen assoziiert werden, verweist auf die Verfestigung einer Erwartungshaltung aus deutlicher sozialer Distanz. Der Inhalt dieser Erwartung war in der Wirklichkeit, in der es unter den deutschen Juden dreimal so viele Selbständige und auch dreimal soviel im Handel Tätige als unter den Nicht-Juden gab, zwar angelegt, aber verfehlte die tatsächliche menschliche Komplexität der Juden als Mitbürger, von denen eben noch nicht einmal ein Fünftel Ladenbesitzer waren. Auch die positiv suchende Erinnerung bleibt im distanzierten, wenn nicht antisemitischen Stereotyp gefangen. Zum Ausgleich sind alle diese Ladenbesitzer nun besonders freundlich und sozial, wenn auch auf Grund eines kühlen Raisonnements aus der Auseinandersetzung um die Warenhäuser: »Die Masse macht's.«

Schließlich hat die Anknüpfung historischen Lernens an die persönliche Erinnerung ihre Grenzen, die um so undurchlässiger werden, je mehr sie auch im kollektiven Gedächtnis verankert sind. Ausländische Juden, d. h. über 95 % der Opfer des Holocaust, kommen in den Erinnerungen der Deutschen in Ost und West praktisch nicht vor.[8] Die meisten sind ihnen nicht begegnet. Auschwitz ist nicht nur in dem Sinne unglaublich abstrakt, als die fabrikmäßige Erstickung oder anderweitige Tötung ganzer Volksgruppen alle Vorstellungen sprengte und noch nicht einmal in den kritischsten Utopien der Moderne angedroht worden war, sondern auch in jenem, daß die Opfer in ihrer Masse der Gesellschaft, die mit der Verantwortung für ihre Tötung belastet ist, in aller Regel vollständig unbekannt und noch nicht einmal in die negative Kommunikationsbeziehung eines kriegerischen Kampfes einbezogen waren.[9]

Davon gibt es in der Hauptsache zwei Ausnahmen: Eine besteht in der Begegnung mit jenen Juden, die deportiert, aber nicht vergast, sondern besonders im letzten Kriegsjahr zum Arbeitseinsatz in der Rüstungsindustrie ins Reich verbracht wurden, von denen ein größerer Teil überlebte – freilich ein verschwindend geringer Prozentsatz der im Zuge der sogenannten Endlösung insgesamt erfaßten europäischen Juden. Auch abgesehen von der Beschränktheit ihres eigenen Wissens und vom Kontaktverbot mit den deutschen Arbeitern sowie Sprachproblemen, konnten sie kaum zu Botschaftern der Wahrheit der Judenvernichtung für das deutsche Bewußtsein werden: Als eine der kleineren Untergruppen verschwanden sie in der vielgestaltigen Masse der Fremdarbeiter in der Endkrise des Dritten Reiches und, wo sie wahrgenommen wurden, dürften sie eher als Anzeichen genommen worden sein, daß es Juden nach ihrem Verschwinden aus dem deutschen Alltag also doch noch gebe.

Die andere Ausnahme aus dieser Beziehungslosigkeit waren freilich diejenigen, die mit der Erfassung, Gettoisierung, Deportation und der Vernichtung der Opfer befaßt waren – vornehmlich, aber keineswegs ausschließlich Angehörige der SS. Soweit sie in die deutsche Nachkriegsgesellschaft zurückgekehrt waren, versuchten sie, ihre Erfahrung zu verheimlichen, die erst in den KZ-Prozessen seit dem Eichmann-Prozeß gesellschaftlich aus ihnen herauszufragen versucht wurde. Gerade durch die im Zuge unausweichlicher gerichtlicher Rekonstruktion des Vernichtungsprozesses beherrschenden Versuche der Täter, ihr Zeugnis zu verweigern oder zu verharmlosen, erweiterten sich die anfänglich wenigen Täteraussagen wie z. B. diejenige des Auschwitz-Kommandanten Höß im kollektiven Gedächtnis in einer diffusen Weise, welche gerade die Sensiblen der jüngeren Deutschen in fast jedem Älteren einen Verdächtigen und in jedem einen potentiellen Täter vermuten ließ. Diese Diffusion, die für die moralische Erregbarkeit unserer Gesellschaft von grundlegender Bedeutung ist, hat aber die Abstraktheit von Auschwitz historisch nur scheinbar konkretisiert.

III.

Und die Russen? Für sie haben die meisten Deutschen nur ein kurzes Gedächtnis, vor allem im Westen. Persönliche Begegnungen mit Russen hatten nur die wenigsten Deutschen vor dem Zweiten Weltkrieg. Das große Land des Ostens war für sie eher ein Territorium der Projektionen: zuerst als traditioneller Hort der Reaktion, dann als unerwartete Wiege der Weltrevolution, auf die die Kommunisten ihre Hoffnung und die meisten anderen ihre politischen Ängste übertrugen, beide ohne genauere Kenntnis der Sowjetunion und ihrer Menschen. Seit Mitte 1941, als die deutsche Führung glaubte, binnen Wochen das angeblich morsche Gebäude des Bolschewismus und der slawischen Untermenschen zum Einsturz bringen zu können, wurde dies anders. Die größere Anzahl der deutschen Soldaten drang nun in den nächsten drei Jahren in mehr oder minder langen Einsätzen in dieses Land vor, die Mehrzahl der deutschen Gefallenen blieb dort, ebenso ein großer Teil der Kriegsgefangenen und dies durchschnittlich am längsten – von 3,1 Millionen kehrten bis 1956 zwei Millionen zurück. Auf der anderen Seite kamen fast drei Millionen russische Kriegsgefangene und Zivilarbeiter während des Krieges ins Reich, und weitere drei Millionen kamen in deutscher Kriegsgefangenschaft um. 1944/45 besetzte die Rote Armee fast die Hälfte des Reichsgebiets, trennte unter Verdrängung der dortigen deutschen Bevölkerung ein Fünftel davon ab, um Polen nach Westen zu verschieben, und beherrschte etwa ein Viertel aller Deutschen in ihrer Besatzungszone, aus der sie ihre gegen das ganze Deutsche Reich gerichteten Reparationsforderungen zu befriedigen von den anderen Alliierten ermächtigt wurde. Dieser Sieg kostete – wie bereits gesagt – die Sowjetunion mindestens viermal soviel Menschenleben wie Deutschland seine Niederlage.

Diese Verluste kommen aber in der Erinnerung der Deutschen kaum vor, wie überhaupt die Russen als Gegner und als Gefangene keine Gesichter haben: Man nimmt an ihnen meist keine erwähnenswerten personalen Eigenschaften wahr, kaum jemand hat in der Erinnerung einen Namen, auch Hilfswillige und besonders Ostarbeiter werden eher nach »Stück« als nach »Mann« gezählt, und das Zusammenschrumpfen des Gegners zu einem Pluraletantum – hier »der Russe« bzw. »der Iwan« – entsprach sowieso der Psychologie des Krieges an allen Fronten. Dagegen differenziert sich die Erinnerung für die besetzte Zivilbevölkerung – wie übrigens zuweilen auch später für die sowjetische Aufsicht der deutschen Kriegsgefangenen – einerseits in unterschiedliche Ethnien, besonders solche wie die Ukrainer und die Völker des Baltikums, aus denen Hilfswillige für die Deutschen rekrutiert wurden, andererseits in befürchtete Banden, wie die Partisanen genannt wurden, und dann noch einmal in hochstereotypisierte Einzelszenen mit meist armen und freundlichen Bauern, bei denen man unterkam und die einem geholfen oder vor Gefahren bewahrt haben. Von Kommunisten oder »Roten« ist in der Erinnerung fast nie die Rede, was nicht nur die Tatsache reflektiert, daß gefangene Politkommissare von den deutschen Truppen befehlsgemäß erschossen wurden, sondern auch daß der Gegner nicht in den Kategorien eines europäischen Bürgerkrieges, sondern in den nationalen und rassistischen Kategorien des Kontinentalimperialismus wahrgenommen wurde. Diese Kategorien wurden durch die primäre Erfahrung nur teilweise erschüttert, nämlich vor allem insofern, als man den Russen angesichts ihrer primitiven Lebensbedingungen und Kriegsausrüstung und angesichts ihrer kommunistischen Führung niemals solche Kampfkraft, Hartnäckigkeit und solchen Opfermut zugetraut hätte. Als Symbol dieses Erstaunens erscheint die stereotype Erwähnung von Pferdegespannen, den sogenannten Panje-Wägelchen, von einräumigen Bauernhütten, in denen die ganze Familie auf dem Ofen liegt, und der kargen Ernährung, von der vor allem Kohl, Mais, Wodka und aus Zeitungspapier gedrehte Zigaretten in Erinnerung geblieben sind. Das Gedächtnis an die Bevölkerung wird von Stereotypen der Kulturdifferenz wie in kolonialen Begegnungen mit christianisierten Wilden beherrscht: Sie haben etwas Kindliches oder Animalisches, oft ist man über ihre Emotionalität und Hilfsbereitschaft überrascht, zugleich erscheint aber – jedenfalls vor der Kriegsgefangenschaft – die Kluft zu ihrer Primitivität unüberwindlich: Ihre Hinnahmebereitschaft erscheint als dumpf und unberechenbar. Während solche Wahrnehmungsstereotype bei den Westdeutschen überwiegend erstarrt sind, werden sie bei den Ostdeutschen zwar auch berichtet, aber häufig anders interpretiert: Entsprechende Szenen dienen hier oft als Beleg einer Ersterfahrung der Menschlichkeit des russischen Volkes bzw. der Freunde.

Derselbe Unterschied wird bei den Berichten über die Besetzung durch die Rote Armee, über die Befreiung der Fremdarbeiter, die Vertreibung der Deutschen oder über ihre Kriegsgefangennahme noch deutlicher; auf beiden Seiten ist nicht vergessen, daß es dabei gewaltsam zuging. In Westdeutschland, wo ohnehin geringere Primärerfahrung in dieser Hinsicht besteht, erscheinen hier aber die Deutschen ganz ungebrochen als Opfer – sogar als Opfer von Übergriffen, Plünderungen und Brandschatzungen der aus der Zwangsarbeit z. B. im Ruhrgebiet freigelassenen Russen und Polen, nicht zu reden von der Lawine von Vergewaltigungen, Plünderungen, Demütigungen, Zerstörungen und Grausamkeiten der erobernden Truppen der Roten Armee im Osten, von denen die Flüchtenden gehört und die ein sehr viel geringerer Kreis von Personen auch am eigenen Leib erfahren haben. Wer längere Zeit dort war – z. B. in der Zeit zwischen Eroberung und Vertreibung oder in der russischen Kriegsgefangenschaft – berichtet häufig sehr viel differenzierter: Dann wird etwa zwischen der Fronttruppe und der Besatzung oder zwischen Polen und Russen unterschieden, es wird von der Geschicklichkeit berichtet, wie man sich selbst oder die Familie trotz vielfacher Gewalt in der Umgebung vor dieser gerettet hat, oder es mischen sich Geschichten aus der Gefangenschaft ein: von strengen, aber hilfreichen russischen Ärztinnen oder Lagerleitern, oder von Tauschgeschäften mit Russen, denen es in der Freiheit nicht besser ging, oder auch von Opportunismus, Denunziationen oder anderen Gemeinheiten gerade unter den deutschen Kameraden. Solche differenzierenden Geschichten bleiben aber im Westen meist selbstbezogen, nämlich Staffage der eigenen Überlebensarbeit. Aufs Ganze jedoch erscheint die Gewalttätigkeit der Russen bei Kriegsende als eine überwältigende Vorerwartung, die im eigenen Erleben oder durch Berichte genügend Einzelbelege zu ihrer Erhärtung fand. Die Deutschen erscheinen hier als Opfer jener bestialischen Unberechenbarkeit, die man schon vorher als subhumane Kehrseite slawischer Dumpfheit und Emotionalität witterte. Mit anderen Worten: Ganz im Gegensatz zur angenehmen Überraschung über die freundlichen amerikanischen Neger, die von den Nazis auch als Tiere dargestellt worden waren, wird das rassistische Muster in der Wahrnehmung der Russen bei Kriegsende nicht gebrochen, sondern bestätigt, was dann im Kalten Krieg antikommunistisch rationalisiert werden kann. Die meisten, die ihr eigenes Schicksal in jener Zeit beklagen, erweitern den Diskurs aber nicht auf die Frage, ob den Deutschen Unrecht geschehen sei, sondern sie lassen diese Frage meist offen. Einige stellen in Rechnung, daß Hitler ja immerhin den Krieg angefangen habe.

Beides ist in der DDR im Durchschnitt ganz anders. Dort ist die Gewalterfahrung bei Kriegsende keineswegs weniger präsent, sondern verbreiteter und oft konkreter. Sie wurde in unseren Interviews auch selten verschwiegen. Die Erfahrungsmuster sind jedoch differenzierter und werden auch meist in andere Zusammenhänge gestellt. Das beginnt damit, daß über die Fremdarbeiter anders gesprochen wird: Nie habe ich dort von ihnen in »Stück«zahlen sprechen gehört; oft hatten die Befragten jedoch eine persönliche Begegnung mit einem von ihnen aus ihrem Gedächtnis parat; viele wußten, wo deren Lager waren – meist gibt es da heute einen Gedenkstein – oder sagten von sich aus etwas über deren miserable Lage, über wahrgenommene Transportkolonnen von Häftlingen, die in den letzten Kriegswochen durch den Ort geführt worden waren, oder die jüngeren berichteten von den rassistischen Bildern, mit denen sie in der Schule indoktriniert worden waren, und denen gemäß sie nun von den herannahenden Russen ein Inferno der Unmenschlichkeit erwarteten.

Daß solche Erinnerungsarbeit nicht einfach – oder doch nur selten – einem Brain-Wash entsprach, konnte man daran erkennen, daß zwar über Vergewaltigungen durch Angehörige der Fronttruppen gesprochen und mehr als einmal besonders schlimme Fälle aus der eigenen Familie berichtet wurden, daß daraus aber nicht ein Stereotyp geworden war, in dem sexuelle Beziehungen zwischen Russen und Deutschen grundsätzlich als Vergewaltigung konstruiert sind, sondern auch für Erotik, Komik und Prostitution Platz blieb. Stereotyp ist vielmehr, daß die allermeisten sagen, die Vergewaltigungen und anderen sogenannten Belästigungen seien fast nur auf das Konto der Fronttruppen im Suff der ersten Tage oder Wochen gegangen; dann sei aber sehr schnell und brutal die Disziplin wieder hergestellt und die Truppe abgezogen oder kaserniert worden. Als Folge von Übergriffen wird die immer gleiche Beobachtung mitgeteilt, daß dann ein Armeelaster gekommen sei, die meist betrunkenen Soldaten »wie ein Stück Holz« auf die Pritsche geworfen worden seien, und daß man von denen »nie mehr was gehört« habe.

Tatsächlich scheint man schon nach Wochen nur noch verhältnismäßig wenig von den Russen im Alltag bemerkt zu haben. Zwar wußte man, wo welche einquartiert waren, denn da hingen keine Gardinen in den Fenstern, sondern Zeitungen, und die später nachgekommenen Frauen der Offiziere konnte man an ihrem Zuviel an süßlichem Parfum riechen – aber dieses kulturelle Überlegenheitsgefühl gegenüber den Siegern half wenig. Ihre Kommandantur hatte am Ort nun das Sagen oder die Fabrik bekam eine sowjetische Direktion, oft mit akademisch qualifizierten Fachleuten, die das Bild vom Russen als gastfreundlichem Bären und ewig analphabetischem Leibeigenen aus der Kolonialphantasie im Hinterland des Krieges zumindest irritierten. Daraus ergaben sich aber nur in den allerseltensten Fällen persönliche Begegnungen oder gar Beziehungen. Die Distanz der Besatzungsmacht zu den Deutschen scheint weit größer als im Westen und insbesondere in der amerikanischen Zone gewesen zu sein.

In bezug auf die Vertreibung unterscheiden sich die ostdeutschen Geschichten nicht wesentlich von denen jener Westdeutschen, die die Vertreibung persönlich miterlebt haben. Härten, Schikanen, Plünderungen und Gewalttätigkeiten dabei werden aber in der Regel Polen oder Tschechen angelastet, während die Russen eher als eine Art Ordnungsfaktor erscheinen. Eine ähnliche Struktur haben gelegentlich auch Erzählungen damals jugendlicher Soldaten, die z. B. in der Tschechoslowakei gewalttätiger Rache ausgesetzt waren und durch die Rote Armee daraus befreit wurden.

In der Kriegsgefangenschaft hatte man – nachdem die vor allem noch während der Kampfhandlungen an der Ostfront zuweilen sehr gewalttätige erste Begegnung vorüber war – ein größeres Gleichheitsgefühl, denn allen ging es schlecht. Insgesamt unterscheiden sich die Einzel-Erinnerungen hier nicht sehr von denen der Westdeutschen, aber sie betonen weniger das eigene Leiden und unterstreichen sogar, daß sie – anders als die Russen von den Deutschen – von den Russen nicht als Menschen zweiter Klasse behandelt worden seien. Kaum einer, der den Hunger in den Lagern nicht erwähnt, aber viele verweisen auf die Verwüstungen und Kriegsverluste, welche die Wehrmacht hinterlassen habe, und fast jeder fügt hinzu: »Wir haben dasselbe Essen bekommen wie die Russen.«

Indessen berichten sehr viele in der DDR von einem Umlernen über die Russen, und zwar anhand persönlicher Erlebnisse, insbesondere Erfahrungen überraschender Herzlichkeit, die häufig seit den 50er Jahren bei Reisen in die Sowjetunion oder beim Austausch von Betriebsdelegationen gemacht wurden. In der DDR selbst gab es dazu für den durchschnittlichen Menschen weniger Gelegenheit, weil der Verkehr mit den hier stationierten Truppen bis heute genau reglementiert ist und sich allenfalls auf Offiziere beziehen kann. Nicht zu unterschätzen ist auch der Einfluß russischer Literatur, gerade auch der klassischen, der von allen kulturellen Einflüssen aus dem Osten wohl den verbreitetsten und tiefsten Eindruck in der DDR gemacht hat, was sie nicht nur deutlich von der Bundesrepublik, sondern auch von deren Verhältnis zu den USA unterscheidet.

Davon muß man vielleicht die Jugendlichen der Umbruchszeit ausnehmen, die von der HJ geprägt wurden und die Mitgliedschaft der FDJ prägten. Für sie hat der meist erinnerte Slogan »Von der Sowjetunion lernen, heißt siegen lernen« das zumindest ideelle Überwechseln aus der Gesellschaft der Niederlage in die Perspektive der Sieger erleichtert. Etliche von ihnen hatten von Anfang an die Rote Armee mit weniger befangenem Erstaunen betrachtet, die abenteuerliche Primitivität ihrer Ausrüstung, die gleichwohl ihren Sieg nicht verhindert hatte, oder die Befangenheit war bei der ersten Begegnung durch die Kinderfreundlichkeit vieler Russen aufgebrochen worden und blieb hernach durch die Betätigungs- und Aufstiegschancen, die den Jugendlichen geboten wurden, aus dem Blick. Dabei war es nicht von so großer Bedeutung, ob die Kinder selbst noch bis gestern an den Endsieg geglaubt hatten, wohl aber ob ihre Familie durch nationalsozialistische Vergangenheit, als entlassene Beamte oder durch die Gefangenschaft oder den Tod des Vaters nun mit Hoffnungslosigkeit in die Zukunft blickte – solche Depression oder Benachteiligung übertrug sich häufig auch auf die Perspektive der Jugendlichen, denen es als Verrat erschienen wäre, sich nun auf die Seite der Sieger zu schlagen.

Im Hintergrund dieser anderen Sicht der Russen stehen zwei Faktoren, die für die DDR von grundlegender Bedeutung sind, aber dort nur selten angesprochen werden, sei es weil sie sich ohnehin von selbst verstehen, sei es weil man mit einer Struktur gewordenen Übermächtigung nur leben kann, indem man sie aus dem Bewußtsein verdrängt: Es handelt sich um die beherrschende Anwesenheit der Russen selbst und um die Reparationen, die sie aus ihrer Besatzungszone stellvertretend für ganz Deutschland entnommen haben und die sowohl die wirtschaftlichen Startchancen Ostdeutschlands insgesamt, als auch die Entwicklung ihrer Großindustrie, die bis in die erste Hälfte der 50er Jahre hinein in sowjetischer Hand war, nachhaltig beeinflußt haben. Für die Menschen in der DDR ist das ihr Fatum, das sie – soweit ich das erkennen konnte – nicht primär gegen die Russen wenden, sondern eher gegen die Westdeutschen. Sie sprechen von sich aus selten über die stellvertretend erbrachten Reparationen, aber fast jeder betont, daß der Marshall-Plan die Grundlage des westdeutschen Reichtums sei. Sie sprechen auch nicht davon, daß sie das Faustpfand des russischen Sicherheitsbedürfnisses wurden, als sich ein gesamtdeutscher Kompromiß und eine gleichmäßigere Lastenverteilung nach dem Krieg zerschlug, sondern von einer übergeordneten »Großwetterlage«, und diese geostrategischen Folgen des Zweiten Weltkriegs hält zumindest die ältere Generation für die Lage der DDR insgesamt für weitaus bestimmender als innersowjetische Strukturreformen.

Obwohl man in der DDR an Entspannung, Abrüstung und Frieden besonders interessiert ist, nicht zuletzt weil der Krieg und seine Folgen noch soviel näher liegen, blicken viele aus der älteren Generation, und beileibe nicht nur Parteiveteranen, mit skeptischen Augen auf die plötzliche Begeisterung der Westdeutschen für Gorbatschow: Wieviel ungeklärte Vergangenheit mag deren Blick trüben? Die abwartende Haltung der älteren Generation der DDR gegenüber den Reformspielräumen und den außenpolitischen Perspektiven des »großen Bruders« hat lange Wurzeln. Hier hat man einen unverhältnismäßigen Anteil der Folgen des deutschen Kontinentalimperialismus zu tragen gehabt und den größeren Teil der deutschen materiellen Wiedergutmachung entrichtet. Hier glaubt man einen unverstellteren Blick für die Menschlichkeit der Russen, aber auch für ihre imperiale Macht, erworben zu haben.

IV.

Am Ende dieser vorläufigen und fragmentarischen Skizze von Mustern deutscher Erinnerung an die beiden größten Opfergruppen des Dritten Reiches und einiger Bedingungen solcher Erinnerung soll das entworfene Bild auf die eingangs gestellte Frage nach der Schwierigkeit einer historischen Ortsbestimmung des Nationalsozialismus bezogen werden. Ich wollte die Subjektivität, die Zwänge und die kollektiven Bezüge des Gedächtnisses aufzeigen, um uns – wie eingangs gesagt – einer Antwort auf die Frage näherzubringen, warum die Geschichte uns von der nationalsozialistischen Vergangenheit nicht deutlicher distanziert, sondern sie uns immer wieder und oft deutlicher als zuvor vergegenwärtigt. Dazu möchte ich abschließend in drei Thesen einen Beitrag leisten:

1. Wie immer man sonst die kulturellen Gemeinsamkeiten und Unterschiede zwischen der Bundesrepublik und der DDR einschätzen mag, jedenfalls ist zwischen beiden Seiten unstrittig, daß sie durch das Erbe einer gemeinsamen Geschichte verbunden sind. Dieses gemeinsame Erbe kulminiert in der Geschichte des Dritten Reiches und des Zweiten Weltkriegs, sie sind der aktuellste Bezugspunkt deutscher Nationalgeschichte. Dieses Erbe wird aber nicht gemeinsam wahrgenommen, sondern ist in wichtigen Bereichen geteilt. Wie ich an den miteinander verwobenen Beispielen der Erinnerung und der materiellen Wiedergutmachung an die beiden größten Opfergruppen des Dritten Reiches zu zeigen versucht habe, ist die Wahrnehmung der deutschen Verantwortung wie in einem gesamtdeutschen Stereo geschieden: In den deutlichsten Tonlagen kommen unterschiedliche Klänge von beiden Seiten, aber sie ergänzen sich, und erst wer auf beide hört, der erfährt etwas vom

Ganzen. Im Zuge des Kalten Kriegs haben sich die Deutschen in West und Ost nolens volens unterschiedlicher Opfergruppen angenommen bzw. sie wurden von ihren internationalen Kontexten dazu gedrängt: die westdeutschen der Juden und die Ostdeutschen der Russen. Beides ist nur fragmentarisch geschehen, aber wer genau hinschaut, kann nicht übersehen, daß etwas geschehen ist. Dabei sind die Instrumente, deren Klang im deutschen Stereo auch auf die andere Seite übergreift, unterschiedlich verteilt: Mir scheint, daß der rekonstruktive Beitrag der westdeutschen Geschichtswissenschaft und Öffentlichkeit zum kollektiven Gedächtnis in den letzten Jahren in dem Maße produktiver geworden ist, als er das rassistische Gesamtkonzept des Nationalsozialismus, seine mehr oder minder unbewußte Mitvollziehung durch große Kreise der Bevölkerung und in immer neuen Schüben die Vielzahl der Opfergruppen in den Blick gebracht hat, ohne die paradigmatische Singularität des fabrikmäßigen Mords an der Mehrzahl der europäischen Juden darüber aus dem Auge zu verlieren. Auf der anderen Seite erscheint mir das Gedächtnis des Volkes in der DDR in dieser Hinsicht in Graden problemhaltiger (wenn auch weniger äußerungsfähig) zu sein, und der Grund dafür dürfte nicht nur im größeren Problemdruck der Ostdeutschen liegen, sondern auch darin, daß die meisten von ihnen sowohl Teile der ost- wie der westdeutschen Öffentlichkeit rezipieren.

2. Ich habe zu zeigen versucht, daß die persönliche Erinnerung, die der Quell und das Kontrollinstrument des verbreiteten gesellschaftlichen Interesses an der Zeitgeschichte ist, als solche gegenüber dem Problemhaushalt des Dritten Reiches äußerst fragmentarisch bleibt und ohne eine Beziehung zu den politischen, wissenschaftlichen und diskursiven Dynamiken des kollektiven Gedächtnisses keinen Sinn macht. Das Erbe der gemeinsamen deutschen Geschichte ist in einem Aufbruch zur Eroberung Europas, zur Vernichtung der Juden und zur Kolonialisierung und Dezimierung der slawischen Völker kulminiert. Die durch die deutschen Organe dabei verübten Verbrechen waren für die meisten von einer nicht-wahrnehmbaren Abstraktheit sowohl in dem Sinne, daß die Modernität und Intensionalität gigantischer ethnischer Vernichtungsplanungen alle Vorstellung überstieg und auf keine überlieferte Wahrnehmungsvoraussetzung traf, als auch in dem trivialeren Sinne, daß ihre Durchführung außerhalb des Gesichtskreises der meisten Deutschen stattfand, während die allermeisten der jeweils Beteiligten sie vor und nach 1945 geheimzuhalten versuchten. In dem Maße, wie

diese Geheimhaltung und Abstraktion in einem immer noch nicht abgeschlossenen internationalen, gerichtlichen und historischen Rekonstruktionsprozeß aufzubrechen versucht wurde, stellten sich den Deutschen immer neue Herausforderungen an ihre politische und mitmenschliche Verantwortung, die bis in die Poren ihres Privatlebens und bis in die unbewußt gemachte Verinnerlichung gesellschaftlicher Macht vordringen. Wie ich zu zeigen versucht habe, hat diese Herausforderung im Gedächtnis des einzelnen in Ost und West in unterschiedlicher Weise und sicher bei jedem einzelnen in einem sehr unterschiedlichen Umfang zu einer wiederauffindenden Erinnerungsarbeit geführt, zugleich ist sie aber auch in wesentlichen Dimensionen ins Leere gegangen: z. B. in der Wahrnehmung der Diskriminierung der Juden vor der sogenannten Reichskristallnacht oder der Kolonialisierung, Versklavung und partiellen Ausrottung der Slawen während des Krieges. Diese Wahrnehmungslosigkeit verweist außer auf verdrängte Angst vor allem auf jene Immunisierungen, die vom unbewußten Einverständnis mit dem Rassismus der Führung in veralltäglichter Form ausgegangen sind. Insofern sie unbewußt und kein Inhalt eines problematisierungsfähigen Gedächtnisses waren, konnten sie in der Nachkriegszeit unaufgeklärt und transformiert werden, im Westen z. B. in den Antikommunismus, im Osten in eine Ausblendung der Wirkungen von Ideologie und Terror auf die Massen, und auf beiden Seiten wandte sich die verdrängte Herrschaftsenergie in ökonomistischer Form der scheinbar unschuldigen Forderung des Tages zu, dem Aufbau.

3. In den achtziger Jahren sind nun im deutschen Stereo der Geschichtswahrnehmung Überblendungen zu verzeichnen. In der DDR werden in jüngster Zeit die verbliebenen jüdischen Gemeinden besonders gefördert, und eine – angesichts der ökonomischen Probleme des Landes – mehr als nur symbolische Wiedergutmachungszahlung an Vertreter nicht in der DDR lebender Juden und sogar an Israel ist angeboten worden. In der Bundesrepublik sind z. B. die Verbrechen an den sowjetischen Kriegsgefangenen, der rassistische und kontinentalimperialistische Zusammenhang der NS-Politik und die Fremdarbeiter-Problematik in vielbeachteten Forschungsarbeiten thematisiert worden. Durch historische Schülerwettbewerbe sind die Spuren der NS-Verfolgung und Überreste der Fremdarbeiterlager bis in viele Quartiere hinein aufgefunden worden. Und es ist sogar eine bislang noch wenig folgenreiche Diskussion darüber entstanden, warum die Bundesrepublik über 90% ihrer ca. 80 Milliarden DM Wiedergutmachungszahlungen

nur an Deutsche und den Rest nur an westliche Staaten einschließlich Israel entrichtet hat.
In dieser Lage ist das deutsche Erbe in Ost und West zum Gegenstand wissenschaftlich-publizistischer Debatten geworden. Im Osten ist das die Diskussion über Erbe und Tradition, und das ist ein formelhafter und zögerlicher, aber dringend notwendiger Diskurs zur Öffnung des kollektiven Gedächtnisses für eine komplexere Geschichtswahrnehmung. Im Westen ist dies der sogenannte Historikerstreit um die Singularität von Auschwitz, und ich wage nicht, ihn in derselben Weise wie den östlichen zu qualifizieren. Gewiß ist er sehr viel offener und dynamischer verlaufen, aber seine Fragestellungen lagen doppelt verquer zu der sich öffnenden Wahrnehmung des verdrängten rassistischen Zusammenhangs des Dritten Reiches. Auf der einen Seite wurde in diesen Diskurs mit dem Vergleich des Holocausts mit dem GULag interveniert und versucht, den Subjektbezug unserer Geschichtswahrnehmung apologetisch zu lockern, um schließlich sogar den Rassenmord als defensive Reaktion auf einen befürchteten Klassenmord verständlich zu machen. Tatsächlich handelt es sich aber um zwei säkulare Verbrechenszusammenhänge, die unabhängig voneinander entstanden sind, und deren begrenzte Interaktion eher umgekehrt verläuft. Jeder ist aufklärungsbedürftig, und es ist gut, daß nun auch die Russen an ihre Arbeit gehen; das ist aber kein Grund, daß wir Deutsche sie ihnen abnehmen wollen und dafür die unsere liegenlassen.
Auf der anderen Seite wurde die Singularität von Auschwitz verteidigt und dafür lassen sich bessere Argumente anführen. Die sollten wir akzeptieren; sie sollten uns aber nicht verführen, die Erweiterung unserer Geschichtswahrnehmung auf die anderen Opfergruppen und auf den politischen und kulturellen Zusammenhang ihrer Diskriminierung, Verfolgung und oft genug Ausrottung zu unterbrechen und dazu zurückzukehren, daß das einzig Problematische am Dritten Reich der Antisemitismus seiner Führung und ein riskanter Krieg gewesen sei, wofür wir mit der Wiedergutmachung und der deutschen Teilung bezahlt hätten. Erst wenn alle Dimensionen des Dritten Reiches wahrgenommen worden sind, wird es einen Ort in jener deutschen Geschichte finden, von der nicht klar ist, ob sie weitergeht. Einstweilen aber wird die Rekonstruktion des Gedächtnisses in allen Teilen Deutschlands von diffusen Schüben der Erinnerung und der Abwehr begleitet bleiben.

Wolfgang Schieder

Faschismus als Vergangenheit

Streit der Historiker in Italien und Deutschland

I.

Von ›Faschismus‹ als einer ›Vergangenheit‹ zu sprechen, setzt ein bestimmtes Verständnis von diesem voraus. Dies besteht zunächst darin, daß der Faschismus als ein historisches Phänomen angesehen wird, nicht als eine Bedrohung unserer Gegenwart. Das bedeutet nicht, daß er damit auch schon als historisch überwunden gelten könnte. Im Gegenteil: Wie der Streit der Historiker nicht nur in Deutschland, sondern auch in Italien zeigt, ist es eine Folge der politischen Verheerungen, die der Faschismus hinterlassen hat, daß er bis heute unvermindert nachwirkt.

Nirgendwo, das ist eine weitere Vorüberlegung, hat der Faschismus in einer nationalen Gesellschaft solche Narben hinterlassen wie in Deutschland und, wenn auch mit erheblichem Abstand, in Italien. Nach meiner Auffassung ist das damit zu erklären, daß es zwar in der Zwischenkriegszeit in fast allen europäischen Ländern faschistische Bewegungen gegeben hat, nur in Italien und in Deutschland sind jedoch auch aus eigener Kraft faschistische Diktaturregime entstanden. Nur in diesen beiden Ländern, in Deutschland freilich wiederum weit mehr als in Italien, konnte der Faschismus daher zu einer Vergangenheit werden, die bis heute nicht vergehen kann.

Faschistische Regime entstanden in Italien 1922 und in Deutschland 1933; sie endeten in beiden Ländern 1945. Beide Völker, das ist eine dritte Vorüberlegung, wurden damit gleichzeitig vor die Frage gestellt, wie sie mit ihrer faschistischen Vergangenheit fertig würden. Häufig wird die Auffassung vertreten, sie hätten sich völlig unterschiedlich verhalten. Andererseits wird die deutsche und italienische Auseinandersetzung mit der Vergangenheit des Faschismus jedoch auch manchmal vorschnell gleichgesetzt. Demgegenüber möchte ich hier die Auffassung vertreten, daß beide Völker eine faschistische Vergangenheit haben, die doch nicht einfach dieselbe ist. Ich kann das hier nicht in allen Einzelheiten darstellen, muß vielmehr für Deutschland einiges voraussetzen. Wichtig scheint mir vor allem zu sein, die Auseinandersetzung der Italiener mit ihrer faschistischen Vergangenheit vorzustellen. Folgerungen für die Diskussion über den Nationalsozialismus ergeben sich daraus mehr oder weniger von selbst.

Ausgangspunkt für die Beurteilung der italienischen Auseinandersetzung mit dem Faschismus muß die Tatsache sein, daß das Regime Mussolinis am 25. Juli 1943 ohne fremde Hilfe gestürzt wurde. Was ein Jahr später, am 20. Juli 1944, in Deutschland scheiterte, gelang in Italien: Die Absetzung des faschistischen Diktators durch eine nationalkonservative Fronde, deren Exponent König Viktor Emanuel III. war. In einer Art politischer Parallelaktion hatte sich zuvor im sogenannten Großen Rat des Faschismus *(Gran Consiglio del Fascismo)* auch die Mehrheit der faschistischen Unterführer von Mussolini losgesagt, eine Möglichkeit, die sich in Deutschland nur ganz von ferne in der Mitwisserschaft Himmlers an der Vorbereitung des Attentates vom ›20. Juli‹ andeutete.

Von entscheidender Bedeutung für die Italiener ist ferner, daß sie die Beseitigung des Faschismus nicht ausschließlich dem Sieg der Alliierten verdanken. Das oberitalienische Satellitenregime der »Repubblica Sociale Italiana« (RSI), über das Mussolini von 1943 bis 1945 mit Hitlers Hilfe nochmals gebieten konnte, wurde größtenteils von einer militärischen Widerstandsbewegung beseitigt. Diese militärische ›Resistenza‹ wurde politisch schon im Untergrund von sechs Parteien getragen, die sich im »Comitato di Liberazione Nazionale« (CLN) zu einer politischen Allianz zusammenschlossen. Das eigentlich Bedeutsame an diesem Bündnis war seine politische Bandbreite. Diese reichte nämlich von dem rechtsgerichteten »Partito Liberale Italiano« (PLI) über die »Democrazia Cristiana« (DC) bis zum »Partito Comunista Italiano« (PCI). Die gemeinsame Frontstellung des CLN war der ›Antifascismo‹. Sie überdauerte den Widerstand und bildete die politische und moralische Basis der republikanischen Verfassungsschöpfung Italiens von 1947. Diese Verfassung wurde auch von den Kommunisten mitgetragen. Ungeachtet ihrer auch heute immer noch autoritären Binnenstruktur entzog der PCI unter der weitsichtigen Führung Palmiro Togliattis mit seinem »Ja« zur liberal-demokratischen Verfassungsordnung jedem demokratisch motivierten Antikommunismus den Boden. Auch wenn die Partei im Zuge des ›Kalten Krieges‹ frühzeitig aus der großen Koalitionsregierung der entstehenden Republik ausscheiden mußte, zählt sie deshalb doch bis zum heutigen Tage zum sogenannten Verfassungsbogen der staatstragenden Parteien.

Eine wesentliche, wenn nicht überhaupt eine entscheidende Rolle spielte in diesem Zusammenhang die Geschichtsschreibung. Sie prägte die historische Bewußtseinsbildung der Italiener bis in die sechziger Jahre hinein in dem Geist des ›Antifaschismus‹, der nach dem Untergang des Faschismus und der diesen mittragenden Monarchie die politische Basis der republikanischen Staatsschöpfung war. Das klingt vielleicht aus deutscher Sicht übertrieben. Kann die Geschichtswissenschaft über ihr wissenschaftliches Metier hinaus politisch tatsächlich viel bewirken? Die Antwort lautet: In Italien ja! Die Historiker gehören hier seit jeher zur ›politischen Klasse‹, d. h. sie wechseln ganz selbstverständlich von der Universität in den Journalismus, in die Politik oder in die Diplomatie, um dann möglicherweise ebenso selbstverständlich wieder auf ihren Lehrstuhl zurückzukehren. Historiker wie die langjährigen italienischen Botschafter in Bonn Pietro Quaroni und Luigi Graf Ferraris, wie den sozialistischen Chefredakteur Gaetano Arfè, den republikanischen Verteidigungsminister und ehemaligen Ministerpräsidenten Spadolini oder den kommunistischen Oberbürgermeister von Bologna Zangheri gibt es in Deutschland nicht. Es kommt hinzu, daß fast alle bekannteren Zeithistoriker Italiens mehr oder weniger regelmäßig in den großen Tageszeitungen schreiben. Historikerstreit, als politischer Tagesstreit in den Medien ausgetragen, ist insofern in Italien durchaus die Regel, nicht eine plötzliche Erscheinung. Es gibt unter den Historikern deshalb auch eine politische Streitkultur, die bei aller parteilichen Gegensätzlichkeit auch wieder verbindet.[1]

Das gesellschaftliche Verbundsystem von Politik, Journalismus und Geschichtswissenschaft erklärt, weshalb von der faschistischen Vergangenheit Italiens nach 1945 zunächst ausschließlich die Widerstandsbewegung gegen den Faschismus wahrgenommen wurde. Die italienische Zeitgeschichtsforschung sah es zunächst übereinstimmend als ihre politische Aufgabe an, die staatstragende Koalition des Antifaschismus historisch zu legitimieren. Bezeichnenderweise gehörten viele der intellektuellen Führer der ›Resistenza‹ wie Giorgio Amendola, Leo Valiani oder der spätere Staatspräsident Pertini zu den Initiatoren der antifaschistischen Geschichtsschreibung. Auf Initiative von Ferrucio Parri, des ersten Ministerpräsidenten der Republik, wurde 1949 in Mailand das »Nationale Institut für die Geschichte der Befreiungsbewegung in Italien« *(Instituto nazionale per la storia del movimento di liberazione in Italia)* gegründet, dem zahllose regionale und lokale Institutsgründungen folgten. Noch heute gibt es über 50 solcher Resistenza-Institute. Die von dem Mailänder Zentralinstitut herausgegebene Zeitschrift »Il Movimento di Liberazione in Italia« (seit 1974 »Italia Contemporanea«) war über Jahrzehnte hinweg überhaupt die einzige nennenswerte zeitgeschichtliche Zeitschrift Italiens.

Die Konzentration der zeitgeschichtlichen Forschung auf die antifaschistische Emigration und die Widerstandsbewegung der Jahre 1943–1945 bedeutete dreierlei: *Zum ersten* sollte dadurch die historische Erinnerung an das gegenüber dem Faschismus bessere Italien bewahrt werden. Das war in erster Linie eine Frage der politischen Moral, weniger der historischen Kritik. Ein großer Teil dieser Resistenzaforschungen lief daher auch eher auf heroisierende Spurensicherung als auf quellenkritische Forschung hinaus. Wichtig war aber *zweitens*, daß Antifaschismus und Widerstand gegen den Faschismus als ›Zweites Risorgimento‹ interpretiert wurden. Damit knüpfte man an die These Antonio Gramscis an, daß die italienische Nationalstaatsgründung wegen der ausgebliebenen Agrarrevolution unvollendet geblieben sei. Politisch hieß das, daß die Katholiken und die (sozialistischen) Arbeiter, die außerhalb des bürgerlichen Nationalstaates geblieben waren, durch das ›Zweite Risorgimento‹ in diesen integriert worden seien. Sowohl die katholische wie die sozialistisch-kommunistische Kultur Italiens wurden daher seit 1945 in ganz überproportionaler Weise historisch erforscht. Die DC einerseits, die Sozialistische Partei und die Kommunistische Partei andererseits erhielten dadurch jedoch als führende politische Kräfte der Republik Italiens ihre historische Legimitation.

Zum dritten aber hatte die antifaschistische Orientierung der Zeitgeschichte zur Folge, daß der Faschismus selbst aus der Forschung ausgeklammert wurde. Fern aller historischen Kritik lehnte man es ab, diesen aus sich selbst heraus zu verstehen. Der Faschismus wurde gleichsam ein für allemal in das ›Reich des Bösen‹ verdammt. Sich mit ihm wissenschaftlich zu beschäftigen, galt an sich schon als unmoralisch. Das mag heute als unverständlich erscheinen. Ich möchte jedoch darauf hinweisen, daß es in der zeitgeschichtlichen Forschung der DDR bis zum heutigen Tage ähnlich merkwürdige Tabuisierungen gibt. So haben die ostdeutschen Historiker beispielsweise noch neuerdings »aus Gründen antifaschistischer Reinlichkeit und Distanzwahrung« darauf verzichtet, die ihnen im Original vorliegenden Goebbels-Tagebücher wissenschaftlich zu edieren.[2]

Es liegt auf der Hand, daß das antifaschistische Paradigma sich in dieser Hinsicht am fragwürdigsten darstellt. Den Faschismus pauschal ins historische Abseits zu stellen, ohne ihn in seiner Geschichte aufzuarbeiten, konnten sich allenfalls die antifaschistischen Historiker erlauben, die unter seiner Herrschaft noch persönlich zu leiden gehabt hatten. Bei einer jüngeren postfaschistischen Generation mußte unweigerlich einmal die wissenschaftliche Neugier über den bloßen Abscheu vor dem Faschismus obsiegen. Eben dies war in den sechziger Jahren der Fall, als die bis dahin weitgehend geschlossenen Archive der faschistischen Zeit für die Historiker geöffnet wurden.

II.

Es war eine Gruppe junger römischer Historiker, die sich Mitte der sechziger Jahre entschlossen der Erforschung des italienischen Faschismus zuwandte. Alberto Aquarone, Piero Melograni, Giuseppe Rossini und vor allem Renzo De Felice ließen sich dabei zunächst von der Maxime leiten, daß man die historische Realität des Faschismus erst genau kennen müsse, bevor man über diesen kritisch urteilen könne.[3] Das war eine eigentlich selbstverständliche Voraussetzung historischer Erkenntnis, die für die NS-Forschung in Deutschland auch von Anfang an gegeben war. In dem eigentümlichen Klima der italienischen Politik, in dem der antifaschistische Geschichtsmythos vielfach zu einer Art politischer Lebenslüge geworden war, waren solche scheinbar selbstverständlichen Grundsätze jedoch nur schwer durchzusetzen. Dabei war vor allem De Felice alles andere als ein wissenschaftlicher Außenseiter. Sein erstes, schon aufsehenerregendes zeitgeschichtliches Buch über die »Geschichte der italienischen Juden unter dem Faschismus« war durchaus im Geist des politischen Antifaschismus geschrieben.[4] Zwar handelte es in starkem Maße schon vom Regime des Faschismus; doch geschah dies in erster Linie noch im Hinblick auf die Opfer der faschistischen Politik. Erst mit seiner fundamentalen Mussolini-Biographie, deren erster Band 1965 erschien, erhob De Felice die voraussetzungslose Erforschung des Faschismus zum Programm.[5] An die Stelle der bloß subjektiven Verurteilung des Faschismus setzte er die Objektivität der historischen Darstellung. Die Epoche des Faschismus stellte für ihn historische Vergangenheit dar wie andere Epochen der italienischen Geschichte auch. Sie aus der historischen Distanz darzustellen, anstatt sich von ihr bloß zu distanzieren, sah er als die eigentliche Aufgabe des Historikers an.

Es ist unverkennbar, daß in diesem historischen Ansatz von Anfang an auch eine rechtfertigende Tendenz enthalten war. Sie trat jedoch zunächst zurück hinter der geradezu überwältigenden dokumentarischen Forschungsleistung De Felices. Wie ein Eisbrecher zieht er seit nunmehr fast einem Vierteljahrhundert seine Spur durch eine immer noch in mancher Hinsicht erstarrte Forschungslandschaft. Die ursprünglich schon auf vier Bände angelegte Biographie Mussolinis weitete sich mehr und mehr zu einer großen Gesamtdarstellung des faschistischen Italiens aus. Inzwischen sind neben zahlreichen begleitenden Monographien, Aufsätzen und Anthologien schon fünf Bände der Biographie erschienen.[6] Zwei weitere sind noch zu erwarten. Schon jetzt umfaßt die Biographie fast 4500 Seiten, eine nicht nur vom Umfang, sondern vor allem auch von der erstmaligen Erschließung der Quellen her ganz einzigartige Forschungsleistung. De Felice rückte dadurch, wie immer man seine Interpretation Mussolinis beurteilen mag, ohne Frage in die erste Reihe der italienischen Historiker. In Deutschland könnte man ihn mit dieser monumentalen Leistung kaum jemand an die Seite stellen. Niemand hat jedenfalls bisher Hitlers Biographie so minuziös und eindringlich dargestellt, nicht einmal Joachim Fest.

Wie hat nun die auf das antifaschistische Paradigma festgelegte italienische Öffentlichkeit auf die Herausforderung De Felices reagiert? Wer erwartet hatte, daß sich daraus eine wissenschaftliche Grundsatzdebatte über die Vergangenheit des Faschismus ergeben müßte, sah sich zunächst enttäuscht. Nur der erste Band der Mussolini-Biographie wurde intensiver diskutiert, weil De Felice Mussolini darin als genuinen »Revolutionär« vorstellte. Das rührte an das Selbstverständnis der linken, radikaldemokratisch oder marxistisch geprägten Geschichtswissenschaft. Als De Felice mit den nächsten beiden Bänden die Machtergreifung Mussolinis (1921–1925) und den Aufbau des faschistischen Staates (1925–1929) darstellte, blieb jedoch im Grunde jedes Echo aus. Die antifaschistische Geschichtsschreibung war, schon weil sie die Quellen nicht kannte, nicht zu einer ernsthaften Auseinandersetzung fähig. De Felice besetzte mit seinen allmählich immer zahlreicher werdenden Schülern das Feld der Faschismusforschung. Auf der anderen Seite führte man darüber Klage, reagierte aber eigentlich nicht. »Il Manifesto«, die linkskommunistische Intellektuellenzeitung, stellte dazu resigniert fest: »Die marxistische Kultur kann nur eine ihrer vielen verlorenen Gelegenheiten beklagen... Die überzeugendste und wirksamste Antwort, die man De Felice geben könnte, wäre es, eine andere Geschichte des Faschismus zu schreiben, die auf einer ebenso breiten dokumentarischen Basis aufruht und einen ebenso großen Zeitraum umfaßt.«[7]

De Felice konnte sich insofern kampflos als Sieger fühlen; doch sein Vorstoß ging im Grunde ins Leere. Die antifaschistische Geschichtsschreibung beherrschte, vor allem im Unterricht an Schulen und Universitäten und in den Medien, nach wie vor das Feld, obwohl sie den Faschismus als solchen weiterhin so ignorierte wie zuvor. Nun hätte De Felice darauf vertrauen können, daß sich die historische Wahrheit, schon weil er dieser mit seinen Forschungen als erster ins Auge schaute, auf die Dauer schon durchsetzen würde. Die Umsetzung wissenschaftlicher Erkenntnisse in historisches Kollektivwissen ist immer ein komplizierter und oft äußerst langwieriger Vorgang. Doch De Felice vertraute nicht einfach auf die Durchsetzungskraft seiner wissenschaftlichen Argumente. Ihm kam es auf direkte, auf politische Wirkung an. Ganz so voraussetzungslos, wie er zu Anfang behauptet hatte, waren seine Faschismusforschungen in politischer Hinsicht eben doch nicht. Im Gegenteil: Wer die umfangreichen Bände der Mussolini-Biographie genauer las, konnte darin, von Band zu Band stärker, durchaus auch eine politische Absicht erkennen. De Felice kam es ganz offensichtlich von Anfang an nicht auf eine bloße Historisierung des Faschismus an, sondern auf eine Historisierung zu bestimmten Zwecken.

Um das besser zu verstehen, empfiehlt sich an dieser Stelle ein Blick auf analoge intellektuelle Auseinandersetzungen in der Bundesrepublik Deutschland. Auch im sogenannten Historikerstreit der letzten Jahre ging es ja um das Problem der Historisierung. Es war Martin Broszat, der als erster für eine stärkere Historisierung des Nationalsozialismus plädierte.[8] Das geschah jedoch ausdrücklich nicht in relativierender Absicht. Broszat wollte die Geschichte des Nationalsozialismus vielmehr nur deswegen wieder umfassender in den Gesamtzusammenhang der deutschen Geschichte einordnen, weil er auf diese Weise auch in moralischer Hinsicht einen neuen Bezugsrahmen für die Beurteilung der verhängnisvollen zwölf Jahre zu gewinnen hoffte. Das richtete sich bei ihm gegen die in der Tat mehr und mehr ins Unverbindliche sich verflüchtigende Gewohnheit vieler deutscher Politiker, sich bei öffentlichen Anlässen von der ›nationalsozialistischen Gewaltherrschaft‹ zu distanzieren, ohne sich mit dieser überhaupt noch auseinanderzusetzen. Saul Friedländer kritisierte Broszat insofern zu Unrecht, wenn er ihm vorwarf, den Nationalsozialismus und insbesondere dessen Verbrechen historisch relativieren zu wollen.[9]

Sehr viel berechtigter waren dagegen die Vorwürfe Friedländers, wenn er, ähnlich wie Jürgen Habermas, vor allem Ernst Nolte vorhielt, durch die Historisierung des Nationalsozialismus die historische ›Singularität‹ des Massenmordes an den Juden Europas in Frage zu stellen. ›Historisierung‹ bedeutet in dieser Hinsicht, das muß immer wieder deutlich gesagt werden, zwar nicht Rechtfertigung, aber doch historische Relativierung des Nationalsozialismus. Das Historisierungskonzept erweist sich somit gegenüber der faschistischen Vergangenheit als januskköpfig. Es kommt immer darauf an, was darunter zu verstehen ist.

Im Falle von Renzo De Felice, um wieder darauf zurückzukommen, war die Absicht, den italienischen Faschismus zu historisieren, ganz offensichtlich auch mit dem Zweck verbunden, ihn seines negativen Sondercharakters zu entkleiden und gleichsam in die Normalität der italienischen Geschichte einzuordnen. Dies wurde mit einem Schlage sichtbar, als der römische Historiker nach der Veröffentlichung des vierten Bandes seiner Mussolini-Biographie im Juli 1975 in einem ausführlichen wissenschaftlichen Interview Stellung bezog. Das mit dem amerikanischen Historiker Michael A. Ledeen geführte Gespräch erschien unter dem Titel »Intervista sul Fascismo« als Taschenbuch in dem renommierten Verlag Laterza.[10] Wenn De Felice sich bis dahin nicht zu Unrecht über eine Mauer des Schweigens beklagt hatte, so konnte er sich nun des öffentlichen Interesses kaum noch erwehren. Das »Interview« löste einen öffentlichen Historikerstreit aus, wie ihn Italien noch nie gesehen hatte. Insgesamt wurden von dem Bändchen weit über 100000 Exemplare verkauft. Die Stellungnahmen in allen möglichen Zeitschriften und Zeitungen gingen in die hunderte. Die wichtigsten davon wurden wiederum in Sammelbänden zusammengestellt. Selbstverständlich beteiligten sich auch Rundfunk und Fernsehen an der Debatte. Kurzum: Alle Elemente und Erscheinungsformen eines aufgeregten öffentlichen Diskurses, wie wir sie aus dem deutschen Historikerstreit kennen, waren ein Jahrzehnt zuvor auch schon in dem italienischen zu finden.

Die Debatte wurde von den Kritikern und Verteidigern De Felices mit wachsender Erbitterung geführt. De Felice selbst sah sich, nicht ganz zu Unrecht, ideologischer Lynchjustiz und öffentlichem Psychoterror ausgesetzt. Jedoch war er es selbst, der mit Bedacht mit seinem ›Interview‹ den ersten Stein geworfen hatte. Die intellektuelle Szene beruhigte sich erst wieder, als der kommunistische Senator Giorgio Amendola, dessen liberaler Vater von den Faschisten ermordet worden ist, mit seiner ganzen öffentlichen Autorität die salomonische Formel durchsetzte, daß Faschismus und Antifaschismus »die beiden Seiten der gleichen italienischen Realität« seien.[11]

Worum ging es in diesem ersten italienischen Historikerstreit? Um die Vergangenheit des Faschismus. De Felice verstand, das ist keine Frage, sein ›Interview‹ jedoch gleichzeitig als einen Beitrag zur italienischen Tagespolitik. Schon der Zeitpunkt seines Erscheinens weist darauf deutlich hin. Das ›Interview‹ erschien wenige Wochen nach dem aufsehenerregenden Wahlsieg der Kommunisten in Kommunal- und Regionalwahlen, der den seit längerem diskutierten ›Historischen Kompromiß‹ endgültig seiner Realisierung nahezubringen schien. Überdeutlich nahm De Felice dazu Stellung. Den historischen Versuch der liberalkonservativen Führungsgruppen Italiens in den Jahren zwischen 1921 und 1924, den Faschismus zu ›konstitutionalisieren‹ und so in die politische Normalität zu überführen, verglich er kühn mit der Normalisierungspolitik gegenüber den Kommunisten, wie sie Mitte der 70er Jahre besonders von Aldo Moro betrieben wurde. »Dies ist«, behauptete De Felice in einer einigermaßen gewagten Analogie, »ein Manöver, das sich mir heute zu wiederholen scheint, wo ein bestimmter Teil des italienischen Bürgertums eine Beteiligung der Kommunisten an der Macht in der Annahme befürwortet, man könne aus ihnen Sozialdemokraten machen.«[12] Der antifaschistische Konsens, der zweifelsohne die geistige Voraussetzung für die Herstellung des ›Historischen Kompromisses‹ der traditionellen Regierungsparteien mit der Kommunistischen Partei war, wurde damit von De Felice brüsk aufgekündet. Das hatte man bisher in Italien allenfalls von neofaschistischer Seite gehört. Und De Felice setzte noch eins darauf und behauptete, daß die öffentliche Kultur Italiens in gefährlicher Weise von den Kommunisten hegemonisiert werde.[13] Mit anderen Worten: Er suchte die antifaschistische Konsensideologie des demokratischen Nachkriegsitaliens als kryptokommunistisch zu entlarven.

Vor diesem Hintergrund erhielten auch seine eigentlich wissenschaftlichen Aussagen über den Faschismus ein besonderes politisches Gewicht. Es sind vor allem drei Gesichtspunkte, die er in seinem ›Interview‹ in den Vordergrund stellte. Zum *ersten* hob er hervor, daß der Faschismus in Italien als ›Bewegung‹ einen modernisierenden, ja revolutionierenden Charakter gehabt habe. Dieser habe sich als Unterströmung auch noch erhalten, als der Faschismus zum Diktaturregime geworden sei. *Zweitens* unterstrich De Felice nachdrücklich, daß das faschistische Regime, zumindest in den Jahren zwischen 1929 und 1936 nicht auf polizeistaatlichem Zwang und politischem Terror, sondern auf einem breiten Massenkonsens beruht hätte.

Mit beiden Thesen stellte er das historische Recht des Antifaschismus in Frage: Wenn der Faschismus in bestimmter Hinsicht einen fortschrittlichen Charakter gehabt und die Italiener ihm sogar freiwillig zugestimmt hätten, so müßte man die historische Rolle der antifaschistischen Opposition in der Tat anders bewerten als bisher. Es ist deshalb verständlich, daß sich hieran erregte Diskussionen geknüpft haben. Einer der schärfsten Kritiker De Felices, der Turiner Historiker Nicola Tranfaglia, hat ihm in diesem Zusammenhang vorgehalten, als erster Historiker nach 1945 den »Versuch einer Rehabilitierung der faschistischen Bewegung« zu machen.[14] Auch zurückhaltendere Kritiker zweifelten sowohl den Modernisierungs- wie den Mobilisierungsbegriff De Felices an. Daraus ergab sich immerhin eine durchaus fruchtbare wissenschaftliche Debatte über die Fragen der propagandistischen und manipulatorischen Herstellung von ›Konsens‹ in einem Diktaturregime wie dem faschistischen.[15]

De Felice hat sich in dieser Auseinandersetzung letzten Endes behaupten können. Man hat es eigenartigerweise auch hingenommen, daß er in einer eigenwilligen Terminologie das faschistische Regime nicht als ›totalitär‹, sondern nur als ›totalitario‹ kennzeichnete.[16] Das war keineswegs nur ein Wortspiel. De Felice wollte damit vielmehr zum Ausdruck bringen, daß das faschistische Regime nur ›à la italiana‹ totalitär gewesen sei, nämlich dem verbalen, rhetorischen Anspruch nach, nicht aber in der historischen Realität. Da die Totalitarismustheorie aufgrund der besonderen, die Kommunisten einschließenden antifaschistischen Grundeinstellung in der italienischen Historie und Politikwissenschaft nie Eingang gefunden hatte, ließ man diese Interpretation ohne weiteres durchgehen.

Noch weniger war man in der Lage, sich mit einer *dritten* wissenschaftlichen These De Felices angemessen auseinanderzusetzen. Sie lief auf die Behauptung hinaus, daß der italienische Faschismus auf der ganzen Linie von seinem deutschen Pendant abgehoben werden müsse. Dieser Vorstoß war insofern überraschend, als De Felice zuvor selbst eine umfangreiche Anthologie von Texten zur Faschismustheorie publiziert und überdies einen Abriß der »Interpretationen des Faschismus« geschrieben hatte.[17] Schon an diesen theoretischen Schriften war aber aufgefallen, daß De Felice entgegen der in der internationalen Faschismusforschung überwiegenden Ansicht die historischen Gemeinsamkeiten der verschiedenen Faschismen ganz niedrig, die nationalen Besonderheiten dagegen ganz hoch ansetzte. Er hielt es sogar für schwierig, »in historischer Hinsicht überhaupt von einem wirklich einheitlichen Phänomen« zu sprechen.[18] In seinem ›Interview‹ von 1975 ließ er insofern nur deutlicher erkennen, worauf es ihm offenbar von Anfang an immer schon ankam: Auf die Abtrennung der Geschichte des italienischen Faschismus von der des Nationalsozialismus. De Felice bezeichnete es nunmehr als »eine seiner Grundüberzeugungen«, daß »im Grunde die Unterschiede zwischen italienischem Faschismus und Nationalsozialismus enorm groß« seien. Es handele sich »um zwei Welten, zwei Traditionen, zwei Nationalgeschichten«, die sich so stark unterschieden, daß es außerordentlich schwierig sei, »sie unter einem gemeinsamen Blickwinkel zu vereinen«.[19]

Weder von seinen wissenschaftlichen Anhängern noch von seinen sehr viel zahlreicheren Kritikern ist diese dritte Zentralthese De Felices besonders beachtet worden. Man hielt zwar weiter an der antifaschistischen Formel des ›Nazifaschismus‹ fest, ohne diese jedoch nach drei Jahrzehnten historisch vergleichend aufgearbeitet zu haben. Lediglich einige marxistisch orientierte Historiker innerhalb des antifaschistisch geprägten Historikerlagers aus dem Turiner Kreis um Guido Quazza fühlten sich angesprochen und hielten De Felice entgegen, den fundamentalen Zusammenhang von kapitalistischer Wirtschaft und faschistischer Herrschaft zu vernachlässigen.[20] De Felice konnte ihnen gegenüber jedoch auf seine eigenen und vor allem die Forschungen Piero Melogranis verweisen, aufgrund derer in der Tat feststeht, daß die Großindustriellen in Italien 1922 erst in letzter Minute zu Mussolini gestoßen sind, diesen also keineswegs von allem Anfang an gefördert oder gar politisch aufgebaut haben.[21]

Ein Argument für die historische Singularität des Italofaschismus war das jedoch ebensowenig, wie dies alle anderen vermeintlichen Beweise waren, die De Felice in seinem ›Interview‹ dafür vorlegte. Daß die faschistische Bewegung vor ihrer politischen Machtergreifung nicht vom ›großen Kapital‹ finanziert wurde, sondern vor allem durch die eigenen Mitglieder, gilt, wie wir durch die Forschungen Henry A. Turners wissen, gerade auch für die NSDAP.[22] Nicht anders steht es mit der Idee des ›neuen Menschen‹ und der vitalistischen Zukunftsverherrlichung, die nach De Felice angeblich nur im italienischen Faschismus, nicht aber im deutschen zu finden sei.[23] Mit Recht wies Enzo Collotti ihn darauf hin, daß beides »zum ideologischen Gepäck des Nationalsozialismus ebensosehr wie zum Besitzstand des Faschismus« gehörte.[24] Und was nach De Felice schließlich Besonderheiten der faschistischen Regimebildung in Italien sein sollen, war gerade auch für den Nationalsozialismus typisch: So wie Mussolinis Machtergreifung das »Ergebnis eines Kompromisses zwischen dem Faschismus und der traditionalen herrschenden Klasse« war,[25] war sie dies bekanntlich auch in Deutschland. Wenn in Italien 1922 »alle diejenigen Voraussetzungen, die seinen Aufstieg begünstigt und entschieden hatten, im Abklingen waren«,[26] so verhielt sich das 1933 in Deutschland nicht anders. Und der Versuch der nationalkonservativen Bündnispartner Mussolinis, den Faschismus zu ›konstitutionalisieren‹,[27] entspricht exakt dem Zähmungskonzept Papens und anderer Nationalkonservativer in Deutschland gegenüber Hitler. Hier zeigt sich, daß De Felice, wie damals überhaupt dem größten Teil der italienischen Faschismusforschung, die Ergebnisse der NS-Forschung so gut wie überhaupt nicht präsent waren.

III.

Im italienischen Historikerstreit der siebziger Jahre spielten vergleichende Gesichtspunkte überhaupt kaum eine Rolle. In fast schon narzißhafter italozentrischer Selbstbezogenheit setzte man sich nach wie vor fast ausschließlich nur mit der eigenen faschistischen Vergangenheit auseinander. Es kann so kaum verwundern, daß der Streit der siebziger Jahre gut ein Jahrzehnt später aufs Neue ausbrechen konnte. Auch dieser zweite italienische Historikerstreit über die faschistische Vergangenheit wurde von Renzo De Felice ausgelöst. Wie beim ersten Mal war es auch dieses Mal ganz offensichtlich ein politischer Anlaß, der den römischen Historiker dazu verführte, sich mit der intellektuellen Linken anzulegen. Wurde er mit seinen Anhängern 1975 von der Sorge vor dem ›Historischen Kompromiß‹ zwischen Kommunisten und Christlichen Demokraten umgetrieben, so ging es ihm Ende 1987 offensichtlich darum, den – schließlich freilich gescheiterten – Versuch der Regierung des Sozialisten Craxi zu unterstützen, das politische System Italiens durch eine grundlegende Verfassungsreform zu verändern. In zwei Interviews mit dem Journalisten Giuliano Ferrara erklärte er im »Corriere della Sera« um die Jahreswende 1987/88 den ›Antifaschismus‹ zur bloßen Ideologie. Durch die Entgegensetzung von ›Antifaschismus‹ und ›Faschismus‹ werde die Demokratie in Italien ausschließlich negativ bestimmt. Ein »positiver Dialog über die Demokratie« werde dadurch verhindert. De Felice plädierte deshalb dafür, endlich mit der »offiziellen Kultur des Antifaschismus« zu brechen.[28] Die »herrschende Klasse« des Faschismus sei zwar »illiberal« gewesen. Aber, so fragte er provozierend, könne man sicher sein, daß sie im übrigen »so viel schlechter als die gegenwärtige« gewesen sei? Hatte die

faschistische Bürokratie »ein geringeres Staatsbewußtsein« als die republikanische?[29]
Diese Fragen waren schon herausfordernd genug. Zu allem Überfluß beließ es De Felice nicht dabei. Er machte vielmehr auch noch einen konkreten Vorschlag dazu, wie die Absage an die antifaschistische Staatsideologie zu bewerkstelligen sei. Nach seiner Auffassung sollten nämlich die »antifaschistischen Normen der Verfassung« gestrichen werden.[30] Er bezog sich damit auf eine Übergangsbestimmung der italienischen Verfassung von 1947, aufgrund derer »die Reorganisation der aufgelösten faschistischen Partei« in »jeglicher Form verboten« wurde.[31] Daß die kleine neofaschistische Partei des »Movimento Sociale Italiano« auf diese Weise offiziell unter die Verfassungsparteien aufgenommen würde, nachdem sie seit ihrer Gründung im Jahre 1946 (ähnlich wie in anderer Weise die DKP in Deutschland!) bloß geduldet worden war, nahm er gelassen in Kauf. In der Tat: Von dieser eher nostalgischen als militant faschistischen Partei drohte der italienischen Republik längst keine Gefahr mehr. Jedoch war es weniger die Gegenwart als die Vergangenheit des Faschismus, die De Felice mit seinen Interviews in Italien aufwühlte. Es war die Relativierung der Unterschiede zwischen 20 Jahren Faschismus und 40 Jahren Republik, mit denen er in der italienischen Öffentlichkeit eine stürmische Diskussion entfesselte.
Die politischen Fronten waren in diesem zweiten Historikerstreit ziemlich dieselben wie im ersten gut ein Jahrzehnt zuvor. Auch dieses Mal stand De Felice der konservative Philosoph Augusto Del Noce zur Seite.[32] Der publizistisch außerordentlich einflußreiche Zeithistoriker Ernesto Galli della Loggia unterstützte De Felice mit dem Argument, daß es »Italien nötig hätte, sich mit seiner Geschichte wieder zu versöhnen«.[33] Differenzierter war die Zustimmung des der DC nahestehenden, wenig später von linksradikalen Terroristen ermordeten Verfassungshistorikers Roberto Ruffilli. Er schloß sich zwar De Felices Vorschlag, den antifaschistischen Verfassungsparagraphen zu streichen, an, wies aber darauf hin, daß dies allein noch nichts bewirke. Die Verfassung müsse gleichzeitig so ergänzt werden, daß den Parteien – gemeint waren hier sowohl die Kommunisten wie die Neofaschisten – die innere Demokratisierung ihrer Organisation zur Pflicht gemacht werde.[34]
Ähnlich einsichtige Stellungnahmen blieben aber, nicht anders als in dem vergleichbaren deutschen Historikerstreit, die Ausnahme. Dies gilt auch für die Kritiker De Felices, die in diesem zweiten Historiker-

streit ebenfalls bei weitem in der Überzahl waren. Am heftigsten wurde De Felice aus naheliegenden Gründen von Historikern widersprochen, die der kommunistischen Partei nahestehen. Der prominente Parteihistoriker Paolo Spriano hielt ihm entgegen, daß es ohne Antifaschismus in Italien nach wie vor keine Demokratie geben könne; denn diese sei nun einmal ihrem historischen Ursprung nach mit jenem identisch.[35] Enzo Collotti bezeichnete De Felices Versuch, die Unterschiede zwischen dem faschistischen Regime und dem demokratischen Staat in Italien zu relativieren, rundheraus als »historische Fälschung«.[36] Überlegter war die Reaktion Leo Valianis, dem aus der radikaldemokratischen Resistenza kommenden ›grand old man‹ der italienischen Historiographie. Er plädierte dafür, die Absage an den Faschismus in der Verfassung zu belassen, weil es unklug sei, die Demokratie eines politischen Instruments zu berauben, das sie vielleicht noch einmal gebrauchen könnte. Zugleich bestand er darauf, daß die Kommunisten in Italien trotz ihrer marxistisch-leninistischen, ja stalinistischen Vergangenheit die parlamentarische Demokratie akzeptiert hätten. Wie auch andere Kritiker De Felices wollte er damit sagen, daß man die Kommunisten zum Schaden der Demokratie nicht aus ihrer Verpflichtung gegenüber der Verfassung entlassen dürfe.[37]
Aus deutscher Sicht ist an diesem zweiten Historikerstreit aber vor allem interessant, daß die faschistische Vergangenheit anders als beim ersten der siebziger Jahre nunmehr in Italien auch explizit mit der des Nationalsozialismus in Deutschland in Beziehung gesetzt wird. Ursache dafür ist nicht zuletzt der deutsche ›Historikerstreit‹, der in Italien intensiv wahrgenommen wird.[38] De Felice nahm in seinem Interview vom Dezember 1987 darauf selbst indirekt Bezug. Er sah nämlich den italienischen Faschismus nicht nur »vor der Anklage des Genozids geschützt« und »außerhalb des sengenden Lichtkegels des Holocaust« stehend, sondern er hielt ihn in vieler Hinsicht sogar für »›besser‹ als den französischen oder den holländischen«.[39] Das konnte nur bedeuten, daß er den italienischen Faschismus im Unterschied zu anderen faschistischen Bewegungen im Hinblick auf die Judenvernichtung selbst von der Kollaboration mit den Nationalsozialisten freisprechen wollte. Dem entspricht, daß er sich etwa zur gleichen Zeit an anderer Stelle vehement gegen die Auffassung aussprach, daß es innerhalb des italienischen Faschismus überhaupt einen Rassismus gegeben hätte.[40]
Genau an diesem Punkt aber setzte der Widerspruch gegen De Felices Versuche an, den italienischen Faschismus seines Terrorcharakters zu entkleiden. Anders als noch Mitte der siebziger Jahre ist das Gewalt-

potential des italienischen Faschismus heute intensiv, wenn auch immer noch nicht ausreichend erforscht. Die antifaschistisch motivierte Geschichtsschreibung hatte sich zunächst jahrzehntelang ausschließlich für den faschistischen Terror in der Phase der Machtergreifung bis zum ›Marsch auf Rom‹ im Oktober 1922 bzw. bis zu Mussolinis Staatsstreich vom Januar 1925, der zur völligen Ausschaltung der demokratischen Opposition führte, interessiert. Die Blutspur der faschistischen Bewegung bis hin zu dem aufsehenerregenden Mord an dem sozialistischen Parteiführer Matteotti wurde durch diese Forschungen eindrucksvoll belegt. Seit langem steht daher fest, daß die Gewalttätigkeit des faschistischen Terrors in dieser Phase größer war als die des Nationalsozialismus vor 1933.[41] Wenn man aber daraus unbesehen geschlossen hatte, daß auch das Regime Mussolinis von 1925–1943 bzw. 1945 gleichermaßen terroristisch bedingt gewesen sei, so sah man sich bei zunehmender Beschäftigung mit dem faschistischen Regime gezwungen, diese Annahme zu differenzieren.

Dieser Forschungsprozeß ist noch nicht abgeschlossen. Nach meinem Eindruck zeichnet sich jedoch bisher zweierlei ab. Zum *einen* stellt sich mehr und mehr heraus, daß Mussolini seinen faschistischen Staat zwar diktatorisch, aber letzten Endes nicht terroristisch regierte. Die antifaschistische Opposition wurde zwar durch die politische Geheimpolizei *(OVRA)*, durch politische Sondergerichte und polizeilich verordnete Verbannungsmaßnahmen meist auf isolierte Mittelmeerinseln *(Confino)* konsequent verfolgt. Aber diese Verfolgungsmaßnahmen sind nicht einfach mit dem Staatsterror gleichzusetzen, den SS, SD, Gestapo und Volksgerichtshöfe in Deutschland ausübten.

Andererseits wurde jedoch zunehmend deutlich, daß auch das faschistische Regime eine Politik betrieben hat, die nicht anders als rassistisch bezeichnet werden kann. ›Rassistisch‹ heißt nicht oder jedenfalls nicht in erster Linie ›antisemitisch‹! Es gab innerhalb des italienischen Faschismus zunächst nur unbedeutende antisemitische Gruppierungen. In der faschistischen Führungselite machten zu Anfang des Regimes sogar einige Juden an prominenter Stelle politische Karriere. Daß die italienische Besatzungszone im Süden Frankreichs im Krieg oft ein letzter Fluchtpunkt für die von der SS verfolgten Juden Europas war, ist seit langem bekannt. Neuerdings wissen wir sogar, daß das faschistische Italien seit 1933 Zehntausenden von europäischen Juden Unterschlupf bot oder als Durchgangsland für Emigranten auf der Flucht vor den Nationalsozialisten diente.[42]

Dem steht aber entgegen, daß Mussolini 1938 auch in Italien antijüdische Rassengesetze durchsetzte, die etwa den ›Nürnberger Gesetzen‹ von 1935 entsprachen. Und es ist keine Frage, daß in Mussolinis Kollaborationsregime (1943–1945) bei der Deportation von etwa einem Sechstel der insgesamt 70000 italienischen Juden in die nationalsozialistischen Vernichtungslager auch mancher Italiener behilflich war. Bei der Suche nach den Ursachen für diesen widersprüchlichen Befund haben kritische italienische Historiker ihren Blick auf die faschistische Unterdrückungspolitik gegenüber Slawen sowie vor allem gegenüber Afrikanern in den italienischen Kolonien Tripolitanien und Abessinien gerichtet. Wir wissen heute, wenn auch erst unvollkommen, daß die italienischen Faschisten auf dem Balkan über die militärische Besetzung hinaus auch Konzentrationslager für politische Gefangene einrichteten, in denen viele der Eingekerkerten zugrundegingen. Vor allem aber wurde gegenüber der afrikanischen Bevölkerung in den italienischen Kolonien eine Repressionspolitik betrieben, die nach dem Urteil der Historiker Giorgio Rochat und Angelo Del Boca einem Genozid gleichkamen.[43] Von der aufständischen Nomadenbevölkerung in der Cyrenaika kamen schon zwischen 1929 und 1931 etwa 40–60000 Menschen in Konzentrationslagern um. Rochat hat neuerdings auch zweifelsfrei nachweisen können, daß 1935/36 im Abessinienkrieg auf Mussolinis persönliches Geheiß hin in größeren Mengen Giftgas eingesetzt worden ist.[44]

Angesichts solcher Tatbestände kann es nicht verwundern, daß De Felices Versuch, den italienischen Faschismus von jeder rassistisch motivierten Politik freizusprechen, in Italien energisch widersprochen wurde. Von dem angesehenen kommunistischen Zeithistoriker Paolo Alatri wurde ihm vorgehalten, daß die antisemitische Rassengesetzgebung von 1938, mit der Mussolini sich den deutschen Alliierten anpaßte, nicht zustande gekommen wäre, wenn der Antisemitismus innerhalb des italienischen Faschismus nicht doch schon gewisse Wurzeln gehabt hätte.[45] Einen Schritt weiter ging Roberto Finzi mit dem Hinweis, daß die diskriminierende Spezialzählung der jüdischen Staatsbürger, welche die Rassenabteilung des Innenministeriums im August 1938 durchführen ließ und seitdem laufend auf dem letzten Stand hielt, am Anfang aller späteren antisemitischen Polizeiaktionen des Faschismus stand.[46] Von der Beihilfe zum nationalsozialistischen Völkermord sprach er den Faschismus daher ebensowenig frei wie etwa Paolo Spriano, der De Felice entgegenhielt, daß der Faschismus »die Rassentheorien Hitlers akzeptiert und geteilt« und häufig auch »die Juden dem Henker ausgeliefert« habe.[47]

Ein Historiker wie Alessandro Galante Garrone, der selbst noch in der Resistenza aktiv war, kam schließlich sogar zu dem Fazit: »Der grausame Verbrecher ist in moralischer Hinsicht nicht viel schlechter als sein Helfershelfer.«[48]

Es blieb nicht beim bloßen Widerspruch. De Felices offenkundiges Bestreben, die historische Interpretation des italienischen Faschismus strikt von der des Nationalsozialismus abzutrennen, führte vielmehr dazu, daß er von seinen Kritikern in die Nähe von Historikern gerückt wurde, mit denen er heute ganz bestimmt nichts zu tun haben will: nämlich in die Nähe der neuen Revisionisten im deutschen Historikerstreit. Was er vermeiden wollte, hat er so selbst mit herbeigeführt: Die Verschränkung der italienischen mit der deutschen Diskussion über die Verbrechensbilanz der faschistischen Vergangenheit.

Auf der Linie des in Deutschland von Ernst Nolte verursachten ›Historikerstreits‹ neige De Felice dazu, wurde etwa von Gabriele Turi behauptet, »den italienischen Faschismus von jeder Verwicklung mit dem Holocaust freizusprechen«.[49] Noch pointierter äußerte sich dazu Enzo Collotti: »Die deutschen Revisionisten tendieren dazu, den Ausnahmecharakter des Holocaust zu leugnen, die italienischen unterstreichen seinen Ausnahmecharakter, damit sie sich mit dem Holocaust nicht die Hände schmutzig machen.«[50] Das ist insofern ein pikanter Vorwurf, als De Felice sich heute nicht nur von Noltes neuester, so fragwürdiger Interpretation des Nationalsozialismus als Antibolschewismus, sondern auch von dessen älterem faschismustheoretischem Ansatz distanziert. Der Vorwurf einer beschönigenden Deutung des Faschismus wird De Felice mit Blick auf den deutschen Historikerstreit aber durchaus zu Recht gemacht. Im deutschen und im italienischen Streit der Historiker über die Vergangenheit des Faschismus bestehen zwar verkehrte Fronten; wird in Deutschland der Versuch gemacht, die herrschende Meinung, der Nationalsozialismus sei infolge seiner einzigartigen Verbrechensbilanz historisch ›singulär‹, zu relativieren, so wird der Faschismus in Italien umgekehrt entgegen aller bisherigen Auffassung als einzigartiges historisches Phänomen hingestellt. Doch ist in der Tat festzustellen, daß es, bei aller inhaltlichen Verschiedenheit, eine strukturelle Ähnlichkeit zwischen dem historischen Revisionismus in Italien und in Deutschland gibt. Gustavo Corni, ein junger venezianischer Historiker, der auch die deutsche Geschichte gut kennt, hat diesen Sachverhalt prägnant auf einen Nenner gebracht: »Die objektive Gemeinsamkeit der beiden Revisionismen besteht in der Reduktion des negativen Charakters der jeweiligen faschistischen Regime; während De Felice und seine Anhänger jedoch den Akzent auf die Einzigartigkeit des Faschismus legen, ... suchen die deutschen Revisionisten die Einzigartigkeit des nationalsozialistischen Phänomens abzuleugnen ...«[51]

So wie im deutschen Historikerstreit alle revisionistischen Interpretationsversuche durch den Hinweis auf die gerade auch im Vergleich zu anderen Genoziden historische Sonderstellung der nationalsozialistischen Judenvernichtung abgewiesen werden konnten, mußten sich die revisionistischen Historiker in Italien von ihren Kritikern umgekehrt sagen lassen, daß auch der Faschismus nicht von dem Vorwurf rassistischer Unterdrückungspolitik freigesprochen werden könne. Dabei wird weniger auf die faschistische Kollaboration bei der Ermordung der italienischen Juden in den Jahren 1943–1945 verwiesen. Im Vordergrund stehen vielmehr die politischen Verbrechen, die der italienische Faschismus ganz aus eigenem Antrieb auf dem Balkan und vor allem in Afrika begangen hat. Nicola Tranfaglia etwa kann gegenüber den Untaten, die der Faschismus in Afrika begangen habe, »noch heute, fünfzig Jahre später, nur tiefe Scham« empfinden.[52]

So eindrucksvoll eine solche historische Selbstkritik auch sein mag, sollte sie doch, gerade aus deutscher Sicht, nicht zu falschen Schlüssen verführen. Die historische Vergangenheit des Faschismus in Italien muß im Verhältnis zu Deutschland gerade in dieser Hinsicht in anderen Proportionen gesehen werden. Ich will dazu abschließend thesenartig folgende Überlegungen anstellen:

1. Anders als De Felice bin ich zwar entschieden der Auffassung, daß es auch und gerade im italienischen Faschismus eine rassistische Grundströmung gegeben hat, die sich nur nicht in erster Linie gegen Juden, sondern vielmehr gegen Afrikaner und auch gegen Slawen richtete. Der Rassismus kann auch in der Faschismusdiskussion nicht einfach auf den Antisemitismus reduziert werden.[53]
2. Nicht jeder Rassismus kann jedoch mit jedem anderen gleichgesetzt werden. In historischer Sicht lassen sich zumindest drei Formen rassistischer Gewaltpolitik unterscheiden. Zum *ersten* gibt es einen *kolonialen Rassismus*. Er war für alle imperialistischen Großmächte des 19. und beginnenden 20. Jahrhunderts charakteristisch. Zivilisatorische Überlegenheitsgefühle mischten sich in diesem mit missionarischem Erziehungseifer gegenüber angeblich von Natur aus rückständigen Völkern. Rebellierten die kolonisierten Völker gegen die unerwünschte Vormundschaft der weißen ›Rasse‹, wurden sie mit militä-

rischen Mitteln niedergeworfen, wie sie in ihrer menschenverachtenden Brutalität gegenüber Europäern und Nordamerikanern zu dieser Zeit nicht üblich waren.

Von diesem älteren ist zum *zweiten* ein Rassismus zu unterscheiden, den ich als *Apartheids-Rassismus* bezeichnen möchte. Zivilisatorische mischen sich in diesem mit biologischen Motiven zu einer rassistischen Ideologie besonderer Prägung. Einzelne Minderheiten oder ganze Völker werden mit Hilfe dieser Ideologie gesellschaftlich ausgegrenzt und zu einer diskriminierenden Sonderexistenz gezwungen, aber nicht physisch vernichtet.

Drittens schließlich kann man von einem *Vernichtungsrassismus* sprechen, wie er in seiner monströsen Gestalt historisch bisher wohl ausschließlich nur durch den Nationalsozialismus praktiziert worden ist. Nur in dieser radikalsten Variante des Rassismus herrscht ein biologisch-sozialdarwinistisches Denken vor.

3. Im Unterschied zu dem Vernichtungsrassismus, wie ihn nur der Nationalsozialismus praktiziert hat, scheint es mir keine Frage zu sein, daß die Rassenpolitik des italienischen Faschismus teils noch von einem kolonialen, in der Hauptsache aber von einem Apartheids-Rassismus getragen worden ist. Die faschistischen Rassengesetze von 1938, die sich übrigens sowohl gegen Juden wie gegen Afrikaner richteten, spiegeln dies meines Erachtens deutlich wider. Der faschistische Rassismus in Italien wollte die Juden also nicht vernichten, sondern nur ins Getto zurückdrängen. Er erreichte mit dieser Politik insofern niemals die Dimension von ›Auschwitz‹. Dieser Unterschied sollte nicht verwischt werden. Aber auch ein Apartheids-Rassismus wirkt historisch noch schwer genug.
4. Was für die zentrale rassistische Komponente des Faschismus gilt, kann überhaupt über Gemeinsamkeiten und Unterschiede in der faschistischen Vergangenheit Deutschlands und Italiens gesagt werden. Ich kann dies hier nur noch andeuten.[54] Das Regime Hitlers war seiner Entstehung und seiner ursprünglichen Struktur nach ohne Zweifel ein faschistisches Führerregime nach der Art Mussolinis. Im Unterschied zu Mussolini, der bis zu seinem Sturz eine Vermittlungsdiktatur zwischen der potentiell revolutionären faschistischen Bewegung und dem nationalkonservativen Lager von König, Armee und Beamtenschaft ausübte, gelang es Hitler jedoch nach dem Tode Hindenburgs, seinen Handlungsspielraum entscheidend zu erweitern. Das faschistische Regime Hitlers nahm dadurch im Laufe der dreißiger Jahre in seiner verheerenden Innen- und Außenwirkung

zunehmend einen totalitären Charakter an, wie ihn der italienische Faschismus nie erreicht hat. Der Nationalsozialismus ging damit über sein historisches Vorbild in Italien entschieden hinaus, er ist in seiner historischen Grundsubstanz allerdings nicht ohne diesen zu verstehen. Gerade der historische Vergleich zeigt also, weshalb Italien und Deutschland eine gemeinsame faschistische Vergangenheit haben, die doch nicht einfach dieselbe ist.

Anmerkungen

Walter H. Pehle
Vorbemerkungen

1 Eine sehr gute Gesamtdarstellung: Ian Kershaw, Der NS-Staat. Geschichtsinterpretationen und Kontroversen im Überblick. Reinbek 1988.

2 Das eingängige Begriffspaar stammt von Ernst Nolte, Vergangenheit, die nicht vergeht, in: Frankfurter Allgemeine Zeitung, 6. 6. 1986; abgedruckt in: »Historikerstreit«. Die Dokumentation der Kontroverse um die Einzigartigkeit der nationalsozialistischen Judenvernichtung. München 1987, S. 39ff., Zit. S. 45.

3 Zur Vorgeschichte vgl. die Einleitung zu: Dan Diner (Hg.), Ist der Nationalsozialismus Geschichte? Zu Historisierung und Historikerstreit. Frankfurt 1987, S. 11f.

4 Der Briefwechsel ist dokumentiert in: Vierteljahrshefte für Zeitgeschichte 36 (1988), S. 339ff.

5 Dan Diner (Hg.), Zivilisationsbruch. Denken nach Auschwitz. Frankfurt 1988.

6 Ebenda, S. 7.

Heinrich August Winkler
Deutschland vor Hitler

1 Otto Braun, Von Weimar zu Hitler. New York ^{2}1940, S. 5.

2 Zit. nach Heinrich August Winkler, Von der Revolution zur Stabilisierung. Arbeiter und Arbeiterbewegung in der Weimarer Republik 1918–1924. Berlin ^{2}1985, S. 365.

3 Karl Dietrich Erdmann, Die Geschichte der Weimarer Republik als Problem der Wissenschaft, in: Vierteljahrshefte für Zeitgeschichte 3 (1955), S. 1–19 (Zit. S. 7).

4 Gerhard A. Ritter/Susanne Miller (Hg.), Die deutsche Revolution 1918–1919. Dokumente. Hamburg ^{2}1975, S. 209.

5 Richard Löwenthal, Bonn und Weimar: Zwei deutsche Demokratien, in: Heinrich August Winkler (Hg.), Politische Weichenstellungen im Nach-

kriegsdeutschland 1945–1953, in: Geschichte und Gesellschaft, Sonderheft 5 (1979), S. 9–25 (Zit. S. 11).
6 Gustav Radbruch, Staatskrise?, in: Neue Blätter für den Sozialismus 1 (1930), Nr. 9 (September), S. 385–388 (Zit. S. 388).
7 Karl Dietrich Erdmann, Hagen Schulze (Hg.), Weimar. Selbstpreisgabe einer Demokratie. Düsseldorf 1980.
8 Charlotte Beradt, Paul Levi. Ein demokratischer Sozialist in der Weimarer Republik. Frankfurt 1969, S. 78.
9 Schlagt Hitler!, in: Vorwärts, Nr. 97, 27. 2. 1932.

Hans Mommsen
Nationalsozialismus als vorgetäuschte Modernisierung

1 Ernst Nolte, Die Vergangenheit, die nicht vergeht, in: »Historikerstreit«. Die Dokumentation der Kontroverse um die Einzigartigkeit der nationalsozialistischen Judenvernichtung. München 1987, S. 39ff.
2 Vgl. Martin Broszat, Nach Hitler. Der schwierige Umgang mit unserer Geschichte. München 1986, S. 159–173; ders. / Saul Friedländer, Dokumentation: Ein Briefwechsel um die Historisierung des Nationalsozialismus, in: Vierteljahrshefte für Zeitgeschichte 36 (1988), S. 339–372.
3 Dies der Versuch von Eberhard Jäckel, Hitlers Weltanschauung. Entwurf einer Herrschaft. Stuttgart ^{2}1981.
4 Broszat, Nach Hitler (wie Anm. 2), S. 68.
5 Martin Broszat, Soziale Motivation und Führer-Bindung des Nationalsozialismus, in: Vierteljahrshefte für Zeitgeschichte 18 (1970), S. 400f.
6 S. demnächst Horst Mühleisen (Hg.), Hellmuth Stieff. Soldat und Patriot im Widerstand, Briefe 1918–1944 nebst einem Lebensbild. Berlin 1990.
7 Vgl. Ian Kershaw, Der Hitler-Mythos. Volksmeinung und Propaganda im Dritten Reich. Stuttgart 1980, S. 27f.
8 NG1296; vgl. H. Mommsen, Ausnahmezustand als Herrschaftstechnik des NS-Regimes, in: Manfred Funke (Hg.), Deutschland und die Mächte. Materialien zur Außenpolitik des Dritten Reiches. Düsseldorf 1976, S. 35ff.
9 Vgl. J. P. Stern, Hitler. Der Führer und das Volk. München 1978, S. 72f.; Hans Mommsen, Adolf Hitler als »Führer« der Nation, in: DIFF: Nationalsozialismus im Unterricht, Studieneinheit 11. Tübingen 1984, S. 27ff.
10 Vgl. Martin Broszat, Der Staat Hitlers. Grundlegung und Entwicklung seiner inneren Verfassung. München 1969, S. 151ff.
11 Vgl. Karl Teppe; Der Reichsverteidigungskommissar, in: D. Rebentisch / K. Teppe (Hg.), Verwaltung contra Menschenführung im Staat Hitlers. Göttingen 1986, S. 278ff.
12 Smelser, Front Leader. Oxford 1988.

13 Vgl. Mathilde Jamin, Das Ende der »Machtergreifung«: der 30. Juni 1934 und seine Wahrnehmung in der Bevölkerung, in: Wolfgang Michalka (Hg.): Die nationalsozialistische Machtergreifung. Paderborn 1984, S. 207 ff.

14 Vgl. Lothar Gruchmann, Die »Rechtsregierung« im Führerstaat. Stellung und Funktion des Kabinetts im nationalsozialistischen Herrschaftssystem, in: Günther Doeker/Winfried Steffani (Hg.), Klassenjustiz und Pluralismus. Festschrift für Ernst Fraenkel. Hannover 1973.

15 Sie war keineswegs von der SS und Göring inszeniert, wie die Untersuchungen von Fritz Tobias zeigen. Vgl. Karl-Heinz Janßen, Der Skandal: Intrige oder Panne? Die Blomberg-Fritsch-Brauchitsch-Affäre in neuem Licht, in: Die Zeit, Nr. 11 vom 11. März 1988.

16 Broszat (wie Anm. 5), S. 405.

17 Siehe Andreas Hillgruber, Die »Endlösung« und das deutsche Ostimperium als Kernstück des rassenideologischen Programms des Nationalsozialismus, in: Vierteljahrshefte für Zeitgeschichte 20 (1972), S. 133 bis 153.

18 Vgl. Marie-Luise Recker, Nationalsozialistische Sozialpolitik im Zweiten Weltkrieg (= Studien zur Zeitgeschichte, Bd. 29). München 1985, S. 98 ff.

19 Vgl. R. J. Overy, The Air War 1939–1945. New York 1981, S. 230 f., 247 f.; David Irving, Die Tragödie der deutschen Luftwaffe. Frankfurt 1970, S. 288 ff.

20 Karl-Heinz Ludwig, Technik und Ingenieure im Dritten Reich. Düsseldorf 1974, S. 226.

21 Vgl. David Schoenbaum, Die braune Revolution. Eine Sozialgeschichte des Dritten Reiches. Köln [2]1980, S. 348.

22 Martin Broszat: Resistenz und Widerstand, in: Ders./E. Fröhlich/A. Grossmann (Hg.): Bayern in der NS-Zeit, Bd. IV: Herrschaft und Gesellschaft im Konflikt. München 1981, S. 702 f.

23 Vgl. Robert Koehl, Feudal Aspects of National Socialism, in: Henry A. Turner, Nazism and the Third Reich, New York 1972, S. 151–174.

24 Vgl. Sarah Gordon, Hitler, Germans and the »Jewish Question«. Princeton 1984, S. 55 ff., 206 f.

Dirk Blasius
Das Ende der Humanität

1 Vgl. Karl Jaspers, Erneuerung der Universität [1945], in: Ders., Erneuerung der Universität. Reden und Schriften 1945/46. Hg. von Renato de Rosa, Heidelberg 1986, S. 95–105.

2 Vgl. Hermann Lübbe, Der Nationalsozialismus im deutschen Nachkriegsbewußtsein, in: Historische Zeitschrift 236 (1983), S. 579–599.

3 Gerhard Schmidt, Selektion in der Heilanstalt 1939–1945. Geleitwort Karl Jaspers. Stuttgart 1965. Vgl. das Nachwort Schmidts (Juli 1983) in der Taschenbuchausgabe. Frankfurt 1983, S. 157–166.

4 Vgl. Martin Broszat/Saul Friedländer, Ein Briefwechsel um die Historisierung des Nationalsozialismus, in: Vierteljahrshefte für Zeitgeschichte 36 (1988), S. 339–372, hier S. 349; vgl. Martin Broszat, Was heißt Historisierung des Nationalsozialismus?, in: Historische Zeitschrift 247 (1988), S. 1–14.

5 Vgl. die Berichte über die Deutsche Forschungsanstalt für Psychiatrie, in: Zeitschrift für die gesamte Neurologie und Psychiatrie 170 (1940), S. 282; 173 (1941), S. 796; 175 (1942/43), S. 484.

6 Zum wissenschaftlichen Werdegang Kurt Schneiders mit den Stationen: Arzt an der Städtischen Psychiatrischen Klinik Köln-Lindenburg (1912 bis 1931); Habilitation in Köln (1919); Direktor des Klinischen Instituts der Deutschen Forschungsanstalt für Psychiatrie in München (1931–1945); ordentlicher Professor für Psychiatrie und Neurologie in Heidelberg (1946–1955) – vgl. Univ.-Archiv Heidelberg, Personalakten Schneider, Kurt.

Die philosophischen Interessen Schneiders führten 1920 zu einer bei Max Scheler (1874–1928) entstandenen philosophischen Dissertation: »Pathopsychologische Beiträge zur psychologischen Phänomenologie von Liebe und Mitfühlen«. In Köln entstand auch die Verbindung Schneiders zu dem Philosophen Nicolai Hartmann (1882–1950); ebenso festigten sich von hier aus die Kontakte zu Karl Jaspers (1883–1969). Der über Jahrzehnte währende Briefaustausch Schneiders mit Hartmann und Jaspers ist eine zentrale Quelle für den Gang der Psychiatrie in der ersten Hälfte unseres Jahrhunderts – Überlieferung: Deutsches Literaturarchiv Marbach a. N., Nachlaß Karl Jaspers; Deutsches Literaturarchiv Marbach a. N., Bestand: Kurt Schneider (Briefwechsel Schneider – Hartmann).

Zur wissenschaftlichen Bedeutung Schneiders vgl. folgende Würdigungen: Werner Scheid, Ansprache bei der Verleihung der Goldenen Kraepelin-Medaille an Professor Kurt Schneider, Ms., Max-Planck-Institut für Psychiatrie, München 14. 10. 1966; H. J. Weitbrecht, Kurt Schneider 80 Jahre – 80 Jahre Psychopathologie, in: Fortschritte der Neurologie-Psychiatrie, Jg. 35 (1967), S. 497–515; Werner Scheid, Gedenkrede auf Kurt Schneider, in: Pressestelle der Universität Heidelberg (Hg.), Gedenkfeier für Kurt Schneider am 28. Januar 1968; H. Kranz, In Memoriam Kurt Schneider, in: Archiv für Psychiatrie und Zeitschrift für die gesamte Neurologie 211 (1968), S. 1–6; K. P. Kisker, Kurt Schneider, in: Der Nervenarzt, 39. Jg. (1968), S. 97–98; W. Janzarik, Jaspers, Kurt Schneider und die Heidelberger Psychopathologie, in: Der Nervenarzt, 55. Jg. (1984), S. 18–24; ders., 100 Jahre Heidelberger Psychiatrie, in: Heidelberger Jahrbücher XII (1978), S. 93–113; G. Huber, Kurt Schneider. The man and his scientific work, in: Zentralblatt Neurol. Psychiat. 246 (1987), S. 177–191.

7 Vgl. Univ.-Archiv Heidelberg, Personalakten Kurt Schneider.

8 Carl Schneider, ab 1933 Ordinarius für Psychiatrie und Neurologie in Heidelberg, beging 1946 Selbstmord. Carl Schneider steht für die Blutspur, die das »Forschen an Opfern« hinterlassen hat.

9 Vgl. zur Abgrenzung den Brief Kurt Schneiders an den Rektor der Heidelberger Universität vom 24.9.1946, in: Universitätsarchiv Heidelberg, Kurt Schneider.

10 Vgl. Karl Jaspers, Allgemeine Psychopathologie [1913], Berlin [7]1959, hier S. IV f., Vorwort zur 4. Aufl. – Vgl. auch die langen Kommentare Schneiders zu Jaspers' ›Psychopathologie‹ in den Briefen vom 17.6.1941 und 18.12.1941, in: Literaturarchiv, Nachlaß Jaspers.

11 Kurt Schneider, 25 Jahre »Allgemeine Psychopathologie« von Karl Jaspers, in: Der Nervenarzt, Jg. 11 (1938), S. 281–283.

12 Dieser Vorgang ist überliefert in: Literaturarchiv, Nachlaß Jaspers, hier: Brief Kurt Schneiders an Gerhard Schmidt, vom 16.3.1947; Brief Kurt Schneiders an Karl Jaspers, vom 16.3.1947; Brief Karl Jaspers an Kurt Schneider vom 19.3.1947.

13 Zur Stimmungslage in der damaligen Zeit vgl. auch den Brief Kurt Schneiders an Karl Jaspers vom 9. August 1945, in: Literaturarchiv, Nachlaß Jaspers: »Welche Erleichterung wird der Kriegsausgang für Sie sein. Aber sicher können Sie auch nicht ganz froh werden, denn wer könnte das deutsche Schicksal vergessen und die Lücken und Wunden übersehen, die sind, wohin man auch blickt: in Familien und in Städten?«

14 Das Folgende nach der in Anmerkung 12 genannten Überlieferung.

15 Vgl. Dan Diner, Erwägungen zu einer Historik des Nationalsozialismus, in: Forum für Philosophie Bad Homburg (Hg.), Zerstörung des moralischen Selbstbewußtseins: Chance oder Gefährdung? Praktische Philosophie in Deutschland nach dem Nationalsozialismus. Frankfurt 1988, S. 49–65.

16 Vgl. Dirk Blasius, Der ›Historikerstreit‹ und die historische Erfahrung des »Euthanasie«-Geschehens, in: Sozialpsychiatrische Informationen, Heft 2 (1988), S. 2–6; Clausjürgen Schierbaum, Aussondern des »Unwerten«. Anmerkungen zur nationalsozialistischen »Euthanasie«-Politik im Spiegel der Forschung, in: Neue Politische Literatur, Jg. 32 (1987), S. 220–232; Kurt Nowak, Sterilisation und »Euthanasie« im Dritten Reich. Tatsachen und Deutungen, in: Geschichte in Wissenschaft und Unterricht, Jg. 39 (1988), S. 327–341.

17 Ernst Klee, »Euthanasie« im NS-Staat. Die »Vernichtung lebensunwerten Lebens«. Frankfurt 1985; ders. (Hg.), Dokumente zur »Euthanasie«. Frankfurt 1985; ders., Was sie taten – Was sie wurden. Ärzte, Juristen und andere Beteiligte am Kranken- und Judenmord. Frankfurt 1986.

18 Hans Walter Schmuhl, Rassenhygiene, Nationalsozialismus, Euthanasie. Von der Verhütung zur Vernichtung ›lebensunwerten Lebens‹, 1890–1945. Göttingen 1987.

19 Gisela Bock, Zwangssterilisation im Nationalsozialismus. Studien zur Rassen- und Frauenpolitik. Opladen 1986.
20 Robert Jay Lifton, Ärzte im Dritten Reich. Stuttgart 1988 (Englisch: The Nazi Doctors. Medical Killing and the Psychology of Genocide. New York 1986).
21 Ebenda, S. XIII.
22 Ebenda, S. 491.
23 Vgl. ebenda, S. 5.
24 Vgl. Karl Heinz Roth/Götz Aly, Das »Gesetz über die Sterbehilfe bei unheilbar Kranken«. Protokolle der Diskussion über die Legalisierung der nationalsozialistischen Anstaltsmorde in den Jahren 1938–1941, in: Karl Heinz Roth (Hg.), Erfassung zur Vernichtung: von der Sozialhygiene zum »Gesetz über Sterbehilfe«. Berlin 1984, S. 101–120; Götz Aly, Der saubere und der schmutzige Fortschritt, in: Reform und Gewissen. »Euthanasie« im Dienst des Fortschritts. Berlin 1985, S. 9–78; Susanne Heim/Götz Aly, Die Ökonomie der »Endlösung«. Menschenvernichtung und wirtschaftliche Neuordnung, in: Sozialpolitik und Judenvernichtung. Gibt es eine Ökonomie der Endlösung? Berlin 1987, S. 11–90; Klaus Dörner, Tödliches Mitleid. Gütersloh 1988, S. 48–62 (Therapeutisches Töten als Endlösung der Sozialen Frage). Zur Tragfähigkeit dieses Konzepts vgl. auch Dirk Blasius, Referat, in: Medizin im Nationalsozialismus. München 1988, S. 51–58.
25 Vgl. Detlev J. K. Peukert, Die Genesis der »Endlösung« aus dem Geiste der Wissenschaft, in: Forum für Philosophie Bad Homburg (Hg.), Zerstörung des moralischen Selbstbewußtseins: Chance oder Gefährdung? Frankfurt 1988, S. 24–48, hier S. 26.
26 Vgl. Benno Müller-Hill, Tödliche Wissenschaft. Die Aussonderung von Juden, Zigeunern und Geisteskranken 1933–1945. Reinbek 1984.
27 Ders., Referat, in; Medizin im Nationalsozialismus. München 1988, S. 39–44; Peter Weingart, Jürgen Kroll, Kurt Bayertz, Rasse, Blut und Gene. Geschichte der Eugenik und Rassenhygiene in Deutschland. Frankfurt 1988.
28 Vgl. Paul Weindling, Weimar Eugenics: The Kaiser Wilhelm Institute for Anthropology, Human Heredity and Eugenics in Social Context, in: Annals of Science, Jg. 42 (1985), S. 303–318; ders., Der Verbreitung rassenhygienischen/eugenischen Gedankengutes in bürgerlichen und sozialistischen Kreisen in der Weimarer Republik, in: Medizinhistorisches Journal 22 (1987), S. 351–368.
29 Peter Weingart, Eugenik – Eine angewandte Wissenschaft. Utopien der Menschenzüchtung zwischen Wissenschaftsentwicklung und Politik, in: Peter Lundgreen (Hg.), Wissenschaft im Dritten Reich. Frankfurt 1985, S. 314–349, hier S. 331.
30 Hans Ludwig Siemen, Menschen blieben auf der Strecke. Psychiatrie zwischen Reform und Nationalsozialismus. Gütersloh 1987, S. 95–129; Hans-

Georg Güse/Norbert Schmacke, Psychiatrie zwischen bürgerlicher Revolution und Faschismus. Kronberg 1976, S. 325–363.

31 Dr. Meltzer, Die Frage des unwerten Lebens und die Jetztzeit, in: Psychiatrisch-Neurologische Wochenschrift, Jg. 34 (1932), S. 584–591.

32 Ebenda, S. 584.

33 Ebenda, S. 590.

34 Vgl. Alfons Labisch/Florian Tennstedt, Der Weg zum »Gesetz über die Vereinheitlichung des Gesundheitswesens« vom 3. Juli 1934. Entwicklungslinien und -momente des staatlichen und kommunalen Gesundheitswesens in Deutschland. Düsseldorf 1985, S. 176–179.

35 Ebenda, S. 177f.

36 Vgl. ebenda, S. 579, zitiert wurde Ernst Rüdin, Psychiatrische Indikation zur Sterilisierung. Bonn 1929.

37 Vgl. Gesetz zur Verhütung erbkranken Nachwuchses vom 14. Juli 1933. Bearbeitet und erläutert von Arthur Gütt, Ernst Rüdin und Falk Ruttke. München 1934, S. 13.

38 Vgl. Hans Luxenburger, Zum 70. Geburtstag Ernst Rüdins, in: Zeitschrift für die gesamte Neurologie und Psychiatrie 177 (1944), S. 173–176; Bruno Schulz, Ernst Rüdin. Geb. 19. April 1874 – Gest. 22. Oktober 1952, in: Archiv für Psychiatrie und Nervenkrankheiten, vereinigt mit Zeitschrift für die gesamte Neurologie und Psychiatrie 190 (1953), S. 187–195.

39 Vgl. X. Bericht über die Forschungsanstalt für Psychiatrie, Kaiser-Wilhelm-Institut in München zur Stiftungsratssitzung am 9. Mai 1930, in: Zeitschrift für die gesamte Neurologie und Psychiatrie 129 (1930), S. 617ff., zur Arbeit der Genealogisch-demographischen Abteilung, S. 630–632; hier zu den »Zwillingsuntersuchungen« Luxenburgers und zu den »Untersuchungen über die Verwandtschaft hoch- und höchstbegabter schöpferischer Persönlichkeiten«, die Rüdin mit seiner Assistentin Dr. Juda betrieb.

40 Ernst Rüdin, Zehn Jahre nationalsozialistischer Staat, in: Archiv für Rassen- und Gesellschaftsbiologie 36 (1943), S. 321–322.

41 Schulz (wie Anm. 38), S. 193.

42 Ebenda; vgl. Schmuhl (wie Anm. 18), S. 274f.

43 Schmuhl (wie Anm. 18), S. 267; Aly, Fortschritt (wie Anm. 24), S. 41–48.

44 Gütt, Rüdin, Ruttke (wie Anm. 37), 1934.

45 Ebenda, S. 5.

46 Frühe Versuche der Rassenhygieniker, ihre Rolle als »wissenschaftliche Forscher« gegenüber der psychiatrischen Realität im »Dritten Reich« abzuschirmen, wurden sehr schnell von dieser Realität eingeholt. Hans Luxenburger hielt in einer Besprechung des Gesetzeskommentars von Gütt, Rüdin und Ruttke daran fest, daß der »Familienforscher« nicht verpflichtet werden könne, »die ihm in seiner Forschertätigkeit zur Kenntnis gelangten Erbkrankheiten« zu melden. Für die Ärzte der Deutschen Forschungsan-

stalt für Psychiatrie liege »eine Bestätigung von maßgebender Seite« vor, »daß sie nicht unter die Meldepflicht des Gesetzes zur Verhütung erbkranken Nachwuchses fallen. Außerdem hat der Leiter der Anstalt, Prof. Rüdin, auf eine diesbezügliche Anfrage vor kurzem die Antwort erteilt, daß das Verhalten der Forschungsanstalt durchaus dem Willen des Gesetzgebers für das Gesetz zur Verhütung erbkranken Nachwuchses entspricht, welches die Meldung an eine ärztliche aber nicht an eine wissenschaftliche Betätigung knüpft.« Vgl. Hans Luxenburger, Einige für den Psychiater besonders wichtige Bestimmungen des Gesetzes zur Verhütung erbkranken Nachwuchses, in: Der Nervenarzt, Jg. 7 (1934), S. 437–456, hier S. 454f.

47 Gütt, Rüdin, Ruttke (wie Anm. 37), S. 55.

48 Ebenda, S. 13.

49 Vgl. den XIV. Bericht über die Deutsche Forschungsanstalt für Psychiatrie über die Zeit vom 1. April 1933 bis 31. März 1934, in: Zeitschrift für die gesamte Neurologie und Psychiatrie 150 (1934), S. 786–805, hier S. 800f.: Rüdins Mitarbeiterin, Dr. Juda, führte »erbbiologische Untersuchungen an Familien von schwachsinnigen und normalbegabten Schülern der Münchener Volksschulen aus den Jahrgängen 1872–1900« durch. »Hauptziel dieser Untersuchungen ist, die Häufigkeit des Vorkommens von Schwachsinn und anderen psychischen Abnormitäten bei den Nachkommen der beiden gegenübergestellten Probandengruppen und darüber hinaus bei den Nachkommen der verschiedengradigen Schwachsinnigen zu ermitteln, um möglichst genaue Anhaltspunkte für die Notwendigkeit der eugenischen Sterilisierung in den einzelnen Fällen zu erhalten.«

50 Luxenburger forderte von psychiatrischen Anstalten »Bestandslisten« an. Bis zum 1. März 1934 verfügte er über »53575 geisteskranke Ausgangsfälle«. Aus diesem Material zog er 395 schizophrene Zwillingspaare heraus; insgesamt belief sich das »schizophrene Zwillingsmaterial«, das »statistisch durchgearbeitet« wurde, auf 517 Paare; vgl. XIV. Bericht über die Deutsche Forschungsanstalt für Psychiatrie, in: ebenda, S. 801.

51 Gütt, Rüdin, Ruttke (wie Anm. 37), S. 97.

52 Vgl. Süddeutsche Zeitung vom 10. November 1986, S. 40 (Konferenzbericht: Biologische Ursachen der Schizophrenie. Zusammenwirkung ererbter, körperlicher und seelischer Faktoren); E. Strömgren, Fortschritte in der genetischen Psychosenforschung?, in: Gerd Huber (Hg.), Fortschritte in der Psychosenforschung. Stuttgart 1987, S. 113–122.

53 Vgl. Müller-Hill (wie Anm. 27), S. 43.

54 Zu Mengele vgl. Lifton (wie Anm. 20), S. 393–449; zu den Zielen und Methoden von Mengeles »Zwillingsforschung«, ebenda, S. 406–430.

55 Gütt, Rüdin, Ruttke (wie Anm. 37), S. 100.

56 Vgl. Ernst Rüdin, Empirische Erbprognose, in: ders. (Hg.), Erblehre und Rassenhygiene im völkischen Staat. München 1934, S. 136–142.

57 Ebenda, S. 141f.

58 XIV. Bericht über die Deutsche Forschungsanstalt für Psychiatrie, S. 787.

59 Vgl. auch den XIII. Bericht über die Deutsche Forschungsanstalt für Psychiatrie zur Stiftungsratssitzung am 6. Mai 1933, in: Zeitschrift für die gesamte Neurologie und Psychiatrie 148 (1933), S. 301: »Die Deutsche Forschungsanstalt für Psychiatrie ist führend auf dem Gebiete der Ursachenforschung geistiger Störung, der Erforschung der volksverderbenden Ursachen wie Alkohol und anderen Giften, Syphilis und Erblichkeit. Und gerade die Bekämpfung aller dieser Ursachen, welche die Gesundheit, Tüchtigkeit und Begabung des Volkes in Frage stellen, hat ja die Regierung der Nationalen Erneuerung zu wesentlichen Bestandteilen ihres Programms gemacht. Es verbindet uns also das erhabene Ziel der Vorbeugung der Volkskrankheiten überhaupt und im besonderen noch der rassenhygienische Schutz des gesunden Erbgutes unseres Volkes ganz mit den gleichen Absichten der Nationalen Regierung.«

60 Vgl. XV. Bericht über die Deutsche Forschungsanstalt für Psychiatrie, in: Zeitschrift für die gesamte Neurologie und Psychiatrie 153 (1935), S. 471–494.

61 XIII. Bericht über die Deutsche Forschungsanstalt für Psychiatrie, S. 299f.

62 XXII. Bericht über die Deutsche Forschungsanstalt für Psychiatrie, in: Zeitschrift für die gesamte Neurologie und Psychiatrie 175 (1942/43), S. 478.

63 Vgl. Klee, »Euthanasie« im NS-Staat (wie Anm. 17), S. 294ff., hier S. 303f. (Erlaß des Reichsministers des Innern vom 20. September 1941, betr. Behandlung mißgestalteter usw. Neugeborener); vgl. Bernhard Richarz, Heilen, Pflegen, Töten. Zur Alltagsgeschichte einer Heil- und Pflegeanstalt bis zum Ende des Nationalsozialismus. Göttingen 1987, hier S. 179, Zahl der ›Todesfälle‹ in der Kinderfachabteilung: 1941:34; 1942:62; 1943:100; 1944:100; 1945 (Mai):31.

64 XXIII. Bericht über die Deutsche Forschungsanstalt für Psychiatrie, in: Zeitschrift für die gesamte Neurologie und Psychiatrie 177 (1944), S. 312.

65 Broszat/Friedländer (wie Anm. 4), S. 341.

66 Vgl. Ulrich Trenckmann, Mit Leib und Seele. Ein Wegweiser durch die Konzepte der Psychiatrie. Bonn 1988.

67 Vgl. Kurt Schneider, Psychiatrie heute. Stuttgart 1952, S. 9.

68 Vgl. Max Nonne, Abschied und Rückblick, in: Deutsche Zeitschrift für Nervenheilkunde 158 (1948), S. 435–438.

69 Schneider (wie Anm. 67), S. 18.

70 Carl Wernicke, Der aphasische Symptomenkomplex. Eine psychologische Studie auf anatomischer Basis. Breslau 1874; ders., Lehrbuch der Gehirnkrankheiten, 3 Bde. Berlin 1881–1883. Vgl. zu Wernicke: Trenckmann (wie Anm. 66), S. 162f.

71 Trenckmann (wie Anm. 66), S. 201 ff.
72 Schneider (wie Anm. 67), S. 20.
73 Emil Kraepelin, Compendium der Psychiatrie. Leipzig 1883; ders., Psychiatrie. Ein Lehrbuch für Studierende und Ärzte. 8. Auflage, Leipzig 1909–1915.
74. Schneider (wie Anm. 67), S. 20; vgl. ders., Kraepelin und die gegenwärtige Psychiatrie, in: Fortschritte der Neurologie-Psychiatrie, Jg. 24 (1956), S. 1–7.
75 Kurt Schneider, Der Aufbau der körperlich begründbaren Psychosen, in: ders., Klinische Psychopathologie. Stuttgart ^{3}1950, S. 89–99.
76 Schneider (wie Anm. 67), S. 23 und S. 30 f.
77 Vgl. Dirk Blasius, Der verwaltete Wahnsinn. Eine Sozialgeschichte des Irrenhauses. Frankfurt 1980.
78 Vgl. Ders., Bürgerliche Kultur und NS-Psychiatrie, in: ders., Umgang mit Unheilbarem. Studien zur Sozialgeschichte der Psychiatrie. Bonn 1986, S. 149–162.
79 Vgl. Rainer Tölle, Die Entwicklung der deutschen Psychiatrie im zwanzigsten Jahrhundert, in: Die Psychologie des 20. Jahrhunderts, Bd. X, Zürich 1980, S. 13–23.
80 Schneider (wie Anm. 67), S. 7.
81 Vgl. Kurt Schneider, Fünf Jahre klinische Erfahrung an der Forschungsanstalt für Psychiatrie, in: Deutsche Medizinische Wochenschrift, Nr. 25 (1937), S. 957 (Sonderabdruck), 15 S.
82 Briefliche Mitteilung von Frau Heidi Schneider an den Vf. vom 2. 5. 1989.
83 Vgl. XV. Bericht über die Deutsche Forschungsanstalt für Psychiatrie, in: Zeitschrift für die gesamte Neurologie und Psychiatrie 153 (1935), S. 492.
84 Vgl. Werner Scheid, Gedenkrede auf Kurt Schneider, S. 7 f.
85 Vgl. Kisker, Kurt Schneider (wie Anm. 6).
86 Kurt Schneider an Nicolai Hartmann, 4. April 1943, in: Deutsches Literaturarchiv, Bestand Kurt Schneider, Nr. 83.511.
87 Wilhelm Frick, Bevölkerungs- und Rassenpolitik. Langensalza 1933, S. 10.
88 Kurt Schneider an Nicolai Hartmann, 6. September 1942, in: Deutsches Literaturarchiv, Bestand Kurt Schneider, Nr. 83.511.
89 Ders. an Karl Jaspers, 30. Juni 1942, in: Deutsches Literaturarchiv, Nachlaß Karl Jaspers.
90 Karl Jaspers an Kurt Schneider, 2. Juli 1942, in: Deutsches Literaturarchiv, Bestand Kurt Schneider, Nr. 82.526.
91 Brief Kurt Schneiders vom 27. Januar 1947, in: Univ.-Archiv Heidelberg, Personalakten Kurt Schneiders/Medizinische Fakultät.
92 Kurt Schneider, Psychopathie und Psychose, in: Der Nervenarzt, Jg. 6 (1933), S. 337–344.

93 Vgl. Kurt Schneider, Die Psychopathischen Persönlichkeiten. Leipzig 1923.

94 Vgl. Kurt Schneider, Kritik der klinisch-typologischen Psychopathenbetrachtung, in: Der Nervenarzt, 19. Jg. (1948), S. 6–9. Schneider verweist hier auf die Tradition Kraepelins, der er sich zugehörig fühlt, warnt aber, auch im Rückblick auf sein eigenes Werk, vor einer allzu streng gehandhabten Typologie. »Vor allem entsteht die Gefahr, daß der einzelne Mensch nur noch formelhaft gesehen wird: man übersieht das Inhaltliche, die Anlässe und seelischen Gründe von Schwankungen und Versagen, das Biographische und damit die Möglichkeiten der psychotherapeutischen Einwirkung. *Es hat aber außerordentlich viel Bewegung im Rahmen einer psychopathischen Persönlichkeit Platz, auch innerhalb der typologisch faßbaren* und benennbaren.« (S. 8).

95 Schneider (wie Anm. 92), S. 338.

96 Schneider, Psychopathische Persönlichkeiten. Wien [4]1940, S. 8f. Vgl. Kurt Schneider an Karl Jaspers, 17. 6. 1941, Deutsches Literaturarchiv, Nachlaß Karl Jaspers: »Meine eigenen Zeitschriftenarbeiten über den Krankheitsbegriff möchte ich nicht mehr anerkennen, nur noch die Fassung in meinen ›Psychopathischen Persönlichkeiten‹, 4. Auflage, Seite 7.«

97 Es ist auf die Ausmünzbarkeit des Schneiderschen Begriffsnetzes für die Zwecke der NS-Rassenpolitik hingewiesen worden, vgl. Erich Wulff, Psychiatrie und Klassengesellschaft. Zur Begriff- und Sozialkritik der Psychiatrie und Medizin. Frankfurt 1972, S. 306–309. Hier ist freilich Schneiders eigene Abschwächung seiner Definition abnormer Persönlichkeiten (= Persönlichkeiten, »die an ihrer Abnormität leiden oder unter deren Abnormität die Gesellschaft leidet«) schon 1933 zu sehen. »Solche soziale wertende Definitionen können natürlich auch sonst einmal praktisch und notwendig sein, insbesondere als Ausgangspunkt für die Untersuchung krimineller und verwahrloster Psychopathen. Wenn man aber vor der Aufgabe steht, psychopathologisch und klinisch die Beziehungen von Psychopathie und Psychose zu untersuchen, sind sie unbrauchbar.«, in: Schneider (wie Anm. 92), S. 337.

98 Vgl. Wulff (wie Anm. 97), S. 2f. und S. 308.

99 Schneider, Psychopathische Persönlichkeiten, 1940, S. 9.

100 Schneider (wie Anm. 67), S. 25. Vgl. Kurt Schneider, Einleitung zu einem Gespräch über Schocktherapie, in: Der Nervenarzt, Jg. 18 (1947), S. 529–530, hier das Plädoyer, nur Psychosen, und zwar endogene Psychosen, zu behandeln, nicht aber *Schicksale*, die Psychopathen kennzeichneten.

101 Vgl. Kurt Schneider, Die Aufdeckung des Daseins durch die cyclothyme Depression, in: Der Nervenarzt, Jg. 21 (1950), S. 193–194. Dieser Aufsatz, der Martin Heidegger zum 60. Geburtstag gewidmet ist, bedenkt die Möglichkeit der Aufdeckung von »Urängsten des Menschen« durch die

Psychose; auf die Schizophrenien sei freilich die »psychologische Daseinsanalyse« nicht anwendbar.

102 Vgl. Ludwig Binswanger, Über die daseinsanalytische Forschungsrichtung in der Psychiatrie, in: Schweizer Archiv für Neurologie und Psychiatrie 57 (1946), S. 209–235.

103 Ebenda, S. 221.

104 Kurt Schneider, Psychiatrische Vorlesungen für Ärzte. Leipzig ^{2}1936.

105 Ebenda, S. 5 (Vorwort zur 1. Auflage).

106 Kurt Schneider, Psychiatrische Behandlung, in: ebenda, S. 138–147, hier S. 138.

107 Schneider, Psychopathische Persönlichkeiten, 1940, S. VI (Vorwort zur 4. Auflage).

108 Schneider, Psychopathische Persönlichkeiten, 1944, S. III (Vorwort zur 6. Auflage).

109 Vgl. Karl Teppe, Handlanger der Politik? Verhaltensformen von Ärzten in Heilanstalten, in: 37. Historikertag, Bamberg 1988, Sektion 7, Gesundheitspolitik im Herrschaftssystem des Nationalsozialismus. Prinzipien – Formen – Wirkungen. Teppe stützt sich auf Befunde aus dem Forschungsprojekt des Landschaftsverbandes Westfalen-Lippe »Der Provinzialverband Westfalen in der Zeit des Nationalsozialismus – Psychiatrie im Dritten Reich«; vgl. Teppe, Auf der Suche nach der Wirklichkeit. Anmerkungen zu einem laufenden Forschungsprojekt, in: Westfalenspiegel, Jg. 35 (1986), S. 69–73.

110 Kurt Schneider, Kraepelin und die gegenwärtige Psychiatrie (1956), S. 1.

Raul Hilberg
Tendenzen in der Holocaust-Forschung

1 Ortskommandantur I/853 Mariupol an Korück 553, 29. Oktober 1941, National Archives of the United States, Record Group 242, T 501, Mikrofilm 56.

2 Zentrale Stelle der Landesjustizverwaltungen, Sammlung Polen, Bd. 264, Bl. 347.

3 PS-710, International Military Tribunal, Trial of the Major War Criminals (Nürnberg, 1947–49).

4 Stuttgart 1956; Taschenbuchausgabe München 1976.

5 Hans Buchheim, Martin Broszat, Hans-Adolf Jacobsen, Helmut Krausnick, Anatomie des SS-Staates, 2 Bde. Olten/Freiburg 1965, hier Bd. 2.

6 Düsseldorf 1972.

7 Helmut Krausnick/Hans-Heinrich Wilhelm, Die Truppe des Weltanschauungskrieges. Stuttgart 1981; Taschenbuchausgabe des Teils I: H. Krausnick, Hitlers Einsatzgruppen. Die Truppe des Weltanschauungskrieges. Frankfurt 1985.

8 Fremdarbeiter. Berlin 1985.
9 Die restlose Erfassung. Berlin 1984.
10 Göring: The Iron Man. London 1984.
11 Fateful Months. New York 1985.
12 The Nazi Doctors. New York 1986; dtsch.: Ärzte im Dritten Reich. Stuttgart 1988.
13 Industry and Ideology. Cambridge/GB 1987.
14 Racial Hygiene. Cambridge/Mass./USA 1988.

Saul Friedländer
Die »Endlösung«

1 Ich danke Dan Diner, Ferenc Feher, Elchanan Friedländer, Carlo Ginzburg, Wulf Kansteiner sowie dem Critical Theory Seminar an der UCLA für ihre äußerst wertvollen Hilfestellungen.
2 Walter Benjamin, Über den Begriff der Geschichte, in: Gesammelte Schriften, Bd. I, 2. Frankfurt 1980, S. 691 f.
3 Zur Bedeutung von Walter Benjamins Erlösungsvision von Geschichte siehe: Stephane Moses, The Theological-Political Model of History in the Thought of Walter Benjamin, in: History and Memory. Studies in Representation of the Past, Bd. I (1989), Nr. 2 (erscheint in Kürze).
4 Arno J. Mayer, Der Krieg als Kreuzzug. Das Deutsche Reich, Hitlers Wehrmacht und die »Endlösung«. Reinbek 1989.
5 Charles S. Maier, The Unmasterable Past. Cambridge 1988, S. 92.
6 Raul Hilberg, in: Berel Lang (Hg.), Writing and the Holocaust. New York 1988, S. 247.
7 Martin Broszat, Saul Friedländer, Über die »Historisierung des Nationalsozialismus«, in: Vierteljahrshefte für Zeitgeschichte 36 (1988).
8 Siehe hierzu im wesentlichen Walter Laqueur, The Terrible Secret. Boston 1980; Hans Mommsen, Was haben die Deutschen vom Völkermord an den Juden gewußt? In: Walter H. Pehle (Hg.), Der Judenpogrom 1938. Von der »Reichskristallnacht« zum Völkermord. Frankfurt 1988. In gleicher Weise trifft dies auch auf die jüdische Yishuv in Palästina zu. Siehe hierzu beispielsweise Dina Porath, Hanhaga Bemilkud. Tel Aviv 1987.
9 Robert Conquest, The Great Terror. Stalin's Purge of the Thirties. London 1969; ders., The Harvest of Sorrow. Soviet Collectivization and the Terror-Famine. New York u. a. 1986.
10 Zu einer Untersuchung dieser Verschwommenheit siehe Nathan Rotenstreich, Can Evil Be Banal?, in: The Philosophical Forum, Vol. XVI, Nr. 1–2 (1984/85).
11 Stanley Cavell, The Uncanniness of the Ordinary, in: In Quest of the Ordinary. Lines of Skepticism and Romanticism. Chicago 1988, S. 155.

12 Sigmund Freud, Das Unheimliche, in: Gesammelte Werke, Bd. 12. London, Frankfurt [4]1974, S. 229ff., Zit. S. 245.

13 Für eine eingehende Untersuchung bräuchten wir eine neue Kategorie, vergleichbar der Kantschen Kategorie des Sublimen, die besonders geeignet wäre, den unaussprechlichen Schrecken einzufangen. In meinem Buch, Kitsch und Tod, München 1984, habe ich versucht, einen Bestandteil des »Rauschs« als jene Begeisterung zu beschreiben, die von der Vision einer völligen Vernichtung herrührt.

14 Alan Montefiore, The Moral Philosophers Views of the Holocaust, in: Marcel Marcus (Hg.), European Judaism. London 1977, S. 13–22.

15 Eberhard Jäckel, Die elende Praxis der Untersteller, in: »Historikerstreit«. München 1987, S. 118.

16 Dieses Thema wurde auf einer Konferenz erörtert, die im Mai 1989 vom Center for Biomedical Ethics an der University of Minnesota veranstaltet wurde.

17 Otto Dov Kulka, Critique of Judaism in European Thought: On the Historical Meaning of Modern Antisemitism, in: The Jerusalem Quarterly 52 (1989), S. 5.

18 Brief an den Autor, 29. Juni 1989.

19 Jörn Rüsen, The Development of Narrative Competence in Historical Learning. Unveröffentlichtes Manuskript.

20 War der Traum von einem rassischen Utopia und seiner Verwirklichung, in dem alle rassisch nicht zugehörigen, minderwertigen, schädlichen Elemente eliminiert werden würden, die Reaktion der Nazis auf die Bedrohung durch die Moderne, dann sind die Verfolgungen und Ausrottungen der »schädlichen« Elemente innerhalb des Bereichs, der zur *Volksgemeinschaft* gehört, in der Tat vom Standpunkt dieser Wahnsinnslogik zu erklären. Doch wie könnte man in so einem Fall erklären, daß die verschiedenen »asozialen« und »minderwertigen« Elemente außerhalb den der *Volksgemeinschaft* zugewiesenen Grenzen unberührt blieben. (Homosexuelle, Geisteskranke wurden nicht aus Frankreich, Griechenland oder Polen in die Konzentrationslager und Tötungseinrichtungen geschickt), wohingegen eine bestimmte Gruppe bis in den entlegensten Schupfwinkeln des ganzen Kontinents aufgespürt wurde, um vernichtet zu werden? Und wenn die Angst vor dem Bolschewismus und seinen Vernichtungspraktiken – die radikalste »Gesellschaftstherapie«, die die sich entwickelnden Industriegesellschaften und die Moderne hervorgebracht haben – die Ursache war für die Massenvernichtungen durch die Nazis, dann fragt man sich, warum die ersten Opfer nicht die kommunistischen, politischen Gefangenen in den NS-Konzentrationslagern waren, die kommunistischen Widerstandskämpfer, die überall auf dem Kontinent von den Deutschen gefangengenommen wurden. Kurz, die »Endlösung« trägt kaum zu unserem Verständnis von den Umwälzungen und Ängsten bei, die durch die Moderne herbeigeführt wurden.

21 Rüsen (wie Anm. 18).

22 Der geradezu unvermeidbare Rückfall in die Kategorie des »Exemplarischen« erzeugt für jede literarische und künstlerische Darstellung ein außerordentliches Problem. Ich habe anderswo versucht, darauf hinzuweisen, daß die tragisch-didaktische Darstellungsweise von Shoa letztendlich unvermeidbar war, aber wenig mit einer heutigen künstlerischen und literarischen Sensibilität zu tun hat.

23 Isaac Deutscher, The Non-Jewish Jew and Other Essays. London 1968, S. 163–164.

Dan Diner
Perspektivenwahl und Geschichtserfahrung

1 Zur Frage der »Historisierung« des Nationalsozialismus zwischen Beschreiben und Verstehen siehe den Briefwechsel zwischen Broszat und Friedländer in: Vierteljahrshefte für Zeitgeschichte 36 (1988), S. 339ff., als Reaktion auf Friedländers Kritik des Historisierungskonzeptes von Broszat: Saul Friedländer, Überlegungen zur Historisierung des Nationalsozialismus, in: Dan Diner (Hg.), Ist der Nationalsozialismus Geschichte? Frankfurt 1987, S. 34–50.

2 Dazu das bahnbrechende Kapitel I »Dimensions of the Historical Crisis« in: George M. Kren/Leon Rappoport, The Holocaust and the Crisis of Human Behavior. New York 1980, S. 1–15, S. 13f. Die Überlegungen der Autoren konvergieren an manchen Punkten mit den von mir verfolgten Ansätzen.

3 Leopold von Ranke, Geschichte der romanischen und germanischen Völker 1495–1535. Berlin 1874, S. VII; zur Bedeutung des Rankeschen Ausspruchs, G. J. Renier, History: Its Purpose and Method. London 1950, S. 130f.

4 Leopold von Ranke, Politisches Gespräch, in: Sämtliche Werke, Bd. 49/50, S. 328f.; ders., Weltgeschichte, Teil 9, Abt. II, S. XI, Leipzig 1888. Außerdem George G. Iggers, Deutsche Geschichtswissenschaft. Eine Kritik der traditionellen Geschichtsauffassung von Herder bis zur Gegenwart. München 1971, S. 86–119, S. 116f.

5 H. A. Winkler, Deutschland vor Hitler, in diesem Band S. 11ff.

6 So auch Kren/Rappoport (wie Anm. 2), S. 14.

7 Walter Benjamin, Über den Begriff der Geschichte, in: Gesammelte Schriften, Bd. I, 2. Frankfurt 1980, S. 691ff., hier S. 695f., 701f.

8 Raul Hilberg, Sonderzüge nach Auschwitz. Frankfurt, Berlin 1987.

9 Franz Neumann, Behemoth. Struktur und Praxis des Nationalsozialismus 1933–1944. Köln, Frankfurt 1977. Zur Bedeutung Franz Neumanns für die Geschichtsschreibung des NS-Systems siehe Raul Hilberg/Alfons Söllner, Das Schweigen zum Sprechen bringen. Ein Gespräch über Franz

Neumann und die Entwicklung der Holocaust-Forschung, in: Dan Diner (Hg.), Zivilisationsbruch. Denken nach Auschwitz. Frankfurt 1988, S. 175–200.

10 Hans Mommsen, Vorwort »Hannah Arendt und der Prozeß gegen Eichmann« zur Neuausgabe: Hannah Arendt, Eichmann in Jerusalem. München 1986, S. I–XXXVIII.

11 Siehe dazu den Brief von Hannah Arendt an Karl Jaspers vom 17. 8. 1946, abgedruckt in: Lotte Köhler/Hans Sauer (Hg.) Hannah Arendt – Karl Jaspers. Briefwechsel 1926–1969. München, Zürich 1985, S. 88f., S. 91.

12 Raul Hilberg, Die Vernichtung der europäischen Juden. Berlin 1982, S. 738.

13 Dazu u. a. Hans Mommsen, Die Realisierung des Utopischen: Die »Endlösung« der »Judenfrage« im »Dritten Reich«, in: Geschichte und Gesellschaft 9 (1983) S. 381–420; Martin Broszat, Der Staat Hitlers. München 1969. Gerhard Hirschfeld/Lothar Kettenacker (Hg.), Der »Führerstaat«: Mythos und Realität. Stuttgart 1981. Zusammenfassend siehe Ian Kershaw, Der NS-Staat. Geschichtsinterpretationen und Kontroversen im Überblick. Reinbek 1988, Kapitel 4: Hitler: »Herr und Meister im Dritten Reich« oder »Schwacher Diktator«?, S. 125–164.

14 Siehe dazu Raul Hilberg in diesem Band, S. 71ff.

15 Die Auseinandersetzung um die Arendt-Thesen sind abgedruckt in: F. A. Krummacher (Hg.), Die Kontroverse. Hannah Arendt, Eichmann in Jerusalem und die Juden. Frankfurt 1964. Interessant ist der Hinweis auf den Zugang Raul Hilbergs in seinem Hauptwerk: Die Vernichtung (wie Anm. 12). Das Werk ist ganz aus der Perspektive des NS-Apparates gearbeitet und somit durch die den Quellen eigene Sichtweise geprägt. Dies scheint Hilberg ein Problem bedeutet zu haben. Er ergänzt seine Forschung mit einem Kapitel über die »Vorgeschichte des Antisemitismus von Luther zu Hitler«, mit dem er versucht, eine den Quellen gegenläufige Perspektive einzunehmen. Die aus den Quellen gewonnenen Einsichten widersprechen jedoch der These des Einleitungskapitels, die die »Endlösung« auf den traditionellen Antisemitismus zurückzuführen beabsichtigt.

16 Zu den Konstitutionsbedingungen jüdischer Erinnerung siehe Yosef Hayim Yerushalmi, Zachor: Erinnere Dich! Jüdische Geschichte und jüdisches Gedächtnis. Berlin 1988; zur Kritik dieses Ansatzes: Amos Funkenstein, »Collective Memory and Historical Consciousness«, in: History and Memory. Studies in Representation of the Past 1, (1989), S. 5–26; außerdem Saul Friedländer, Die Shoa als Element in der Konstruktion israelischer Erinnerung, in: Babylon 2 (1987), S. 10–22.

17 Umfassend hierzu Hans Walter Schmuhl, Rassenhygiene, Nationalsozialismus, Euthanasie. Göttingen 1987.

18 Hierzu der wissenschaftsgeschichtliche Zugang von Detlev J. K. Peukert, Die Genesis der »Endlösung« aus dem Geiste der Wissenschaft, in: Forum

für Philosophie, Bad Homburg (Hg.), Zerstörung des moralischen Selbstbewußtseins: Chance oder Gefährdung? Praktische Philosophie in Deutschland nach dem Nationalsozialismus. Frankfurt 1988, S. 24–48.

19 Karl A. Schleunes, Nationalsozialistische Entschlußbildung und die Aktion T 4, sowie Raul Hilberg, Die Aktion Reinhard, beide in: Eberhard Jäckel/Jürgen Rohwer (Hg.), Der Mord an den Juden im Zweiten Weltkrieg. Entschlußbildung und Verwirklichung. Stuttgart 1985, S. 70–83 bzw. S. 125–136.

20 Susanne Heim/Götz Aly, Die Ökonomie der »Endlösung«. Menschenvernichtung und wirtschaftliche Neuordnung, in: Beiträge zur nationalsozialistischen Gesundheits- und Sozialpolitik, Bd. 5: Sozialpolitik und Judenvernichtung. Gibt es eine Ökonomie der »Endlösung«? Berlin 1987, S. 11–90.

21 Fernand Braudel, Histoire et sciences sociales. La longue durée, in: Annales 13 (1958), S. 725–753; ders., Écrits sur l'histoire. Paris 1969, S. 41–83.

22 Erhellend hierzu: Ulrich Herbert, »Die guten und die schlechten Zeiten«. Überlegungen zur diachronen Analyse lebensgeschichtlicher Interviews, in: Lutz Niethammer (Hg.), »Die Jahre weiß man nicht, wo man die heute hinsetzen soll.« Faschismuserfahrung im Ruhrgebiet. Lebensgeschichte und Sozialkultur im Ruhrgebiet 1930 bis 1960, Bd. I. Bonn ^{2}1983.

23 Martin Broszat/Klaus-Dietmar Henke/Hans Woller, Von Stalingrad zur Währungsreform. Zur Sozialgeschichte des Umbruchs in Deutschland. München 1988, verwenden in ihrer Einleitung den Begriff der »schlechten Zeiten« (S. XVf., XX), ohne das bewußtseinsmäßig Kontrapunktische der »guten Zeiten« zu erwähnen. Außerdem heißt es: »Der schlagwortartige Obertitel ›Von Stalingrad zur Währungsreform‹ wurde nicht zuletzt deshalb gewählt, weil die periodenübergreifende Perspektive der sozialhistorischen Betrachtung herausgestellt werden sollte.« (S. XXX).

24 Kershaw (wie Anm. 13), S. 166, ist geneigt, die jeweilige Sichtweise auf herkunftsbezogene Emotionalitäten zurückzuführen, nicht aber aus dem Phänomen selbst abzuleiten. Insofern kann seine apodiktische Aussage vor dem Hintergrund der von ihm als »religiös-kulturelle Eschatologie« bezeichneten Befangenheiten nicht akzeptiert werden, »nicht jüdische Historikerinnen und Historiker« hätten »jedoch zwangsläufig einen anderen Blickwinkel als jüdische«. Ähnlich auch Martin Broszat in seinem Briefwechsel mit Saul Friedländer (wie Anm. 1).

25 Dazu etwa Isaiah Trunk, Judenrat. The Jewish Council in Eastern Europe under Nazi Occupation New York 1972; Ahron Weiss, Jewish Leadership in Occupied Poland – Postures and Attitudes, in: Yad Vashem Studies, Vol. XII (1977) S. 335–366; Adam Czerniaków, Im Warschauer Getto. Das Tagebuch des Adam Czerniaków 1939–1942. München 1986; der Sammelband Yisrael Gutman/C. J. Haft (Hg.), Patterns of Jewish Leadership in Nazi Europe 1933–1945, Proceedings of the Third Yad

Vashem International Historical Conference. Jerusalem, April 4–7 1977, Jerusalem 1979.

26 Ähnlich argumentieren Kren/Rappoport (Anm. 2), S. 141.

27 So etwa die Beispiele bei Trunk (Anm. 25), S. 400–413.

Lutz Niethammer
Juden und Russen im Gedächtnis der Deutschen

1 Die Grundlage der folgenden Skizze sind Eindrücke von mehreren hundert lebensgeschichtlichen Interviews mit älteren Deutschen, die im Zusammenhang mit Projekten über Lebensgeschichte und Sozialkultur im Ruhrgebiet, 1930–1960 (seit 1980 an der Universität Essen bzw. der FernUniversität in Hagen), sowie zur Volkseigenen Erfahrung in der DDR (seit 1987) von unserer Forschungsgruppe gemacht wurden. Ich möchte betonen, daß es sich um Eindrücke über vorherrschende oder jedenfalls für mich auffällige Stereotype in diesen lebensgeschichtlichen Auskünften und nicht um die Ergebnisse einer systematischen Analyse dieser umfänglichen und schwierigen Quellen, von denen auch ich nur knapp die Hälfte überblicke und noch nicht einmal ein Viertel ausgewertet habe, in bezug auf die Thematik handelt. Hilfreich war mir jedoch eine systematischere Teilauswertung der Aussagen über Juden in einem größeren Bestand der Ruhrgebietsinterviews, die Frank Stern (Jerusalem) im Rahmen seiner Forschungen über Philosemitismus im Nachkriegsdeutschland anstellte (Frank Stern, Die Weißwaschung des gelben Sterns (phil. Diss.). Tel Aviv 1989, Kap. 4). Näheres zu den genannten Projekten und den in ihnen angewandten Methoden in den Auswertungen Lutz Niethammer/Alexander von Plato (Hg.), Lebensgeschichte und Sozialkultur im Ruhrgebiet, 1930–1960. 3 Bde. (zuerst 1983–85). Sonderausgabe Berlin, Bonn 1989; Lutz Niethammer, Annäherung an den Wandel. Auf der Suche nach der volkseigenen Erfahrung in der Industrieprovinz der DDR, in: Alf Lüdtke (Hg.), Alltagsgeschichte. Frankfurt, New York 1989, S. 283–345; auch in: BIOS 1 (1988).

2 Die letzteren kürze ich im folgenden zwar falsch, aber mit der westdeutschen Umgangssprache als »Russen« ab – wären wir in der DDR, würde mir die öffentliche Umgangssprache eher das Kürzel »Freunde« nahelegen, das in der zweitgrößten Massenorganisation der DDR, der »Gesellschaft für deutsch-sowjetische Freundschaft« eingeübt worden ist.

3 Zum Hintergrund und zu den Opferzahlen vgl. Raul Hilberg, Die Vernichtung der euorpäischen Juden. Berlin 1982 (eine Taschenbuchausgabe ist für 1990 angekündigt); Ulrich Herbert, Fremdarbeiter. Berlin, Bonn 1985; ders.: Geschichte der Ausländerbeschäftigung in Deutschland 1880 bis 1980. Berlin, Bonn 1986; Christian Streit, Keine Kameraden. Stuttgart 1978; Falk Pingel, Häftlinge unter SS-Herrschaft. Hamburg 1978; Helmut

Krausnick/Hans-Heinrich Wilhelm, Die Truppe des Weltanschauungskrieges. Stuttgart 1981; Eugen Kogon u. a. (Hg.), Nationalsozialistische Massentötungen durch Giftgas. Frankfurt 1983. Zum allgemeineren Zusammenhang vgl. die Sammlungen von Dan Diner (Hg.), Ist der Nationalsozialismus Geschichte? Frankfurt 1987; Walter H. Pehle (Hg.), Der Judenpogrom 1938. Frankfurt 1988.

4 Zum Vergleich: Auf der Spitze der sogenannten Gastarbeiterbeschäftigung in der Bundesrepublik 1973 war etwa jeder neunte Beschäftigte Ausländer. Alle Nationalitäten zusammen damals waren etwa ¾ soviele Menschen wie allein die in der deutschen Kriegswirtschaft eingesetzten Russen. Nach Berechnungen des Militärgeschichtlichen Forschungsamts in Freiburg waren in den von Deutschen besetzten Gebieten der Sowjetunion noch einmal ca. 15 Millionen Russen direkt oder indirekt für die Besatzungsmacht zu arbeiten gezwungen – das ist knapp die doppelte Zahl der Erwerbstätigen der DDR oder von NRW.

5 Deutschland ca. 4 Millionen, wozu nach 1945 durch die Vertreibung noch einmal ca. 1,2 Millionen und eine weitere Million Volksdeutscher aus dem übrigen Osteuropa hinzukamen.

6 Zum Vergleich: Deutsches Reich 1,65 Millionen.

7 Während z. B. im sogenannten Stuttgarter Schuldbekenntnis der Evangelischen Kirche 1945, einer durch internationale Opportunität herbeigeführten Pionierleistung geschichtsmoralischer Sensibilität in Westdeutschland, die Dimension des Holocaust an den Juden noch überhaupt nicht aufscheint.

8 Davon ausgenommen sind nur die Erinnerungen einer verhältnismäßig kleinen Zahl ehemaliger Soldaten, die vor allem in Polen stationiert und in ihren Wahrnehmungen – z. B. als aktive Christen – moralisch weniger abgestumpft waren als die Masse ihrer Kameraden.

9 Die Eindringlichkeit der Dokumentationsansätze des Holocaust von Raul Hilberg und Claude Lanzmann für Deutsche liegt gerade darin, daß sie über die Thematisierung der quer durch Europa in die Vernichtungszentren ratternden Eisenbahnzüge die Unvorstellbarkeit sowohl der Opfer als auch der Vernichtung selbst unterlaufen und aufbrechen.

Wolfgang Schieder
Faschismus als Vergangenheit

1 Die publizistische Aktivität der italienischen Zeithistoriker wird durch die von Jens Petersen (Deutsches Historisches Institut in Rom) herausgegebenen Zeitschrift »Storia e Critica. Die italienische Zeitgeschichte im Spiegel der Tages- und Wochenpresse« vorzüglich dokumentiert.

2 So Martin Broszat, Zur Edition der Goebbels-Tagebücher, in: Vierteljahrshefte für Zeitgeschichte 37 (1989), S. 157.

3 Vgl. Alberto Aquarone, L'organizzazione dello Stato totalitario. Turin 1965; Giuseppe Rossini, Il delitto Matteotti tra Viminale e Aventino. Bologna 1966; Piero Melograni, Gli industriali e Mussolini. Rapporti tra confindustria e fascismo dal 1919 al 1929. Mailand 1972.
4 Renzo De Felice, Storia degli ebrei italiani sotto il fascismo. Turin 1961.
5 Ders., Mussolini il rivoluzionario 1883–1920. Turin 1965.
6 Ders., Mussolini il fascista I. La conquista del potere 1921–1925. Turin 1966; Mussolini il fascista II. L'organizzazione dello stato fascista 1925–1929. Turin 1968; Mussolini il duce I. Gli anni del consenso 1929–1936. Turin 1974; Mussolini il duce II. Lo stato totalitario 1936–1940, Turin 1981.
7 Claudio Pavone, De Felice: Il fascismo incomprensibile, in: Il Manifesto vom 20. 7. 1975, zit. nach Jens Petersen. Der italienische Faschismus zwischen politischer Polemik und historischer Analyse, in: Geschichte in Wissenschaft und Unterricht 27 (1976), S. 259f.
8 Martin Broszat, Plädoyer für eine Historisierung des Nationalsozialismus, in: ders., Der schwierige Umgang mit unserer Geschichte. München 1986, S. 159–173.
9 Saul Friedländer, Überlegungen zur Historisierung des Nationalsozialismus, in: Dan Diner (Hg.), Ist der Nationalsozialismus Geschichte? Zu Historisierung und Historikerstreit. Frankfurt 1987, S. 34–50. Vgl. auch Martin Broszat/Saul Friedländer, Ein Briefwechsel um die Historisierung des Nationalsozialismus, in: Vierteljahrshefte für Zeitgeschichte 36 (1988), S. 339–372.
10 Renzo De Felice, Intervista sul fascismo, a cura di Michael A. Ledeen. Roma, Bari 1975. Das »Interview« erschien auch in deutscher Übersetzung mit einem sehr instruktiven Nachwort von Jens Petersen: Renzo De Felice, Der Faschismus. Ein Interview von Michael A. Ledeen. Stuttgart 1977.
11 Giorgio Amendola, Per una storia dell'antifascismo, in: L'Unità vom 20. 7. 1975; vgl. auch die deutsche Ausgabe: Der Antifaschismus in Italien. Ein Interview von Piero Melograni. Mit einem Nachwort von Jens Petersen. Stuttgart 1977.
12 De Felice, Der Faschismus (wie Anm. 10), S. 50.
13 Vgl. ebd., S. 113.
14 Nicola Tranfaglia, La pugnalata dello storico, in: Il Giorno vom 5. 7. 1975, zit. nach Jens Petersen, Nachwort: Zum Stand der Faschismusdiskussion in Italien, in: De Felice, Der Faschismus (wie Anm. 10), S. 124f.
15 Vgl. etwa Philip V. Cannistaro, La fabbrica del consenso. Fascismo e mass media. Rom 1975; Adrian Lyttelton/Jens Petersen/G. Santomassimo, Il Mussolini di Renzo De Felice, in: Passato e Presente 1 (1982), S. 5–30; Renzo De Felice, Luigi Goglia, Mussolini. Il mito. Rom, Bari 1983.
16 Vgl. De Felice, Mussolini il duce II (wie Anm. 6), S. 3–155, sowie dazu W. Schieder, Der italienische Faschismus, in: Der italienische Faschismus. Probleme und Forschungstendenzen. München, Wien 1983, S. 64f.

17 Vgl. Renzo De Felice, Le interpretazioni del fascismo. Bari 1969; ders., Il Fascismo. Le interpretazioni dei contemporanei e degli storici. Bari 1970 (dtsch.: Die Deutungen des Faschismus. Göttingen 1980).
18 De Felice, Interpretazioni del fascismo (wie Anm. 17), S. 20.
19 De Felice, Der Faschismus (wie Anm. 10), S. 30.
20 Nicola Tranfaglia (Hg.), Fascismo e capitalismo. Mailand 1976.
21 Piero Melograni, Gli industriali e Mussolini. Rapporti tra confindustria e fascismo dal 1919 al 1929. Mailand [2]1980.
22 Vgl. Henry A. Turner, Die Großunternehmer und der Aufstieg Hitlers. Berlin 1985.
23 Vgl. De Felice, Der Faschismus (wie Anm. 10), S. 46f.
24 Enzo Collotti, Fascismo e nazionalsocialismo, in: Tranfaglia (wie Anm. 20), S. 141.
25 De Felice, Der Faschismus (wie Anm. 10), S. 43.
26 Ebenda, S. 49.
27 Ebenda, S. 44.
28 Corriere della Sera vom 8. 1. 1988.
29 Ebenda, vom 27. 11. 1987.
30 Ebenda, vom 8. 1. 1988.
31 § XII der Übergangs- und Schlußbestimmungen der Verfassung der italienischen Republik vom 1. 1. 1948, zit. nach Klaus von Beyme, Das politische System Italiens. Stuttgart 1970, S. 157.
32 Vgl. Augusto Del Noce, Dove sta andando l'Italia? Dal dibattito sull'antifascismo alla malattia morale, in: Il Tempo vom 3. 2. 1988. Vgl. auch schon ders., Mussolini rivoluzionario, in: Il Tempo vom 3. 2. 1975; ders., Il problema della definizione storica del fascismo, in: Storia e Politica 15 (1976), S. 121–170.
33 Ernesto Galli della Loggia, De Felice ha smantellato un'ipocrisia, in: Corriere della Sera vom 29. 12. 1987. Vgl. auch ders., Analisi, non rivalutazione, in: Jader Jacobelli (Hg.), Il fascismo e gli storici oggi. Rom, Bari 1988, S. 65–70.
34 Corriere della Sera vom 29. 12. 1987.
35 Paolo Spriano, Ma l'antifascismo significa democrazia, in: Corriere della Sera vom 28. 12. 1987.
36 Enzo Collotti, Il fascismo, chi era costui?, in: Passato e Presente 14–15 (1987), S. 7.
37 Leo Valiani, Il no al fascismo resti nella Constituzione, in: Corriere della Sera vom 21. 1. 1988.
38 Vgl. Gian Enrico Rusconi (Hg.), Germania: Un passato che non passa. I crimini nazisti e l'identità tedesca. Turin 1987.
39 Corriere della Sera vom 27. 12. 1987.
40 Vgl. die Einleitung zu Renzo De Felice, Storia degli ebrei italiani sotto il fascismo, Turin [4]1988. Wenn De Felice (ebd., S. XV) meint, meine Auffassungen über den faschistischen Rassismus zurückweisen zu können, so

übersieht er, wie überhaupt, daß »Rassismus« und »Antisemitismus« nicht einfach identisch sind.

41 Vgl. dazu Jens Petersen, Das Problem der Gewalt im italienischen Faschismus 1919–1925, in: W. J. Mommsen/G. Hirschfeld (Hg.), Sozialprotest, Gewalt, Terror. Gewaltanwendung durch politische und gesellschaftliche Randgruppen im 19. und 20. Jahrhundert. Stuttgart 1982, S. 325–348; Adrian Lyttelton, Faschismus und Gewalt: Sozialer Konflikt und politische Aktion in Italien nach dem Ersten Weltkrieg, in: ebd., S. 303–324.

42 Vgl. Klaus Voigt, Zuflucht auf Widerruf. Exil in Italien 1933–1945, Bd. 1. Stuttgart 1989.

43 Giorgio Rochat, L'attentato a Graziani e la repressione italiana in Etiopia 1936–1937, in: Italia Contemporanea 118 (1975), S. 3–38; ders., La repressione della resistenza araba in Cirenaica (1930–31), in: Il Movimento di Liberazione in Italia 110 (1973), S. 3–39; ders.; La repressione della resistenza cirenaica (1927–1931), in: Enzo Santarelli, u. a. (Hg.), Omar al-Mukhtar e la riconquista fascista della Libia. Mailand 1981, S. 53–188; Angelo Del Boca, Gli italiani in Africa Orientale. II. La conquista dell'Impero. Bari 1979.

44 Giorgio Rochat, L'impiego dei gas nella guerra d'Etiopia 1935–36, in: Rivista di Italia Contemporanea 17 (1988), S. 74–109.

45 Paolo Altari, Razzismo dal volto umano?, in: Il Messaggero vom 20. 6. 1988.

46 Roberto Finzi, Le leggi »razziali« cinquant'anni dopo, in: Passato e Presente 16 (1988), S. 3–7.

47 Paolo Spriano, Covava nel fascismo il germe antisemita, in: Corriere della Sera vom 13. 6. 1988.

48 Alessandro Galante Garrone, Costituzione fascismo e riforma, in: La Stampa vom 29. 12. 1987.

49 Gabriele Turi, Una storia ancora non scritta, in: Jacobelli (wie Anm. 33), S. 122.

50 Collotti (wie Anm. 36), S. 9.

51 Gustavo Corni, Historikerstreit e dintorni, in: Passato e Presente 16 (1988), S. 52.

52 Nicola Tranfaglia, Ma il fascismo era »moderno«?, in: La Repubblica vom 2. 1. 1988.

53 Vgl. dazu George L. Mosse, Rassismus. Ein Krankheitssymptom in der europäischen Geschichte des 19. und 20. Jahrhunderts. Königstein 1978; Imanuel Geiss, Geschichte des Rassismus. Frankfurt 1988.

54 Ausführlicher dazu: Wolfgang Schieder. Das Deutschland Hitlers und das Italien Mussolinis. Zum Problem faschistischer Regimebildung, in: Gerhard Schulz (Hg.), Die große Krise der dreißiger Jahre. Göttingen 1985, S. 44–71. Vgl. auch ders. (Hg.), Faschismus als soziale Bewegung. Göttingen [2]1983.

Literaturhinweise

Adam, Uwe Dietrich, Judenpolitik im Dritten Reich. Düsseldorf 1972

Aly, Götz/Karl-Heinz Roth, Die restlose Erfassung. Berlin 1984

Blasius, Dirk, Der »Historikerstreit« und die historische Erforschung des »Euthanasie«-Geschehens, in: Sozialpsychiatrische Informationen, Heft 2 (1988), S. 2–6

Broszat, Martin, Der Staat Hitlers. Grundlegung und Entwicklung seiner inneren Verfassung. München 1969

Ders., Nach Hitler. Der schwierige Umgang mit unserer Geschichte. Hg. v. Hermann Graml und Klaus-Dietmar Henke. München 1986

Ders., Was heißt Historisierung des Nationalsozialismus?, in: HZ Bd. 247 (1988), S. 1–14

Ders./Saul Friedländer, Dokumentation: Ein Briefwechsel zwischen M. Br. und S. Fr. um die Historisierung des Nationalsozialismus, in: Vierteljahrshefte für Zeitgeschichte (Vjh) 36 (1988), S. 339–372

Browning, Christopher, Fateful Months. New York 1985

Hans Buchheim/Martin Broszat/Hans-Adolf Jacobsen/Helmut Krausnick, Anatomie des SS-Staates, 2 Bde. Olten, Freiburg 1965 (auch als dtv-Bde. 2915, 2916)

Diner, Dan (Hg.), Ist der Nationalsozialismus Geschichte? Zu Historisierung und Historikerstreit. Frankfurt 1987 (Fischer-Tb. 4391)

Ders. (Hg.), Zivilisationsbruch. Denken nach Auschwitz. Frankfurt 1988 (Fischer-Tb. 4398)

De Felice, Renzo, Der Faschismus. Ein Interview von Michael A. Ledeen. Stuttgart 1977

Ders., Die Deutungen des Faschismus. Göttingen 1980

Forum für Philosophie Bad Homburg (Hg.), Zerstörung des moralischen Bewußtseins: Chance oder Gefährdung? Praktische Philosophie in Deutschland nach dem Nationalsozialismus. Frankfurt 1988

Graml, Hermann, Die Reichskristallnacht. Antisemitismus und Judenverfolgungen im Dritten Reich. München 1988

Habermas, Jürgen, Eine Art Schadensabwicklung. Frankfurt 1987

Herbert, Ulrich, Fremdarbeiter. Politik und Praxis des »Ausländer-Einsatzes« in der Kriegswirtschaft des Dritten Reiches. Berlin, Bonn 1985

Hilberg, Raul. Die Vernichtung der europäischen Juden. Die Gesamtgeschichte des Holocaust. Berlin 1982 (Neuausgabe 1990 bei Fischer-Tb.)

Ders., Sonderzüge nach Auschwitz. Mainz 1981 (Ullstein-Tb. 33085)

Der italienische Faschismus. Probleme und Forschungstendenzen. München, Wien 1983

Jacobelli, Jader (Hg.), Il fascismo e gli storici oggi. Rom, Bari 1988

Jäckel, Eberhard/Jürgen Rohwer (Hg.), Der Mord an den Juden im Zweiten Weltkrieg. Entschlußbildung und Verwirklichung. Stuttgart 1985 (Fischer-Tb. 4380)

Kershaw, Ian, Der Hitler-Mythos. Volksmeinung und Propaganda im Dritten Reich. Stuttgart 1980

Ders., Der NS-Staat. Geschichtsinterpretationen und Kontroversen im Überblick. Reinbek 1988

Klee, Ernst, »Euthanasie« im NS-Staat. Die Vernichtung »lebensunwerten Lebens«. Frankfurt 1985 (Fischer-Tb. 4326)

Kogon, Eugen, u. a. (Hg.), Nationalsozialistische Massentötungen durch Giftgas. Eine Dokumentation, Frankfurt 1983 (Fischer-Tb. 4353)

Kolb, Eberhard, Die Weimarer Republik. München ^{2}1988

Krausnick, Helmut/Hans-Heinrich Wilhelm, Die Truppe des Weltanschauungskrieges. Die Einsatzgruppen der Sicherheitspolizei und des SD. 1938–1942. Stuttgart 1981 (Teil I von H. Kr. als Fischer-Tb. 4344: Hitlers Einsatzgruppen. Die Truppe des Weltanschauungskrieges 1938–1942)

Lüdtke, Alf (Hg.), Alltagsgeschichte. Frankfurt, New York 1989

Lyttelton, Adrian, The Seizure of Power. Fascism in Italy. London 1973

Mayer, Arno J., Der Krieg als Kreuzzug. Das Deutsche Reich, Hitlers Wehrmacht und die »Endlösung«. Reinbek 1989

Mommsen, Hans, Ausnahmezustand als Herrschaftstechnik des NS-Regimes, in: Manfred Funke (Hg.), Deutschland und die Mächte. Materialien zur Außenpolitik des Dritten Reiches. Düsseldorf 1976

Ders., Die Last der Vergangenheit, in: Jürgen Habermas (Hg.), Stichworte zur »Geistigen Situation der Zeit«. Frankfurt 1979, S. 164–183

Ders., Adolf Hitler als »Führer« der Nation, in: DIFF (= Deutsches Institut für Fernstudien, Tübingen) (Hg.), Nationalsozialismus im Unterricht. Studieneinheit 11. Tübingen 1984

Ders., Die verspielte Freiheit. 1918–1933 (= Propyläen Geschichte Deutschlands, Bd. 8). Berlin 1989

Nolte, Ernst, Das Vergehen der Vergangenheit. Antwort an meine Kritiker im sogenannten Historikerstreit. Berlin 1987

Pehle, Walter H. (Hg.), Der Judenpogrom 1938. Von der »Reichskristallnacht« zum Völkermord. Frankfurt 1988 (Fischer-Tb. 4386)

Piper, Ernst (Hg.), »Historikerstreit«. Die Dokumentation der Kontroverse um die Einzigartigkeit der nationalsozialistischen Judenvernichtung. München 1987

Rosenberg, Arthur, Entstehung und Geschichte der Weimarer Republik. (Neuausgabe). Frankfurt 1983

Rusconi, Gian Enrico (Hg.), Germania: Un passato che non passa. I crimi nazisti e l'identità tedesca. Turin 1987

Schieder, Wolfgang (Hg.), Faschismus als soziale Bewegung. Deutschland und Italien im Vergleich. Göttingen ^{2}1983

Schmuhl, Hans Walter, Rassenhygiene, Nationalsozialismus, Euthanasie. Von der Verhütung zur Vernichtung »lebensunwerten Lebens«, 1890–1945. Göttingen 1987

Streit, Christian, Keine Kameraden. Die Wehrmacht und die sowjetischen Kriegsgefangenen 1941–1945. Stuttgart 1978

Wehler, Hans-Ulrich, Entsorgung der deutschen Vergangenheit? Ein polemischer Essay zum »Historikerstreit«. München 1988

Weingartner, Thomas, Stalin und der Aufstieg Hitlers. Die Deutschlandpolitik der Sowjetunion und der kommunistischen Internationale 1929–1934. Berlin 1970

Winkler, Heinrich August, Von der Revolution zur Stabilisierung. Arbeiter und Arbeiterbewegung in der Weimarer Republik, 1918–1924. Berlin ^{2}1985

Ders., Der Schein der Normalität. Arbeiter und Arbeiterbewegung in der Weimarer Republik 1924–1930. Berlin ^{2}1988

Ders., Der Weg in die Katastrophe. Arbeiter und Arbeiterbewegung in der Weimarer Republik 1930–1933. Berlin 1987

Young-Bruehl, Elisabeth, Hannah Arendt. Leben, Werk und Zeit. Frankfurt 1986

Die Autoren

Dirk Blasius, geboren 1941, studierte Geschichte, Germanistik und Philosophie in Köln und Berlin, Dr. phil. 1968, Habilitation für Mittlere und Neuere Geschichte 1974. Seit 1974 Professor für Sozial- und Wirtschaftsgeschichte an der Universität/Gesamthochschule Essen.
Veröffentlichungen (u. a.): Bürgerliche Gesellschaft und Kriminalität (1976); Lorenz von Stein. Geschichts- und gesellschaftswissenschaftliche Perspektiven (1977, zus. m. E. Pankoke); Preußen in der deutschen Geschichte (1980, als Hg.); Der verwaltete Wahnsinn (1980); Umgang mit Unheilbaren (1986); Ehescheidung in Deutschland 1794–1945 (1987); Aufsätze zur Neueren Geschichte, zur Sozialgeschichte des Rechts und der Medizin.

Dan Diner, geboren 1946, studierte Rechts- und Sozialwissenschaften, Dr. jur. 1973, Habilitation im Fach Gesellschaftswissenschaften 1980. Professor für Neuere Geschichte/Außereuropäische Geschichte an der Universität/Gesamthochschule Essen; School of History, Universität Tel Aviv.
Veröffentlichungen zur Geschichte des Vorderen Orients und zur deutschen Geschichte. Herausgeber von: Ist der Nationalsozialismus Geschichte? Zu Historisierung und Historikerstreit (1987); Zivilisationsbruch. Denken nach Auschwitz (1988); Mitherausgeber der Zeitschriften: Babylon. Beiträge zur jüdischen Gegenwart (seit 1986) und: History and Memory. Studies in Representation of the Past (seit 1989).

Saul Friedländer, geboren 1932 in Prag, 1939 Flucht vor den Nazis nach Frankreich, wurde in katholischem Milieu versteckt und überlebte dort; ging nach dem Kriege nach Israel; studierte ab 1961 in Genf politische Wissenschaften und promovierte 1963. Er lehrte Neuere Geschichte an der Genfer Universität; seit 1987 an der University of California, Los Angeles. Gleichzeitig lehrt er an der Universität Tel Aviv.
Veröffentlichungen: Hitler und die Vereinigten Staaten (1963 franz., 1965 dtsch.); Pius XII. und das Dritte Reich (1965); Kurt Gerstein – oder Die Zwiespältigkeit des Guten (1968); Wenn die Erinnerung kommt... (1978); Kitsch und Tod. Der Widerschein des Nazismus (1984). Mitherausgeber von: History and Memory. Studies in Representation of the Past (seit 1989).

Raul Hilberg, geboren 1926 in Wien, floh 1939 mit seinen Eltern vor den Nazis über Kuba ins Exil in die Vereinigten Staaten; er studierte u. a. an der Columbia-University bei dem ebenfalls aus Deutschland emigrierten Franz Neumann. Er ist Professor für Politische Wissenschaften an der Universität von Vermont.
Veröffentlichungen: Die Vernichtung der europäischen Juden. Die Gesamtgeschichte des Holocaust (1961 engl., 1982 dtsch.); Sonderzüge nach Auschwitz (1976 engl., 1981 dtsch.).

Hans Mommsen, geboren 1930 in Marburg, studierte in Marburg und Tübingen, Dr. phil. 1959 (Die österreichische Sozialdemokratie im Vielvölkerstaat Österreich-Ungarn); Referent am Institut für Zeitgeschichte, München; 1964–68 Assistent in Heidelberg; seit 1968 Professor für Neuere Geschichte an der Ruhruniversität Bochum.
Zahlreiche Veröffentlichungen zur Geschichte der Arbeiterbewegung, insbesondere der Bergarbeiter; zur Geschichte der nationalsozialistischen Zeit, darunter: Beamtentum im Dritten Reich (1966, als Hg.), und zum deutschen Widerstand gegen Hitler; zur Geschichte der nationalen Frage und des Nationalsozialismus; zuletzt erschien: Die verspielte Freiheit 1918–1933 (1989).

Lutz Niethammer, geboren 1939 in Stuttgart, studierte Geschichte, evangelische Theologie und Sozialwissenschaften, 1971 Dr. phil.; seit 1968 Assistent in Bochum; 1973–1982 Professor für Neuere Geschichte an der Universität Essen, seit 1982 an der FernUniversität in Hagen. Gastforscher in Oxford (1972), Paris (1978), Berlin/DDR (1987) und Berlin (West) (1988), 1989 Gründungsbeauftragter für das Kulturwissenschaftliche Institut im Wissenschaftszentrum NRW in Essen.
Veröffentlichungen (u. a.): Angepaßter Faschismus (1969); Entnazifizierung in Bayern (1972; 2. Auflage 1985); Arbeiterinitiative 1945 (1976, als Mithg. und Koautor); Communalbaumeister (1979); Lebenserfahrungen und kollektives Gedächtnis (1980, als Hg.); Lebensgeschichte und Sozialkultur im Ruhrgebiet 1930–1960, 3 Bde. (1983–85, als Hg. und Koautor); Posthistorie (1989); Bürgerliche Gesellschaft in Deutschland (in Vorbereitung für 1990; Koautor).

Wolfgang Schieder, geboren 1935 in Königsberg, studierte Geschichte, Germanistik und Geographie, Dr. phil. 1962, Assistententätigkeit; seit 1970 Professor für Neuere Geschichte an der Universität Trier. Mehrfach Forschungsaufenthalte in Italien, Mitglied des Wissenschaftlichen Beirates des Deutschen Historischen Instituts in Rom; Vorsitzender der Arbeitsgemeinschaft für die neueste Geschichte Italiens.
Zahlreiche Veröffentlichungen zu den Themenkreisen Frühsozialismus/Vormärz, Arbeiterbewegung/Marxismus, Liberalismus sowie Nationalsozialismus/Faschismus bzw. zu deutscher, spanischer und v. a. italienischer Zeitgeschichte; viele Arbeiten erschienen in italienischer Sprache.

Heinrich August Winkler, geboren 1938 in Königsberg, studierte Geschichte, Wissenschaftliche Politik, Philosophie und Öffentliches Recht, Dr. phil. 1963, Assistententätigkeit; 1970 Habilitation; 1970–1972 Professor an der FU Berlin; seit 1972 Professor der Neueren und Neuesten Geschichte in Freiburg.
Veröffentlichungen (u. a.): Preußischer Liberalismus und Nationalstaat (1964); Liberalismus und Antiliberalismus (1979); Wendepunkte deutscher Geschichte 1848–1945 (1978, Hg. zus. m. Carola Stern); Arbeiter und Arbeiterbewegung in der Weimarer Republik 1918–1933, 3 Bde. (1985–88).

fi 1008 / 2

Dan Diner (Hg.)

Zivilisationsbruch

Denken nach Auschwitz

Fischer Taschenbuch Band 4398

Mit Beiträgen über

Theodor W. Adorno, Günther Anders, Hannah Arendt, Ernst Bloch, Max Horkheimer, Siegfried Kracauer, Leo Löwenthal, Herbert Marcuse, Franz Neumann und Walter Benjamin

Der Nationalsozialismus und sein Kernereignis: die administrativ und industriell durchgeführte Massenvernichtung von Menschen – das Ereignis »Auschwitz« – werfen einen langen Schatten. Mit größer werdender Distanz wird die gesamte historische Bedeutsamkeit dieses Geschehens zunehmend klarer: »Auschwitz« war nicht bloß ein entsetzliches Ereignis, sondern ist so etwas wie eine Epochengrenze unserer gesellschaftlichen Kultur – ein Zivilisationsbruch. Dieses Buch enthält eine Zusammenstellung von Beiträgen über bedeutsame kritische Denker, die sowohl existentiell als auch von ihrem theoretischen Denk-Entwurf her Auschwitz ausgesetzt waren. Welche Folgerungen zogen sie aus jenem Ereignis? Wie schlägt sich »Auschwitz« in ihrem Denken nieder? Wie haben sie es reflektiert – oder negativ: von ihren Entwürfen her umgangen?

Fischer Taschenbuch Verlag

fi 916 / 1

Ernst Klee, Willi Dreßen,
Volker Rieß (Hg.)

»Schöne Zeiten«

Judenmord aus der Sicht der Täter und Gaffer

276 Seiten. Broschur

Unter dem provozierenden Titel »Schöne Zeiten« - entnommen einem privaten Fotoalbum eines KZ-Kommandanten - haben die Herausgeber eindrucksvolle Dokumente zusammengestellt. Es handelt sich weitgehend um authentische Texte (Tagebücher, Briefe und Berichte), aber auch um (Geständnis-)Protokolle, in denen die Mörder, Mittäter und Gaffer in der Rückschau ungeschminkt vor den ermittelnden Behörden schildern, wie der Massenmord an den Juden organisiert und bis zum bitteren Ende durchgeführt wurde.

Beigegeben werden zahlreiche Fotos, die für sich sprechen. Diese Bilder zeigen nicht etwa Exzeßtäter, die ihre Mordarbeit mit Schaum vor dem Mund tun, keine Bestien, die uns von daher abstoßen, sondern sie zeigen (von Gaffern angespornte) Täter, wie sie ihre »Arbeit« verrichten und wie sie danach erschöpft, aber zufrieden ihren bierseligen Feierabend genießen. Gezeigt werden Menschen, denen man nicht ansieht, daß sie aktiv in der Mordmaschinerie mitwirkten und diese einsatzbereit und willig in Gang hielten.

Der vertrauliche, ja bisweilen private Charakter des Materials zeigt in gnadenloser Deutlichkeit, wie sicher die »Weltanschauung« des Nationalsozialismus im Zentrum der Volkspsyche verankert war, eingebettet in das gängige Denken, in das selbstverständliche Empfinden breitester Bevölkerungskreise.

Ein erschütterndes Buch und ein erhellendes zugleich. Es klärt auf und will zur Trauerarbeit anregen. Und es wirkt dem Vergessen entgegen, daß es in Deutschland Zeiten gegeben hat, in denen auf offener Straße und am hellichten Tage jüdische Mitbürger mit Eisenstangen erschlagen werden konnten, ohne daß sich jemand schützend vor sie gestellt hätte.

S. Fischer

fi 1146 / 2

fi 1145 / 1

»Euthanasie« im Nationalsozialismus

Ernst Klee
»Euthanasie«
im NS-Staat
Die »Vernichtung unwerten Lebens«
Band 4326

Ernst Klee beschreibt erstmals umfassend und detailliert die als Geheime Reichssache bis 1945 durchgeführte Massentötung von alten, kranken oder sonst für »lebensunwert« erklärten Bürgern.
Als Grundlage dienten dem Autor u.a. bisher unbekannte Text- und Bilddokumente aus Archiven der Bundesrepublik, der DDR, aus Österreich, Polen sowie der UdSSR.

Dokumente zur
»Euthanasie«
Herausgegeben von Ernst Klee
Band 4327

Die meisten Materialien werden hier in dieser Form zum erstenmal veröffentlicht oder – sofern sie vor Jahrzehnten schon einmal gedruckt erschienen sind – der Vergessenheit entrissen.
Erschreckend ist nicht allein, was und wie dies geschah. Erschreckend ist, wie viele Menschen freiwillig mitmachten.

Ernst Klee
Was sie taten –
Was sie wurden
Ärzte, Juristen und andere Beteiligte am Kranken- oder Judenmord. Band 4364

Mit diesem Band wird das dreibändige Projekt »›Euthanasie‹ im Dritten Reich« abgeschlossen. Ernst Klee geht der Frage nach, was mit den damaligen Beteiligten/Aktivisten nach dem Kriege in der Bundesrepublik geschehen ist. Er kommt zu überraschenden Ergebnissen. Die Untersuchung zeigt, daß Ärzte, Juristen, Verwaltungsfachleute zum großen Teil ungestraft eine neue Existenz nach 1945 aufbauen konnten. Nicht wenige arbeiteten in ihrem alten Berufsfeld weiter – als Biedermänner getarnt.

Fischer Taschenbuch Verlag

fi 315/3

Justizalltag im Dritten Reich

Herausgegeben von Bernhard Distelkamp und Michael Stolleis

Band 4396

Wer heute nach der Rolle der Justiz im Nationalsozialismus fragt, erhält widersprüchliche Antworten. Unbestritten ist jedoch: Die konservativ-bürgerlich gestimmte und von hohem Berufsethos getragene Justiz des Weimarer Staates wechselte 1933 schnell und gehorsam in den NS-Staat, trug das System bis zum Ende mit und hinterließ – unbeachtet bleibt hier die Militärgerichtsbarkeit – eine breite Spur von 32 000 Todesurteilen sowie von zahllosen rassistischen und politisch-repressiven Entscheidungen. Den »Tätern in der Robe« wurde in der Bundesrepublik Deutschland kein Haar gekrümmt. Sie durchliefen die »Entnazifizierung« und machten Karriere. Die obersten Bundesgerichte knüpften ausdrücklich an Rechtsprechung und richterliches Selbstverständnis ihrer Vorgänger (Reichsgericht, Reichsverwaltungsgericht, Reichsfinanzhof, Reichsversicherungsamt) wieder an.
Der vorliegende Band, eine vom Fachbereich Rechtswissenschaft und der Jüdischen Gemeinde veranstaltete Vorlesungsreihe an der Universität Frankfurt, gibt Antworten auf die Fragen nach der »Unabhängigkeit« der NS-Richter, nach der Rolle der Verwaltungs- und Finanz-, Zivil-, Straf- und Arbeitsgerichte, nach der »Entnazifizierung« der Richter und nach dem Umgang der Justiz mit ihrer eigenen Vergangenheit.

Fischer Taschenbuch Verlag

fi 930/1

Wendepunkte deutscher Geschichte 1848-1945

Herausgegeben
von Carola Stern
und Heinrich A. Winkler

Mit Beiträgen von
Jürgen Kocka, Eberhard Kolb,
Wolfgang J. Mommsen,
Wolfgang Schieder,
Gottfried Schramm und
Heinrich A. Winkler

Band 3421

In jüngster Zeit wird aus unterschiedlichen Gründen – seien es Aktionen von Terroristen oder die Bekämpfung ihrer Gewalttaten, die Handhabung des sogenannten Radikalenerlasses oder der Streit um die Verjährung von Mord – immer wieder die Frage gestellt, wie demokratisch die Bundesrepublik Deutschland eigentlich ist. Diese Frage wird regelmäßig verknüpft mit dem Hinweis auf die »deutsche Vergangenheit«, womit in erster Linie die Zeit des Nationalsozialismus gemeint ist.
Das »Dritte Reich« war kein Betriebsunfall der deutschen Geschichte. Darin sind sich die meisten Historiker einig. Aber ist deshalb der Umkehrschluß erlaubt, Hitlers Machtübernahme sei ein notwendiges Ergebnis der politischen Entwicklung Deutschlands gewesen? Gab es nicht doch Wendepunkte, an denen Geschichte auch anders hätte verlaufen können? Und: Sind jene Traditionen, die den 30. Januar 1933 möglich machten, heute noch wirksam oder gehören sie inzwischen der Vergangenheit an?
Das vorliegende Buch ist ein Versuch, diese Fragen zu beantworten. Im Mittelpunkt steht das Problem, warum Deutschland einen anderen Weg gegangen ist als die großen westeuropäischen Demokratien.

Fischer Taschenbuch Verlag

fi 790 / 1